KB117849

인사이드 아웃

INSIDE
인사이드 아웃
사람이 만드는 기업의 미래 _____
OUT

강성춘 지음
(서울대 경영대학 교수)

21세기북스

경영자들이 반드시 고민해야 할 '사람관리'의 지침서

서진우 SK수펙스추구협의회 인재육성위원장

기업을 경영하며 성장시키는 과정에서 경영자들이 깊이 고민하는 화두는 단연 사람이다. 사람은 근본적이고 필연적인 문제의 핵심이자 모든 문제의 해결 방안이기도 하다. 내가 그간 현장에서 오랫동안 축적해온 경험에서 내린 결론이다.

기업경영은 사람에서 시작해 사람에서 끝난다고 해도 과언이 아니다. 최근 기업의 환경은 영역과 경계를 넘나드는 초경쟁이자 글로벌 경쟁뿐 아니라 기술 기반의 파괴적 혁신이 매일같이 일어나는 불확실성의 시대라고 할 수 있다. 이는 미래에 더욱 심화될 시대적 변화다.

이러한 인식에서 출발한 강성춘 교수의 『인사이드 아웃: 사람이 만드는 기업의 미래』는 기업의 경영자들이 가져야 할 사람관리에 대한 포괄적이면서도 매우 치밀한 전략적 사고의 새로운 체계를 신선한 시각으로 제시하고 있다. 그의 '인사이드 아웃' 관점은 조직을 이루는 모든 사람의 본질적 가치에서 출발해 조직을 구성하는 각 구성원의 지식, 경험, 역량들이 조직의 출발점이자 자산임을 인식해야 함을 역설하고 있다. 한마디로 사람의 본질적 가치들을 어떻게 하면 역동적으로 설계하고 활용해 사업과 전략을 도출하는지에 초점을 맞추고 있다. 그는 또한 사람 관리의 문제가 채용, 육성, 이동 등 전통적 인사관리의 틀을 초월해 파괴적 혁신을 이끌어내는 새로운 경쟁력의 가장 근본적인 전략적 체계를 다루는 것임을 명쾌하게 제시한다.

기업과 경영자들의 또 다른 고민은 조직문화이자 기업문화다. 기업에 속한 사람들에게만이 아니라 기업이 속한 사회에서 해당 기업이 사회의 일원으로서 어떠한 철학과 가치를 어떻게 세우고 제시하는가는 이제 모든 기업의 공통 과제다.

강성춘 교수는 이 책에서 기업이 과거, 현재, 미래를 통찰함으로써 기업문화의 방향성과 철학을 제시해야 함을 적절히 지적하고 있다. 사람 관리의 조직문화 간 상호 의존성 및 상호 반응성을 꿰뚫어 보고 미래의 조직문화가 나아가야 할 방향, '일에서의 자유'에 대한 새로운 시각을 논의하면서 '일에서의 자유'가 새로운 기업문화의 핵심 요소이자 해결 방안임을 설득력 있게 기술하고 있다.

최근 실리콘밸리에서나 국내에서도 SK 그룹을 포함한 몇몇 선두기업들이 적극적으로 시도하고 있는 일하는 방법의 혁신이 '일에서의 자유'에 기반하고 있음이 그 반증이다.

이러한 관점에서 『인사이드 아웃: 사람이 만드는 기업의 미래』는 현재와 미래 경영자들이 반드시 고민해야 할 사람관리의 지침서이다. 또한 기업에서 청운의 꿈을 키우는 구성원들에게 조직관리와 미래의 리더십을 익히기 위해 반드시 일독을 권하고 싶은 매우 유용한 참고서라 할 수 있겠다.

인재관리의 통합적 분석 틀을 제시하다

양혁승 연세대학교 경영대학 교수

1980년대 중반부터 현저하게 바뀐 글로벌화된 경영 환경은 기업 경영자들로 하여금 '기업 경쟁력이 어디에서 나오는가?'에 대한 근원적 질문을 다시 하게 했다. 그에 대한 답을 찾기 위한 다각도의 연구 결과는 기업 경쟁력의 지속 가능성은 그 기업이 보유하고 있는 인적 자산에 달려 있다는 점을 확인해주었다. 혁신적 아이디어 자체도 사람들에게서 나오지만 아무리 좋은 신사업 아이디어나 전략적 아이디어가 있다 해도 그것을 구현할 수 있는 인적 자산을 확보하고 있지 못하다면 허사가 되고 만다. 기업 경영의 일선에서 조직을 이끌었거나 이끌고 있는 경영자라면 "인사가 만사"라는 격언에 경험적으로 공감을 표할 것이다.

그러한 배경 속에서 1990년대 이후 기업 경영자들은 인사경영에 많은 관심을 기울여왔고, 기업의 경쟁력을 담보해줄 최선의 인사 시스템이 무엇인지 찾아 나섰다. 그 과정에서 소위 잘나가는 글로벌 기업들의 인사 시스템을 벤치마킹하기도 하고, 글로벌 컨설팅회사에 의뢰해 그 솔루션을 찾아보려고 노력했다. 특별히 우리나라 기업들은 1997년 외환위기를 전환점으로 삼아 당시 글로벌 스탠더드로 인식되었던 미국식 개인성과주의 인사 시스템을 대대적으로 받아들였다. 기업의 인사 부서 담당자들은 당시 유행처럼 확산되고 있던 미국식 개인성과주의 인사 시스템을 채택하지 않으면 마치 시대에 뒤처진, 무능한 인사 담당자로 비쳐질 것 같은 분위기 때문에 심리적 압박을 받기도 했다.

그런데 지금에 와서 보면 '과연 미국식 개인성과주의 인사 시스템이 정답이었을까?'라는 의문이 여기저기에서 제기된다. 4차 산업혁명이라는 새로운 대변혁기에 접어들어 많은 글로벌 기업이 미국식 개인성과주의 인사 시스템의 기둥처럼 여겨졌던 상대평가 제도를 폐기하고 있고, 관료주의 조직 운영의 틀에서 벗어나기 위한 새로운 시도들(예: 중간 관리자를 없애버린 홀라크라시)을 다양화하고 있기 때문이다. 기업 경영자들뿐 아니라 인사 담당자들조차 혼란스럽게 느끼는 상황이 전개되고 있다.

이러한 혼란이 표면적으로는 기업경영 환경의 급격한 변화로부터 야기되었다고 볼 수 있지만, 혼란의 근본 원인은 사람관리에 대한 통합적 이론과 과학적 실증에 기반하기보다는 단편적이고 표피적인 벤치마킹이나 단기적이고 대증적인 처방에 의존해 인사 시스템을 설계하고 실행해온 데 있다고 볼 수 있다. 그러다 보니 최고경영자의 경영 철학과 괴리된 인사 시스템, 조직의 역사 및 문화와의 정합성이나 제도들 간 정합성을 잃은 인사 시스템, 인사 제도 실행자나 직원들의 수용성을 확보하지 못한 인사 시스템, 유행 따라 자주 바뀌는 인사 시스템 등이 현실 기업 조직에서 자주 목격된다.

이런 와중에 통합적 이론 및 과학적 실증과 현장 인사 시스템 사이의 괴리를 메워줄 수 있는 경영자를 위한 사람관리 지침서가 출간되었다. 인사 전문가라면 믿고 귀를 기울일 만한 중견 경영학자인 서울대학교 강성춘 교수의 『인사이드 아웃: 사람이 만드는 기업의 미래』가 바로 그 책이다. 초고를 받자마자 첫 장부터 에필로그까지 단숨에 읽어 내려갔다. 아니 책이 나를 붙들어 단숨에 읽도록 만들었다고 하는 것이 정확한 표현일 것이다. 무엇보다도 인사 전문가가 아닌 일반 관리자나 경영자도 어렵지 않게 읽을 수 있는 구성과 서술이 돋보인다. 현장에서 경영자들이 인재관리에 관해 고민할 만한 내용들을 중심으로 사례를 들어 설명하고 있다. 아울러 최근 20~30년 동안 축적되어온 전략적 인재관리에 관한 이론적·실증적 논거들을 명료하게 제시하고 있다. 경영자와 인사 담당자들이 사람관리에 대한 명확한 관점을 가지고 조직의 역사와 문화, 4차 산업혁명이라는 경영 환경의 대격변 등을 종합적으로 고려하면서 인사 시스템을 설계하고 실행할 수 있는 가이드라인 역할을 하기에 충분하다고 생각한다. 사람관리에 대해 공부하는 학생들이나 연구자들에게는 인재관리에 대한 통합적 분석 틀을 제시해줄 것이라 확신한다.

언제까지 따라갈 것인가

학문으로서 인적자원관리는 크게 미시micro와 거시macro 분야로 나뉜다. 미시적 인적자원관리는 '인사' 하면 사람들이 흔히 떠올리는 채용, 평가, 개발, 보상 같은 인사 기능과 제도가 개인의 태도와 행위에 끼치는 영향을 연구한다. 거시적 혹은 전략적 인적자원관리는 개별 기능과 제도보다는 전체 시스템의 구성과 배열에 초점을 두며 사람을 통해 기업의 성과 향상과 경쟁 우위를 확보하는 데 관심을 둔다.

나는 1990년대 중반 우연히 접한 논문들을 통해 전략적 인적자원관리Strategic Human Resource Management에 처음 흥미를 갖게 됐다. 당시 국내에는 이 분야가 많이 알려지지 않았었다. 전략적 인적자원관리 개념이 처음 등장한 것은 1980년대이지만 이론적, 실증적 연구가 활발해진 시기는 1990년대부터다. 1997년 외환 위기 이후의 구조 조정의 칼바람을 지켜보면서 '사람'과 '인사'의 중요성을 더욱 깨닫고 연구를 해보기로 했다. 1999년 가을 인사 분야 전공자로는 한국인 최초로 코넬대학교 노사관계대학School of Industrial and Labor Relations 박사과정에 진학했다. 박사과정 재학 중에 지도교수인 스콧 스넬Scott Snell, 패트릭 라이트Patrick Wright, 조지 밀코비치George Milkovich, 로즈마리 바트Rosemary Batt, 존 보드로John Boudreau 같은 전략적 인적자원관리 분야의 세계적 석학들로부터 수업을 듣고 지도를 받았다. 이후 20년간 전략적 인적자원관리는 나의 주된 연구 주제가 되었다.

『인사이드 아웃: 사람이 만드는 기업의 미래』는 내가 20년간 전략적 인적자원관리에 관심을 가지고 연구하고 강의한 내용을 학생들과 경영자들이 이해하기 쉽도록 쓴 것이다. 나는 교수로서 뛰어난 서울대학교 학생들을 가르치고, 다양한 국내 기업의 인사 담당자들과 경영자들을 대상으로 강의와 자문을 할 수 있는 행운을 누려왔다. 강의와 연구는 다른 면이 많지만, 항상 내가 관심을 가지고 연구한 내용을 강의에 반영하고자 노력했다. 그래서인지 내 강의를 듣는 학생과 경영자들로부터 강의의 프레임과 내용이 매우 독특하고 신선하다는 평을 자주 들었다. 강의 후에 참고할 만한 책을 추천해달라는 요청도 꽤 받았는데, 수많은 책과 논문을 참고해서 나만의 시각으로 강의를 구성한 까닭에 딱히 어떤 책을 추천해주기 어려웠다. 내가 만난 인사 담당자들과 최고경영자로부터 인적자원관리 분야에서 참고할 만한 기본서를 찾기 어렵다는 이야기도 적지 않게 들었다. 이 책을 통해 지금까지 내가 강의한 내용을 전체적으로 정리하면서 경영자와 인사 담당자들이 전략적 관점에서 사람을 관리하는 데 필요한 이론적 지식과 통찰력을 갖추는 데 도움을 주고자 한다.

이 책은 경영자들이 사람과 사업을 '인사이드 아웃Inside-out' 관점에서 바라볼 것을 제안한다. 인사이드 아웃 관점이 생소한 독자들도 있겠지만, 인사이드 아웃 관점은 전략과 인적자원관리 분야에서 오랫동안 연구해온 자원기반이론Resource-based view of the firm과 지식기반이론 Knowledge-based view of the firm에 이론적 토대를 두고 있다. 인사이드 아웃 관점의 핵심은 "기업은 자신들의 문화와 사람의 특성을 이해하고 그 속에서 내재된 자신만의 강점을 찾아내고, 이를 지속적으로 확장·발전시키면서 동시에 사람에 내재된 핵심 역량을 사업과 연계시킴으로써 지속적인 경쟁 우위를 확보한다"로 요약할 수 있다. 인사이드 아웃 관점에서 이 책은 기업 경영에 다음과 같은 제안을 담고 있다.

먼저 기업이 선택 가능한 사람관리 시스템 혹은 패러다임은 항상 단일한 형태가 아니라 복수의 형태로 존재한다. 1997년 외환 위기 이후 국내 기업들이 그랬듯 많은 기업은 토요타식, GE식, 구글식 같은 베스트 프랙티스에 경도되는 경향이 있다. 하지만 전략적 사고의 본질은 차별화를 통해 경쟁 우위를 확보하는 것이며, 이는 기업이 차별화된 사람관리 시스템을 구축할 때만 지속적인 경쟁 우위를 확보할 수 있다는 것을 의미한다. 이 책에서 역사적으로 발전해온, 이론적으로 입증해온 네 가지 사람관리 패러다임(직무성과주의, 내부노동시장형, 스타형, 몰입형)을 소개한다. 이 네 패러다임은 이론적으로 완벽한 내적 적합성을 갖춘 일종의 원형prototype에 해당한다. 실제 운용 과정에서 기업들은 이런 이론적 모형들을 혼합하거나 변형한 모형을 채택할 수 있으며, 미래에는 제5 혹은 제6의 새로운 모형이 나타날 수도 있다. 따라서 기업은 항상 자신 앞에 복수의 선택지가 놓여 있다는 사실을 인지해야 하며 차별화된 우위를 제공할 수 있는 사람관리 시스템을 찾고자 노력해야 한다.

인사이드 아웃 관점은 기업의 미래는 과거와 현재로부터 단절될 수 없다는 사실을 전제한다. 경영자들과 학자들 가운데 일부는 사람과 사람관리 시스템은 사업이나 전략의 요구에 맞춰져야 한다고 생각한다. '인사가 전략을 따른다HR follows strategy'는 '아웃사이드 인Outside-in' 관점은 인적자원의 완벽한 유연성flexibility을 가정한다는 점에서 이상적이다. 하지만 환경이나 시장의 변화에 대응해 기업이 필요로 하는 사람을 시장에서 자유롭게 확보하고, 내부 구성원들에게 무한적인 변신을 요구할 수 있다는 가정은 현실적이지 않다. 아웃사이드 인 관점은 전략이 요구하는 것, 즉 '해야만 한다는 것Should do'과 직원들이 '할 수 있는 것Can do' 사이에 존재하는 현실적 괴리를 간과함으로써 실행될 수 없는 전략을 양산하는 경향이 있다.

이와 대조적으로 인사이드 아웃 관점은 사람이나 기업은 이질적인 특성과 문화를 가지고 출발하며 인적자원의 자유로운 흐름과 변화를 방해하는 현실적 제약 조건이 존재한다고 전제한다. 차별화된 역량과 문화를 축적한 기업만이 지속적으로 성장·발전할 수 있음을 강조한다. 인사이드 아웃 관점에서 기업은 사람을 통해 경쟁 우위를 확보하기 위한 해답을 시장이나 환경 혹은 다른 기업에서 찾기보다는 자사에서 일하는 직원들의 특성과 자사의 독특한 기업문화를 이해하는 과정에서 그 해답을 찾아야 한다. 결국 인사이드 아웃 관점은 경영자들에게 "언제까지 (다른 기업을, 시장을, 환경을) 따라갈 것인가?"라는 근본적인 질문을 던진다.

인사이드 아웃 관점에서 강조하는 핵심 역량의 경로 의존적 속성 때문에 경영자들은 인사이드 아웃 관점이 가지는 경직성과 변화의 한계를 우려할 수 있다. 하지만 인사이드 아웃 관점은 기업이 현재의 강점을 활용하는 데 머물러서는 안 된다는 점을 강조한다. 지속적인 학습을 통해 기존의 핵심 역량을 개선하고 발전시켜감으로써 환경 변화에 적응할 수 있는 역량을 확보하도록 요구한다. 인사이드 아웃 관점은 기업이 기존 사업의 강점을 지속적으로 강화하면서 동시에 새로운 사업을 발굴하는 '양손잡이 조직Ambidexterity organization'이 될 것을 요구한다. 양손잡이 조직을 추구하려면 내부 구성원들의 지속적인 학습과 함께 전략적 인재 영입 노력이 필요하다.

인사이드 아웃 관점은 사람을 통해 경쟁 우위를 확보하려면 무엇보다 '사람'을 이해하고 직원들의 관점에서 제도를 바라보고 변화의 방향을 찾을 것을 요구한다. 전략적 인적자원관리는 기업의 성과 향상과 경쟁 우위 확보에만 관심을 둘 뿐 '사람'을 간과하는 우를 범한다고 오해하기도 한다. 실제로 20년간 국내 기업들은 다양한 인사 제도를 실험해오면서 제도적 측면에서 발전을 이뤄왔지만, '책상에서 사람을 관리한다'는 비판도 받아왔다.

모든 제도는 사람에 대한 일정한 가정 위에서 작동하며 회사가 직원들에게 요구하는 가치를 표방한다. 서로 상충하는 가정과 가치를 내포한 제도들을 동시에 실행한다면 직원들은 혼란을 느낄 수밖에 없다. 인사이드 아웃 관점은 기업은 자신이 원하는 인재상과 사람에 대한 철학을 명확히 정의하고 이를 강화할 수 있도록 일관되게 제도들을 설계해야 한다는 점을 강조한다. 제도의 실행 과정에서 아무리 좋은 제도라도 직원들이 그 제도를 직원들이 이해하고 수용하지 않는다면 기대한 효과를 내지 못한다. 마찬가지로 구성원들이 그 변화를 이해하고 공감하지 않는다면 변화 노력은 실패할 수밖에 없다. 사람을 통해 경쟁 우위를 확보하려면 사람에 대한 이해가 전제되어야 한다는 사실을 강조하기 위해 이 책에서는 학계와 실무계에서 전통적으로 사용해온 '인적자원관리'보다 '사람관리people management'라는 용어를 주로 사용하고자 한다.

이 책은 인사이드 아웃 관점의 이런 핵심 제언들을 중심으로 총 3부와 에필로그로 구성되어 있다. 1부는 경영자들이 왜 사람의 가치를 이해해야 하는지, 인사이드 아웃 관점의 필요성과 특징이 무엇인지를 설명한다. 2부에서는 인사이드 아웃 관점에서 각 기업이 선택 가능한 네 가지 사람관리 패러다임을 소개한다. 3부에서는 인사이드 아웃 관점에서 경영자들이 어떻게 자사에 적합한 사람관리 패러다임을 선택해야 하는지와 제도의 실행과 변화 과정에서 고려해야 할 전략적 제안들을 담고 있다. 에필로그에서는 파괴적 혁신이 지배하는 21세기 경영 환경에서 기업이 추구해야 할 공통적 패러다임으로서 '일에서의 자유'를 제안한다.

강의를 듣는 것처럼 책을 읽을 수 있도록 각 장을 한 강좌처럼 구성했다. 독자들은 관심 사항에 따라 몇 개의 장을 선택적으로 읽을 수 있다. 예를 들어 실리콘밸리 기업에 관심이 있는 독자들은 스타형 모델을 설명한 2부 3장과 실리콘밸리 기업을 대상으로 한 스탠퍼드 프로젝트의 연구 결과를 담은 3부의 1장, 스타 인재의 영입을 다룬 3부의 3장, 일에서의 자유에 관한 에필로그를 차례로 읽으면 된다. 하지만 나는 독자들이 다양한 패러다임에 균형 잡힌 시각을 갖추기를 기대하며, 이를 위해 가능하면 처음부터 끝까지 순서대로 이 책을 읽어나가길 권한다.

독자들의 이해를 돕기 위해 어려운 이론과 개념을 풀어쓰려고 노력했다. 깊이 있는 이론적 지식을 원하는 독자들은 참고문헌을 찾아 읽기를 권한다. 이 책에서는 이론적 설명을 뒷받침하기 위해 기업 사례들을 인용했다. 기업에 관한 정보는 책, 논문, 기사, 보고서 등과 같은 2차 자료를 통해 얻은 만큼 실제와 차이가 있을 수 있다. 현실과 다른 내용이 있다면 미리 독자들의 너그러운 양해를 구한다.

외국 기업의 사례를 많이 인용한 것은 내가 외국 기업을 선망하기 때문이 아니라는 점을 밝혀둔다. 서점에 가보면 구글이나 애플에 관한 책을 수십 권 볼 수 있을 것이다. 하버드 비즈니스 케이스처럼 공개된 글로벌 기업의 사례들도 많다. 하지만 국내 기업의 사례, 특히 인사 정보에 관한 사례는 접하기도 어렵거니와 공개는 더더욱 어렵다.

지금까지 내 강의를 들었던 학생들과 경영자들로부터 과분한 평가를 받고서 더 많은 사람에게 내 강의를 전해주고자 이 책을 쓰기 시작했다. 책을 쓰면서 더 많은 자료와 논문을 참고하려 했지만, 내가 가진 지식의 한계로 인해 논리적 결함이나 오류가 전혀 없지는 않을 것이다. 연구자로서 경력의 반환점을 막 지난 지금 내가 알고 있는 내용은 무엇이고 어떤 부분이 부족한지 앞으로 무엇을 더 연구해야 하는지 이 책을 쓰면서 좀 더 명확히 알게 되었다. 한국 기업의 현실을 좀 더 깊이 있게 이해할 필요성도 느낀다.

이 책을 쓰는 과정에서 많은 분의 도움을 받았다. 먼저 부족한 책에 훌륭한 추천사를 써준 분들에게 감사의 말씀을 드린다. 전공 분야 선배 교수로서 존경하는 연세대학교 양혁승 교수님, 미래 인재 양성을 위해 헌신하고 있는 서울대학교 데이터사이언스대학원 차상균 원장님, 기업 현장에서 사람의 문제를 숱하게 고민해오면서 탁월한 경험과 식견을 쌓아온 SK수펙스추구협의회 서진우 인재육성위원장님, 롯데인재개발원 전영민 원장님께 감사드린다. 이 책의 초고를 읽고 격려와 피드백을 해준 서울대학교 신재용, 이정연 교수, 고려대학교 김광현 교수, 연세대학교 노현탁 교수, 건국대학교 권기욱 교수, FMA컨설팅 신재욱 대표에게도 감사드린다.

이 책의 출간을 도와준 21세기북스 장보라 팀장님, 원고 교정과 디자인 등 출간 과정을 꼼꼼히 챙겨준 강지은 씨와 서가명강팀에게도 감사의 말을 전하고 싶다. 끝으로 언제나 나의 후원자이자 정신적 버팀목이 되어주는 사랑하는 아내 서상희, 두 딸 강예슬, 강해솔에게 이 책을 바친다.

새로운 봄을 기다리며, 서울대학교 연구실에서

2020년 2월 강성춘

차례

1부 사람이 사업을 결정한다

2부 어떻게 사람을 관리할 것인가

INSIDE

1부 _____

사람이 사업을 결정한다

OUT

모든 조직에서 통용될 수 있는 최상의 사람관리 제도가 존재하지 않는다고 가정한다면 사람관리에도 전략적 사고가 필요하다. 다양한 제도적 대안을 탐색하고 환경과 자신의 특성을 반영해 자기 기업에 가장 적합한 대안을 찾아야 한다. 우수한 인재를 확보하고 그들의 역량과 일하고자 하는 동기를 향상시킴으로써 궁극적으로 사람을 통해 사업의 성공을 견인할 수 있어야 한다.

01

우리 기업에
좋은 인재가 없는 이유

경영자들은 흔히 자기 회사에 좋은 인재가 없다고 말한다. 사업 환경은 급변하는데 이를 뒷받침할 사람은 부족하고, 인사는 매일 제자리걸음만 하고 있다는 불만도 토로한다. 자세히 논의하겠지만 평가나 채용 같은 인사 제도나 인사 부문의 비효율성이 이런 문제의 원인일 수 있다. 하지만 최고경영자, 중간 관리자, 현업 관리자들도 이 문제에서 결코 자유롭지 않다.

러시아의 대문호 레프 톨스토이는 『안나 카레니나』의 첫 문장에서 "행복한 가정은 모두 엇비슷하고, 불행한 가정은 불행한 이유가 제각기 다르다"라는 명언을 남겼다. 잘사는 가정들을 들여다보면 평범해 보이는 몇 가지 공통점이 있다는 말이다. 우수한 인재가 몰리는 기업들도 평범해 보일 수 있는 몇 가지 공통점이 있다. 반대로 우수한 인재가 부족하다고 말하는 기업들은 다양한 이유가 있겠지만 이런 공통된 원칙들을 지키지 않는다.

제도적인 문제를 넘어 한 기업에 우수한 인재가 부족한 근본적 이유는 세 가지로 요약할 수 있다. 경험에 대한 자기 확신, 사람에 대한 무관심, 제도에 대한 집착. 나는 이것을 사람관리의 세 가지 적이라 부르고자 한다.

첫 번째 적, 경험에 대한 경영자들의 자기 확신

경영자들은 흔히 경험과 연륜이 쌓이면 사람을 보는 눈이 저절로 좋아진다고 믿는다. 하지만 자문해보기 바란다. 일상생활에서 사람을 얼마나 정확하게 평가할 수 있다고 확신하는지를 말이다. 많은 사람은 나이가 들어갈수록, 세상을 살아갈수록 사람을 평가하는 것이 굉장히 어렵다고 고백할 것이다. 믿었던 사람에게 배신을 당하기도 하고 기대치 않은 사람에게 뛰어난 능력을 발견하거나 따뜻한 도움을 받은 경우도 있을 것이다.

일상생활에서 사람에 대한 판단과 결정은 그만큼 어렵다. 그런데 사람들은 종종 신입 사원을 채용하는 면접장에만 들어가면 갑자기 한눈에 좋은 인재를 알아볼 수 있다고 확신한다. 지원자가 면접장에 들어서는 순간 혹은 한두 가지 면접 질문만으로 지원자가 어떤 능력과 성품을 가지고 있는지 금방 알아차릴 수 있다고 믿는다. 연말 인사 고과 때는 자신이 부하 직원들을 아주 정확하게 평가하고 있다고 확신한다.

채용 면접은 흔히 '두 거짓말쟁이의 대화'로 비유된다. 면접장에서 지원자들은 자신을 과대 포장하기도 하고 때로는 거짓 정보도 서슴없이 말한다. 로울린Roulin과 동료들의 연구에 의하면, 경험이 풍부한 면접자들조차 이런 지원자들이 말하는 거짓 정보를 정확하게 짚어내지 못한다.[1]

이들 연구에서 경험 있는 면접자의 면접 결과와 경험이 전혀 없는 일반 대학생들의 면접 결과 간에 차이가 거의 없다는 흥미로운 사실을 발견할 수 있다. 면접 경험이 풍부하다고 해서 지원자를 더 잘 평가할 수 있는 것은 아니라는 얘기다.

직원 평가 과정에서도 경영자들의 편견이 개입된다. 스쿨린Scullen과 동료들의 연구에 따르면, 고과 결과의 약 60%는 피고과자의 특성이 아닌 고과자의 특성을 반영하고 있다. 고과 오류가 이 정도라면 고과자가 누구이냐에 따라 탁월한 성과를 내는 S급 인재와 B급 혹은 C급 인재가 얼마든지 뒤바뀔 수 있다.

클라우디오 페르난덴즈-아라오즈는 『어떻게 최고의 인재를 얻는가』에서 이런 현상을 다음과 같이 비판한다.[2] "경영자들은 본능적으로 사람에 대해 수많은 편견을 가지고 의사 결정을 하며 사람을 육성하기 위한 적절한 교육이나 훈련을 받지 못했다. 그럼에도 불구하고 그들은 자신이 타인의 역량을 정확히 판단할 수 있다고 확신한다. 이러한 리더와 경영자들이 인사 결정을 어렵게 하는 내부의 최대의 적이다."

성공한 경영자일수록 자신의 경험에 대한 자기 확신이 강한 경우를 자주 볼 수 있다. 세계적인 석학인 제프리 페퍼Jeffrey Pfeffer는 성공한 경영자들은 '왜냐하면Because'과 '그럼에도 불구하고In spite of'를 자주 혼동한다고 주장한다.[3] 그들은 흔히 '내가 이렇게 했기 때문에 이만큼 성공했다'라고 생각한다. 하지만 '그가 그렇게 했음에도 불구하고 그만큼 성공한 경우'가 많다는 것이다.

인사 담당자들 역시 경험의 편견으로부터 자유롭지 못하다. 라인Rynes과 동료들은 인사 부분에서 평균 13년 정도 경력을 쌓은 미국의 인사 담당자들과 최고경영자들 959명을 대상으로 지금까지 축적된 사람관리와 관련된 과학적 지식을 35개의 테스트 문항(참 혹은 거짓 형태의 양자택일)으로 만들어 시험을 보게 했다.[4] 결과는 평균이 58점이었으며 90점 이상을 획득한 인사 담당자는 없었다. 낙제에 해당되는 40점 이하를 맞은 경영자들도 상당수 존재했다. 내가 국내 기업의 인사 담당자나 경영자들을 대상으로 동일한 조사를 했을 때도 결과는 크게 다르지 않았다.

직무 경험이 쌓이면 업무와 관련된 지식과 전문성은 향상될 수 있다. 하지만 관리자로서 갖춰야 할 사람에 대한 안목이 자연적으로 향상되는 것은 아니다. "어쩌다 어른"이라는 말이 있듯이 사람과 관련된 체계적인 교육이나 훈련을 받지 못한 채 사람을 평가하고 육성하는 책임을 어느 순간 맡게 된다면 '어쩌다 관리자'가 될 수 있다. 체계적인 학습이 결여된 경험은 편견일 수 있고, 그러한 경험에 대한 경영자들의 자기 확신이 강할수록 기업이 좋은 인재를 확보하는 것은 그만큼 어렵다.

두 번째 적, 사람에 대한 무관심

대부분의 기업은 경영 이념 혹은 경영 철학에 '인재제일' 혹은 '인간존중'을 명시하고 있다. 그런데 각 기업이 사람을 확보하고 육성하는 데 어느 정도의 돈을 투자하는지, 경영자들은 사람을 선발하고 평가하고 육성하는 데 어느 정도의 시간을 쓰는지 물으면 자신 있게 대답하는 경영자들은 그리 많지 않다.

한때 우리 기업들이 경쟁적으로 벤치마킹했던 GE의 경우 교육 훈련에 매년 1조 원 이상, 직원 1인당 약 300만 원을 투자하는 것으로 알려져 있다. 1983년 잭 웰치가 변화와 개혁을 위한 리더 양성 목적의 크로톤빌연수원 재건 공사(4,600만 달러짜리 예산안)에 사인을 하면서 투자를 얼마나 오래 회수할 수 있겠냐는 항목에 'Infinite무한'라고 써넣었다는 유명한 일화도 있다.

직원들을 육성하는 데 이만큼 투자하는 기업이 우리 주변에는 과연 얼마나 될까? 기업은 물론이거니와 교육을 전담하는 한국의 대학조차 '사람 키우기'에 이 정도 투자를 하고 있지 않다. 2016년 고용노동부 발표 자료에 따르면, 상용 근로자 10인 이상 국내 기업체 3,388곳의 1인당 월평균 간접노동비용(퇴직금, 법정 외 복지, 교육 훈련, 채용 비용 포함)은 월 99만 6,000원인 것으로 조사됐다. 설비, 기술, 브랜드, 상품 등 기업 활동의 핵심 성과물들 가운데 그 어떤 것도 충분한 투자 없이 좋은 성과를 내는 경우는 드물다. 그런데 경영자들은 유독 사람에게는 충분한 투자를 하지 않고도 좋은 성과를 기대하고 있는 것은 아닌지 의문이 든다.

모든 분야가 그렇겠지만 요즘 대학들도 경쟁과 성과를 강조하고 있다. 연구 실적에 대한 요건을 강화하고, 학생들의 강의 평가도 의무화하고 있다. 교수 입장에서 학생들로부터 받는 강의 평가는 여간 곤욕스러운 일이 아니다. 그래서 많은 교수는 어떻게 하면 좋은 강의 평가를 받을지 고민한다. 강의 평가를 잘 받는 교수들에게 그 비결을 물으면 대답은 의외로 간단하다. "학생들에게 얼마나 시간을 쓰십니까?"

평가의 공정성과 정확성을 높이려면 제도적 개선이 필요하다. 그러나 부하 직원을 선발하고 평가하고 육성하는 데 관리자들이 관심을 갖고 시간과 노력을 투입하지 않는다면 공정하고 정확한 평가는 어렵다. 이런 이유로 최근 많은 글로벌 기업이 실시간 평가나 주기적인 피드백 면담을 통해 평가 제도를 개선하고 있다. 이런 사례를 소개하면 많은 경영자는 "그 사람들, 자기 일은 언제 합니까?"라고 되묻는다.

기업이 원하는 방향으로 직원들의 역량과 행동을 개발하려면 일선 관리자들이 인사 제도의 목적과 내용을 정확히 이해하고 의도한 대로 제도를 운영해야 한다. 하지만 관리자들을 흔히 인사 부서가 현실을 전혀 이해하지 못한다는 불만을 제기한다. 그러면서도 관리자들에게 그런 문제를 개선하기 위해 무엇을 했느냐고 물어보면 자신들은 그런 권한도 없고 주 업무도 아니라고 말한다. 현업의 요구와 동떨어진 제도가 만들어진다면 일차적으로 인사 부서 책임이다. 하지만 직원들의 생각, 태도, 행동을 가장 잘 이해하는 현업 관리자들이 충분한 목소리와 의견을 내지 않는다면 같은 문제가 반복될 수밖에 없다. 결국 최고경영자와 현업 관리자들의 무관심으로 인해 현실과 맞지 않은 제도가 만들어지고 필요한 인재를 확보하기 어렵게 된다.

세 번째 적, 제도에 대한 집착

박사과정을 다닐 때 코넬대학을 방문한 국내 기업의 인사 담당자 한 분은 내게 아주 깊은 인상을 남겼다. 이유는 간단하다. 그분은 2,000명에 이르는 자사 직원의 이름과 전화번호를 저장해놓고, 적어도 한 번은 저녁을 같이했다고 말했다.

인사 담당자들은 자주 나에게 '최근의 인사 트렌드'가 무엇인지 묻는다. 2015년 4월 구글의 인사 담당자인 라즐로 복은 자사의 인재 관리와 관련된 모든 것을 『구글의 아침은 자유가 시작된다』[5]에서 소개했다. 사람들은 이 책에 열광했고 국내 언론도 앞 다퉈 기사로 다뤘다. 구글의 인재 관리는 정말 새로운 것일까? 추후 좀 더 깊이 있게 논의하겠지만, 흥미로운 것은 많은 기업이 항상 GE식, 구글식 등 새로운 유행을 좇는다는 사실이다.

좋은 인재란 한마디로 기업들이 원하는 바람직한 역량, 태도, 행동으로 무장한 사람이다. 좋은 인재를 확보하려면 기업이 원하는 인재상을 명확히 정의해야 한다. 그런데 대내외적으로 표방하는 패기, 인화, 도전 같은 인재상이 정확히 무엇인지 구성원들 간 공감대가 형성돼 있지 않다. 창의, 도전, 열정, 성과, 충성심, 조직 안정, 전문성, 협업, 인간미, 도덕성 등 공존하기 어려운 가치들을 표방하는 기업들도 있다. 인사 제도 역시 상충되는 가치를 강조하기도 한다. 채용 과정에서는 직원들의 충성심과 협업을 기대한다는 인상을 주면서 평가와 보상은 경쟁과 성과를 강조한다. 이런 기업에서 직원들은 '우리 기업은 새로운 인사 제도를 많이 도입하는 것 같기는 한데 솔직히 뭘 하는지는 잘 모르겠다'라는 반응을 보일 수밖에 없다.

모든 제도는 사람에 대한 일정한 가정 위에서 작동한다. 사람들은 자신의 가치와 상충되는 제도들이 도입될 때 그 제도를 회피하거나 저항하거나 왜곡시킨다. 예를 들어 상대 평가 제도는 경쟁적이고 성취 지향적일 때 보다 효과적인 반면, 위계와 연공을 강조하는 기업에서는 직원들에게 불편하다. 그런 상황에서 관리자들은 승진을 앞둔 직원들에게 고과를 몰아주고, 돌아가면서 좋은 고과를 받도록 하는 관행을 지속한다.

하나의 제도가 성공적으로 정착되려면 그 조직의 생각과 문화를 반영해야 한다. 코넬대학 니쉬 교수의 연구에 따르면, 사람들이 기존 조직에서 어떻게 대우받았느냐에 따라 성과급을 성과가 높은 직원들의 동기부여하기 위한 수단으로 보기도 하고, 통제하기 위한 수단으로 보기도 한다.[6] 그런데 기업들은 흔히 한 인사 제도가 실패하면 그 제도를 실행하고 적용받는 사람과 연계해 문제를 보지 않고 또다시 새로운 제도를 찾아 나선다.

1997년 외환 위기 이후 한국 기업은 많은 변화를 경험했고 다양한 인사 제도를 실험해왔다. 그 과정에서 우리 기업들의 사람관리 역량은 어느 정도 향상됐다. 하지만 제도 변화 과정에서 기업들은 자주 '사람'을 간과하는 우를 범한다. 어떤 인재를 필요로 하는지에 본질적인 고민 없이 좋은 제도 혹은 트렌드를 받아들이는 데 집착한다.

경험에 대한 경영자들의 자기 확신, 사람에 대한 무관심, 제도에 대한 집착, 이 세 가지가 기업이 좋은 인재를 확보하는 데 어려움을 겪는 공통 이유다. 좋은 인재를 많이 보유한 기업들은 반대로 사람에 관심을 가지고 투자하며, 사람에 대한 확고한 철학이 있고, 사람에 대한 과학적 지식과 직원에 대한 이해를 기반으로 제도를 만들고 운영한다.

[그림 1-1] 인재 관리의 실패와 성공

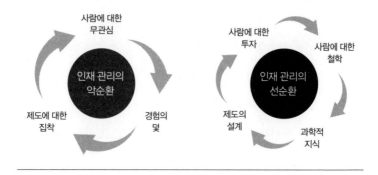

에릭 슈미트는 구글 성공의 원천은 "최고의 인재를 뽑아서 그들이 하는 일을 방해하지 않는다"고 말한다. 인사 담당자인 라즐로 복은 구글은 '모든 직원이 창업자가 되라'는 인재상을 일관되게 반영하도록 제도를 설계한다는 점을 강조한다. 또한 사람을 채용하고 평가하는 데 상당한 시간과 비용을 투자할 뿐 아니라, 새로운 제도를 도입할 때 항상 이론에서 출발하며 내부적 실험을 거쳐 제도를 평가하고 실행한다. 성공한 기업들이 채택하고 있는 인사 제도는 각기 다르다. 하지만 그들은 공통적으로 위의 세 가지 원리를 충실히 지키고 있다.

02

기업의 가치는
사람이 만든다

성공한 기업들은 사람을 최우선시하는 경영 철학을 가지고 있다. 미국의 대형 백화점인 시어즈는 '3C Compelling place to work, compelling place to shop, and a compelling place to invest' 모델을 통해 1990년대 초 위기를 극복하고 재도약의 발판을 마련했다. 3C 모델은 투자자를 만족시키려면 고객 만족을 우선해야 하며, 고객 만족은 직원 만족으로부터 가능하다는 것이다. 30년 동안 적자를 내지 않은 미국의 저가 항공사인 사우스웨스트항공 역시 항상 고객보다 직원을 우선시하는 것으로 유명하다. 구글도 좋은 제품을 만들려면 최고의 인재가 필요하다는 점을 강조한다.

측정하기 어려운 '사람'에 대한 투자 효과

사람에 대한 관심과 투자는 성공적인 사람관리의 전제 조건이다. 하지만 경영자들이 '기업 성공의 원천은 사람'이라는 믿음을 갖기란 쉽지 않다. 사람에 대한 투자 효과를 명확히 측정하는 데 한계가 있기 때문이다. 예를 들어 채용과 교육 훈련에 투입한 비용은 상대적으로 명확한 데 비해 경제적 효과는 측정하기 쉽지 않다.

"측정할 수 없는 것은 관리할 수 없다"라는 피터 드러커의 말은 현대 경영을 지배하는 사고다. 사람의 가치, 지식, 태도, 행동 등은 측정하기 어려워서 경영자들은 사람에 대한 투자를 주저할 수밖에 없다. 최고인사담당자CHRO: Chief Human Resources Officer의 가장 큰 적은 최고재무책임자CFO: Chief Financial Officer라는 우스갯소리가 있는 이유도 여기에 있다.

부모의 자식에 대한 사랑과 그 효과를 측정할 수 없다고 해서 중요하지 않다고 말할 수는 없다. 마이클 샌델이 말한 것처럼 사람과 관련된 모든 것을 측정하고 돈으로 환산하려고 하는 경우 사람의 본질적 가치를 잃을 수도 있다.[7] 기업에서 일하는 사람의 가치도 마찬가지다. 사람과 관련된 모든 경영 활동을 숫자(돈)로 표현할 수 없다고 해서 관리할 수 없고 중요하지 않은 것은 아니다. 성공한 기업 경영자들이 반드시 경제적 투자 분석에 기반해 사람에 대한 믿음과 철학을 가지고 있는 것은 아니다.

마이크로소프트의 성공은 천재를 알아보는 천재, 즉 빌 게이츠가 있어 가능했다. 애플, 테슬라, 아마존 같은 기업들이 끊임없이 최고의 인재를 갈구하는 것 역시 스티브 잡스, 일론 머스크, 제프 베조스 같은 창업자들의 삶과 철학을 반영한다.

사우스웨스트항공이 '펀fun경영'을 통해 성장할 수 있었던 배경에도 창업자인 허브 켈러허Herb Kelleher의 활달하고 적극적인 성격이 영향을 끼쳤다.

한 기업이 얼마나 사람에 관심을 가지고 투자를 할 것인지를 결정하는 데 창업자와 최고경영자의 개인적 가치와 철학은 매우 중요하다. 하지만 모든 경영자가 사람에 대해 확고한 철학과 믿음을 가지고 있으리라 기대하기 어렵다. 그렇다고 그런 경영자가 나타나기만 기다릴 수도 없다.

하몬드는 『왜 우리는 인사를 증오하는가?』에서 인사가 자신의 역할을 다하려면 CEO의 지시를 앉아서 기다리기보다 CEO의 방문을 두드릴 수 있어야 한다고 강조한다.[8]

최근 빅 데이터의 등장과 함께 HR 애널리틱스Analytics로 불리는 분야에서 인사 제도의 재무적 성과를 측정하고자 하는 노력들이 나타나기 시작했지만 시작에 불과하다. 현 단계에서 개별 인사 제도의 경제적 효과를 측정하는 것은 한계가 있다. 하지만 최근 20여 년 동안 학계는 효율적인 사람관리가 기업 가치 창출에 기여한다는 수많은 실증적 증거를 축적해왔다.

기업 가치 평가의 패러다임 전환

기업의 가치를 평가하는 기준은 다양하다. 전통적으로 이윤 추구 혹은 주주 이익의 극대화를 기업의 목표로 보는 시각이 지배적이다. 하지만 최근 이에 대한 반론이 늘고 있다. 보이지 않는 주주를 위해 수십 년 동안 회사를 위해 몸 바쳐 일하는 직원들의 희생은 당연한가? 높은 이윤을 창출하는 기업이 과연 혁신적이며 장기적으로 생존 가능한가? 에너지회사 엔론Enron 사태는 기업의 이윤 추구 행동이 사회적 가치와 규범, 장기적인 생존과 상충될 수 있음을 보여주었다.

부자가 되는 것이 모든 사람에게 인생의 목표는 아니다. 사람에 따라서는 건강, 명예, 행복, 장수 등에 더 많은 가치를 부여할 수 있다. 기업 역시 이윤 극대화뿐 아니라 혁신, 생존, 경쟁 우위, 고객 만족, 사회적 공헌, 직원들의 행복에 우선적 가치를 부여할 수 있다. 스티브 잡스의 재임 시절 애플은 IR 자료도 작성하지 않고, 애널리스트들에게 정보도 주지 않았으며, 컨설팅회사도 고용하지 않은 것으로 유명하다. 주가보다 더 중요한 것은 세상을 깜짝 놀라게 할 만한 혁신적인 제품을 만드는 것이라고 보았기 때문이다.

바틀렛과 고샬은 1세대 기업이 이윤 극대화, 2세대 기업이 고객 만족을 추구했다면, 3세대 기업은 '꿈'을 위해 존재해야 한다고 주장한다.[9]

결국 기업의 성공은 다양한 이해관계자의 관점에서 평가될 수

[그림 1-2] 기업의 다양한 성과 차원

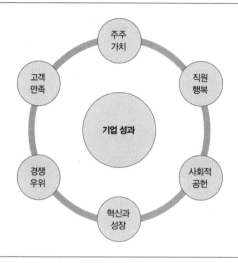

있으며 사회와 경영자들의 철학과 가치를 반영한다. 2019년 6월 아마존의 제프 베조스와 애플의 팀 쿡 등 미국 주요 대기업 CEO들의 모임인 '비즈니스 라운드 테이블BRT'이 고객, 직원, 납품업체, 지역 사회, 주주 등 다양한 이해 당사자에 대한 사회적 책무 이행을 '기업의 목적'으로 내세우는 성명을 발표했다.

성명에서 '주주 최우선' 원칙을 넘어 고객에게 가치를 전달하고, 직원들에게 투자하며, 윤리적으로 거래하고, 지역 사회를 지원하는 사회적 책임을 강조하는 방향으로 기업 경영 원칙을 전환해야 한다고 천명했다.

기업 성과의 관건은 사람

효과적인 사람관리가 기업의 전통적인 성과 지표인 재무적 성과에 기여할 수 있음을 수많은 실증적 증거는 보여준다. 마크 휴슬리드의 연구가 대표적이다.[10]

휴슬리드와 동료들은 미국 기업들을 대상으로 성과가 높은 기업과 성과가 낮은 기업들을 비교한 결과, 두 집단은 서로 상이한 인적자원관리 관행들을 채택하고 있다는 것을 발견했다. 성과가 높은 기업들이 공통으로 채택하고 있는 인적자원관리 관행들의 집합을 고성과작업시스템High performance work system이라 명명했다. 이후 휴슬리드는 1995년 연구에서 다양한 업종에서 기업들이 고성과작업시스템을 채택한 정도가 그들의 재무적 성과 향상에 어느 정도 기여하는지 분석했다. 그 결과 고성과작업 관행들을 많이 채택한 상위 25%의 기업은 하위 25%의 기업에 비해 주식 시장에서의 가치는 1.5배 높고 회계상 이익은 거의 3배 이상 높다는 것을 발견했다.

미국 경제 전문지인 《포춘》은 매년 매출액 기준 500대 기업과 '미국에서 일하기 좋은 100대 기업100 Best companies to work for in America'을 발표하는데 일하기 좋은 기업 순위는 각 기업의 직원들에게 직접 설문을 한다. 각 기업의 직원들이 경영자를 얼마나 신뢰하는지, 자신이 하는 일에 대해 얼마나 자긍심을 느끼고 있는지, 동료들과 같이 일하는 것이 얼마나 즐거운지를 평가함으로써 결정된다.

흥미롭게도《포춘》500대 기업 리스트와 일하기 좋은 100대 기업 리스트를 비교해보면 두 리스트에 속한 기업들이 사뭇 다르다. 500대 기업은 대부분 규모가 크고 유명한 기업인 반면, 일하기 좋은 기업에는 식료품 체인점인 웨그먼스 푸드 마켓Wegmans Food Markets, 덴탈·스킨케어 제품을 생산하는 베어드Baird, 바이오테크 기업 제넨텍Genentech 같은 생소한 회사들이 등장한다. 그래서 사람들은 일하기 좋은 기업이 반드시《포춘》500대 기업과 같은 성공적인 기업은 아니라고 생각한다.

풀머와 동료들은 이를 반박하는 아주 흥미로운 연구를 진행했다.[11] 그들은 두 리스트를 단순 비교하는 것은 서로 다른 조건에 있는 기업들을 비교하는 오류를 범한다고 주장한다. 중소기업을 대기업과 비교하고 의류 소매업체를 반도체 기업과 비교하는 것은 타당하지 않다는 것이다. 따라서 그들은 일하기 좋은 기업 리스트에 있는 각 기업을 규모, 업종 등에서 유사한 경쟁 기업과 하나의 쌍으로 해서 상대적 성과를 비교했다. 결과는 놀랍게도 일하기 좋은 기업에 선정된 기업들은 자산 수익률ROA이나 시장 점유율 측면에서 경쟁사보다 1.7배 더 높은 성과를 내고 있었다. 결국《포춘》500대 기업을 포함해 모든 기업이 일하기 좋은 회사처럼 된다면 지금보다 1.7배 더 높은 수익을 창출할 수 있다.

코넬대학의 바트 교수는 서비스 산업에서 고객 만족과 관련된 흥미로운 연구를 진행했다.[12] 그녀는 콜센터를 대상으로 고참여시스템High-involvement system의 효과를 분석했다. 구체적으로 콜센터에서 고객 서비스와 영업을 담당하는 직원들을 대상으로 스킬 향상 교육을 제공하는지, 재량권을 부여하고 의사 결정에 참여할 수 있는 권한을 부여하는지, 상대적으로 높은 급여와 고용 안정을 보장하는지의 여부가 조직의 성과에 끼치는 영향을 분석했다.

그 결과 고참여시스템을 사용하는 콜센터들이 그렇지 않은 콜센터들보다 성과가 높았다. 게다가 부가 가치가 높은 고객(대기업)을 상대로 하는 콜센터보다 부가 가치가 상대적으로 낮은 고객(개인과 중소기업)을 상대하는 콜센터에서 고참여시스템의 긍정적 효과가 더욱 컸다.

지식과 스킬 수준이 높은 직원들에게 많은 투자와 혜택을 제공하는 것은 업계의 일반 관행이다. 그러나 그러한 관행을 채택했다고 해서 경쟁자에 비해 차별화의 우위를 제공하지는 않는다. 높은 지식과 스킬을 보유한 직원들에게 고참여는 어쩌면 아주 당연한, '그들이 받을 만한 대우'로 인식되기 때문이다.

반면 지식과 스킬 수준이 낮은 직원들에게 조직의 관심과 투자는 다른 의미를 갖는다. 그들은 업무와 관련된 전문성을 높일 기회가 적고 일자리가 보장되지 않는다. 저임금과 지시와 명령에 따라 업무를 수행하는 작업 환경에서 일하는 것이 관례다. 하지만 그들에게 관심을 가지고 적극 투자하고, 파트너로서 그들이 의사 결정에 참여할 기회를 준다면 자신들의 능력과 열정을 100%, 아니 그 이상 쏟아붓는다. 결국 조직과 일에 대한 직원의 몰입과 열정이 고객 만족과 서비스의 차별화로 이어지게 된다는 사실을 바트의 연구는 보여준다.

기업 영속 성장의 관건도 사람

기업의 흥망 속도가 빨라지고 있다. 미국 스탠다드앤푸어스S&P 500대 기업의 평균 수명은 1920년대에 67년이었던 데 반해 현재는 14년이다. 2027년에는 현재 S&P 500대 기업의 75%가 새로운 기업에 자리를 빼앗길 것이란 전망도 있다.[13] 생존은 이제 모든 기업의 관심사이며 스타트업들에게는 특히 그렇다.

웰번과 앤드류는 이 문제를 연구했다.[14] 그들은 기업공개IPO를 시행한 기업들을 대상으로 사람관리가 기업의 시장 가치와 장기(5년) 생존율에 끼치는 영향을 분석했다. IPO 당시 제출한 사업 설명서Prospectus를 분석해 한 기업이 인적자원에 얼마나 가치를 두고 있는지, 스톡옵션이나 이익 배분제Profit sharing 같은 조직 성과급을 어느 정도 사용하는지 측정했다.

두 사람이 관심을 가진 것은 '조직 관성Organization inertia'이다. 조직의 문화와 시스템은 관성의 힘이 있어 쉽게 변하지 않는다고 가정한다. 사업 초기에 어느 정도 사람에 가치를 두고 구성원 간 협력을 강조하느냐는 이후 기업의 문화와 가치를 결정하게 된다고 가정하는 것이다. 136개의 IPO 기업 대상으로 연구한 결과, 초기부터 인적자원과 협력에 가치를 둔 기업들은 그렇지 않은 기업에 비해 5년 동안 생존 확률이 약 3배 높았다.

스타트업들은 흔히 사람보다 기술 개발, 마케팅, 자금 조달에 더 관심을 기울인다. 뛰어난 소수의 인력들에게 파격적인 보상을 약속하는 것이 사람관리의 핵심이라고 생각하는 경향이 있다. 하지만 웰번과 앤드류의 연구는 사람의 가치를 인정하고 협력을 강조하는 문화가 하루아침에 만들어질 수 없을 뿐 아니라 기업 생존을 결정하는 데 중요한 역할을 하고 있음을 보여준다.

21세기의 경영 환경은 부카VUCA로 표현할 수 있다. 변덕스럽고 Volatility, 불확실하며Uncertainty, 복잡하고Complexity, 모호하다Ambiguity 는 뜻이다. 세상은 매일 바뀌고 그 변화의 방향도 예측하기 어렵다. 이에 따라 구글, 애플 같은 IT 기업뿐 아니라 전 산업에 걸쳐 혁신은 경영의 최대 화두가 되고 있다.

나는 일찍이 로펌, IT 서비스, 투자은행, 광고회사, 회계법인 같은 전문 서비스 기업Professional service firms의 인재 관리에 관심을 가져왔다. 전문 서비스 기업의 핵심 자원은 사람이므로 인재 관리는 그들의 성과와 직결된다. 또한 전문 서비스 산업은 전통적으로 뛰어난 인재들이 몰리는 직장이기에 우수 인력을 확보하고 관리하는 노하우를 가장 많이 축적해왔다.

전문 서비스 기업들은 전통적으로 그들 고유의 전문성을 무기로 시장에서 고객보다 우월한 위치에 있었다. 그러나 경쟁 환경은 점차 치열해지고 복잡해지고 있다. 로펌의 경우 주요 고객인 기업이 대형화되고 글로벌화되면서 경영 활동의 범위와 복잡성이 증가하고 있다. 인수·합병M&A, 환경, 지적 재산권 등 기업들이 당면한 법률적 이슈들도 더욱 복잡해지는 양상이다. 로펌의 규모가 대형화되면서 로펌 간 인력 쟁탈전도 가속화되고 회계법인, 컨설팅, 투자금융 등 산업 간 경계가 무너지면서 사업과 인력 면에서의 경쟁도 심화되고 있다. 이런 환경 변화 속에서 로펌은 예전처럼 앉아서 고객을 기다릴 수 없게 됐다. 끊임없이 새로운 시장을 개척하고, 새로운 서비스를 개발하고, 이전에 존재하지 않았던 새로운 이슈들에 효과적으로 대응하지 않으면 살아남을 수 없다.

미국 로펌들은 시장으로부터의 혁신 요구를 반영하기 위해 다양한 인재 관리 방식을 실험해왔으며, 나는 이에 대한 연구를 진행했다.[15] 그 결과 단기적인 성과에 초점을 둔 인재 관리 방식(시장형)을 채택한 로펌들보다 장기적 관점에서 변호사들을 육성하고 계발하는 인재 관리 방식(옵션형)을 채택한 로펌들이 혁신적 성과를 더 많이 달성했다. 옵션형을 채택한 로펌들이 새로운 서비스를 개발하고 새로운 시장을 개척하며 새로운 고객 이슈들에 효과적으로 대응할 수 있었다.

제프리 페퍼는 기업 성공의 $\frac{1}{8}$ 법칙을 주장한다.[16] 모든 기업 중 사람이 중요하다고 생각하는 기업이 전체의 $\frac{1}{2}$, 그중에서 개별 제도가 아니라 시스템 전체의 변화를 통해 사람을 체계적으로 관리하고자 하는 기업이 $\frac{1}{4}$, 인내심을 가지고 장기적 관점에서 사람에 투자하는 기업이 $\frac{1}{2}$, 결국 전체의 $\frac{1}{8}$에 해당하는 기업만이 성공할 수 있다는 계산이다. 사업의 성공은 사람으로부터 나온다는 확고한 믿음을 갖고, 장기적인 관점에서 사람에 투자하는 기업은 그만큼 적다.

사람에 대한 투자비용은 명확한 데 비해 그 효과를 재무적으로 측정하기 어렵다는 이유로 인사는 조직 내에서 지위와 정당성에 끊임없는 도전을 받아왔다. 창업자나 최고경영자가 삶을 통해 사람의 가치에 대한 믿음과 철학을 가지고 있다면 행운이다. 그렇지 않다면 지금까지 축적돼온 수많은 연구 결과를 들여다보길 바란다. 여전히 사람에 대한 확고한 믿음을 가질 수 없다면 성공한 기업이 되는 길은 그만큼 멀어질 것이다.

03

사람을 관리하는
최상의 제도는 없다

중국 CCTV가 2006년에 제작했고 다음 해 국내에서도 방영한 적이 있는 역사 다큐멘터리 〈대국굴기〉를 기억하는 독자들이 있을 것이다. 이 프로그램은 서양의 근대화가 시작된 15세기부터 세계를 지배한 9개 대국의 탄생과 쇠퇴의 비밀을 분석한 총 12부작 다큐멘터리다. 〈대국굴기〉는 단순히 세계사에 대한 이해를 넘어 앞선 대국들의 역사적 경험으로부터 교훈을 얻어 21세기 신흥 강대국으로 성장하고자 하는 중국의 꿈을 담고 있다.

〈대국굴기〉는 11편에 걸쳐 15세기 신항로 개척을 통해 전 세계 해상 무역을 장악한 스페인과 포르투갈, 최초의 은행, 주식회사, 주식 시장 등 현대 금융과 상업 제도를 발전시킴으로써 16세기 상업 제국으로 성장한 네덜란드, 17~18세기 산업혁명을 통해 자본주의 성장의 토대를 마련한 영국, 18세기 대혁명을 통해 민주주의의 사상적 근간을 마련한 프랑스, 19세기 국가 통일과 제2의 산업혁명을 주도한 독일, 서구와 동양의 조화를 통해 새로운 경제 모델을 제시한 일본, 공산주의라는 새로운 정치 모델을 시험한 러시아, 19세기부터 현재까지 세계의 초강대국으로 군림하고 있는 미국의 성장 과정을 역사적 관점에서 분석한다. 최종회에서 프로그램 제작에 참여한 학자들이 9개 대국의 경험을 분석해 강대국이 되기 위한 조건을 탐색한다.

이 프로그램에서 전문가들은 대국이 되기 위한 조건으로 강한 단결력, 군사력, 산업 발전, 민족 국가 형성 등 여러 다양한 요인을 제시하면서도 대국 탄생의 비밀이 어떤 하나의 요인만으로는 설명될 수 없음을 지적한다. 어떤 대국의 탄생을 설명하는 특정 요인은 다른 대국의 탄생을 설명하는 데 적용되지 않는다. 독일과 같이 강력한 리더십을 기반으로 위로부터의 개혁을 통해 대국이 된 나라가 있는가 하면, 네덜란드와 같이 아래로부터의 개혁을 통해 대국이 된 나라도 있다. 네덜란드·영국·미국과 같이 자본주의 모델을 통해 경제적으로 성장한 나라가 있는가 하면, 프랑스와 러시아같이 새로운 정치 모델을 발전시킴으로써 대국으로 성장한 나라도 있다. 대국의 규모 또한 네덜란드 같은 작은 나라부터 미국같이 큰 나라까지 다양하다. 결국 〈대국굴기〉는 강대국이 되기 위한 보편타당한 조건은 존재하지 않는다는 사실을 보여준다.

어떤 나라도 과거의 역사적 경험을 간과해서는 안 되지만 다른 나라의 방식을 그대로 모방하거나 복제해서 대국이 된 경우는 없다. 대신 모든 대국은 그들의 역사를 통해 축적한 자신만의 강점을 가지고 시대 상황에 대응함으로써 세계사의 한편에서 대국으로 자리매김할 수 있었다. 자신의 역사를 통해 축적된 문화가 세상에 새로운 가치를 던져줄 수 있을 때, 한 나라는 대국의 지위를 차지할 수 있다. 〈대국굴기〉는 결론적으로 강대국이 되기 위한 원리로서 자신만의 '문화'를 갖는 중요성을 강조한다.

베스트 프랙티스 모방의 함정

강한 기업이 되기 위한 조건 역시 대국 탄생의 비밀과 다르지 않다. 전략이론 중 자원기반이론Resource-based view of the firm에 따르면, 모든 기업은 서로 상이한 자원의 기반 위에서 경쟁하며 경쟁자들이 쉽게 모방하기 어려운 자신만의 독특한 강점, 즉 핵심 역량을 보유하고 있을 때 강한 기업이 될 수 있다. 핵심 역량은 어느 한순간에 개발할 수 있는 것이 아니다. 한 기업의 오랜 역사적 경험과 조직 내 다양한 요소의 복합적인 상호 작용을 통해 축적할 수 있다.

하지만 많은 기업은 이와 다르게 행동한다. 자신만의 독특한 제도와 문화를 개발하기보다 '베스트 프랙티스Best Practice'라고 불리는 성공한 기업들의 제도들을 끊임없이 모방한다. 이런 기업 행동의 이면에는 성공한 기업이 채택한 제도들이 자신의 조직에서도 통용될 수 있으리라는 기대가 자리 잡고 있다.

모든 조직에서 통용될 수 있는 최상의 제도, 즉 베스트 프랙티스가 존재한다는 보편론적 접근Universalistic approach을 주장하는 학자들도 있다. 제프리 페퍼는 내부 채용, 광범위한 공식적 교육 훈련, 결과에 의한 평가, 이익 배분제, 고용 안정, 직원들의 참여와 재량권 보장, 직무 범위의 확대 같은 일곱 가지 관행은 모든 조직에서 효과적이라고 주장한다.[17] 델러리와 도티는 미국의 350개 은행을 대상으로 한 연구를 통해 성과에 의한 평가, 고용 안정, 이익 배분제는 모든 은행에서 효과적이라는 사실을 발견했다.[18]

하지만 베스트 프랙티스에 의문을 제기하는 견해도 적지 않다. 상황론적 접근Contingency approach을 주장하는 학자들은 한 제도의 효과는 기업의 전략, 환경, 기술, 산업의 특성 등과 같은 기업 내외부의 조건에 따라 달라진다고 주장한다. 고용 안정이나 내부 채용 같은 관행들도 혁신과 변화를 강조하는 조직 환경이나 신흥 국가에서는 효과적이지 않다는 증거를 제시하는 것이다.[19]

현재까지의 연구 결과들을 보면 모든 기업에서 통용될 수 있는 사람관리의 베스트 프랙티스가 존재하느냐에 대해 이견이 존재한다. 하지만 보편론적 관점을 채택한 지금까지의 연구들을 들여다보면, 어떤 제도가 베스트 프랙티스에 포함되느냐에 대해서도 통일된 견해가 존재하지 않는다. 흥미롭게도 현실은 이론보다 베스트 프랙티스에 더욱 열광적이다. 상대 평가가 절대 평가보다 우위에 있다는 확고한 이론적 증거가 없음에도 불구하고, 대부분의 우리 기업들은 상대 평가를 채택하고 있다. 경력직과 비정규직 채용의 확대, 고용 안정의 축소같이 때로는 이론과 배치되는 제도들이 현실에서는 베스트 프랙티스로 인식되기도 한다.

성공한 기업의 제도를 모방하는 관행은 그들의 경험으로부터 배울 수 있다는 가정에서 출발한다. 제도를 모방함으로써 시장에서 기업은 신속하게 잠재적 열위를 극복하고 효율성을 확보하고자 한다. 그러나 성공한 기업의 제도를 모방하는 과정에서 기업들은 다음과 같은 오류를 범한다.[20]

베스트 프랙티스를 선택하는 과정에서 기업들은 표본 추출의 편의Sampling bias의 함정에 빠질 수 있다. 실패 기업의 사례는 잘 보고되지 않는다. 반면 규모가 크고 극적인 성공을 거둔 기업일수록 여론과 전문가들의 주목을 받은 탓인지 가시성Visibility이 높다. 따라서 기업들은 벤치마킹 과정에서 동일한 제도를 사용해 실패한 사례들은 간과한 채 소수의 성공 사례에 주목하게 되고, 해당 제도의 성공을 과대평가할 수 있다.

예를 들어 우리 기업들은 20세기 후반 가장 극적으로 변화에 성공한 GE의 성공 사례를 추종했다. 특히 상당수 기업들은 직원들의 성과를 세 등급, 즉 A급 20%, B급 70%, C급 10%로 강제 배분하는 GE의 활력 곡선Vitality curve을 벤치마킹해 상대 평가 제도를 도입했다. 그런데 다양한 조사에 의하면, GE의 활력 곡선이 가장 주목받던 2000년대 초 미국 기업 중 최대 60%가, 최근에는 14%만이 상대 평가를 사용하고 있다. 이는 상대 평가를 사용하지 않고도 성공한 기업들이 많으며 상대 평가를 사용해 실패한 기업들도 많다는 것을 의미한다.

베스트 프랙티스를 추구하는 과정에서 기업들은 다른 제도와의 상호 보완성을 고려하지 않은 채 특정 제도의 성과를 과대평가하는 오류를 자주 범한다. 다시 GE의 예로 돌아가보자. 잭 웰치는 10%의 저성과자를 퇴출하는 것이 활력 곡선을 사용하는 주된 목적이라고 주장한다.[21] GE가 이러한 엄격한 상대 평가와 저성과자 퇴출 같은 냉혹한 제도들을 효과적으로 활용할 수 있었던 배경에는 많은 투자를 한 교육 훈련이 있었다.

1981년 잭 웰치는 GE의 CEO로 선임된 직후 경제 위기를 극복하기 위해 20만 명을 해고하는 대규모 구조 조정을 단행했다. 이 과정에서 '원자탄 웰치'라는 별명까지 얻었다. 이후 웰치는 GE가 사업 경쟁력을 확보하고 변화를 단행하려면 직원들이 경쟁력을 갖춰야 한다고 생각했다. 그래서 GE의 중간 관리자급 이상을 교육하는 크로톤빌연수원의 대대적인 보수 작업과 함께 직원들의 교육 훈련을 확대하는 대규모 투자를 진행하기에 이른다.

이런 일련의 과정에서 웰치는 사람관리의 핵심 가치로 고용 보장Employment security보다 고용 가능성Employability을 강조하게 된다. 핵심인재를 육성하기 위한 강한 유인과 기회를 제공함과 동시에 경쟁에서 낙오된 직원들도 노동시장에서 나름 경쟁력을 가질 수 있도록 한다는 것이다. 이에 따라 GE는 활력 곡선과 10% 퇴출제뿐 아니라 최고의 인재를 육성하기 위한 직원 개발 프로그램, 엄격한 선발, 퇴출자에 대한 다양한 이직 관리 프로그램들이 하나의 유기적인 시스템을 이루도록 설계했다. 따라서 다른 기업이 GE의 채용, 보상, 평가, 개발 제도들의 유기적인 상호 관계를 간과한 채 그들의 상대 평가 제도만 베스트 프랙티스로 도입한다면 동일한 성과를 기대하기 어려울 수밖에 없다.

기업들이 베스트 프랙티스를 벤치마킹하는 과정에서 '역인과성 Reverse causality'의 오류에 빠질 수 있다. 사람관리 제도들은 대개 단기적 성과를 기대하기 어렵다. 그 효과 또한 명확히 추정하기 어렵다. 따라서 성과가 좋은 기업이 직원들에게 더 높은 수준의 복리후생과 임금, 다양한 교육 훈련 기회를 제공할 수 있으며 채용이나 평가 제도를 더 정교하게 만들 수 있는 여력이 있다.[22] 이런 상황에서 특정 제도가 기업의 성공을 가져온 것인지 아니면 이미 성공한 기업이 그러한 제도를 도입한 것인지, 그 인과 관계가 불분명하다. 성공한 기업의 과거와 현재를 면밀히 분석하지 않는다면 해당 기업의 성공을 특정 제도에 기인하는 오류를 범할 수 있다.

성공한 기업의 경험을 배우는 것은 필요하다. 하지만 벤치마킹 과정에서 오류를 범하지 않으려면 성공과 실패에 대한 충분한 사례를 확보하고 제도들 간의 유기적인 상호 관련성을 파악해야 한다. 벤치마킹 대상이 되는 기업의 상황과 역사적 맥락도 고려해야 한다. 이런 과정을 거친다면 당연히 베스트 프랙티스를 추구하는 과정에 지금보다 훨씬 많은 노력과 시간을 투입해야 한다.

모방은 차별화된 경쟁 우위를 제공하지 않는다

현실에서 베스트 프랙티스가 확산되는 과정을 들여다보면 또 하나의 흥미로운 사실을 발견할 수 있다. 모든 기업은 합리성과 효율성을 전제로 베스트 프랙티스를 추구하지 않는다. 1997년 금융 위기 이후 우리의 연봉제가 확산되는 과정을 분석해보면 기업의 성과나 위험, 노동비용 같은 기업의 경제적 요인은 연봉제 확산에 그리 중요한 역할을 하지 않았다.[23] 오히려 개별 기업이 연봉제 도입 여부를 결정할 때 사회적·정치적 압력을 보다 중요하게 고려했다.

조직이론 중 제도화이론Institutional theory은 기업들이 비슷하게 행동하는 '동형화Isomorphism'가 나타나는 이유를 기업의 효율성 논리보다는 정당성Legitimacy 논리에서 찾는다. 예를 들어 당신이 가족과 함께 낯선 식당가에 들어섰다고 가정하자. 당장 들어갈 식당을 결정해야 하는 상황에서 음식점과 메뉴에 관한 정보가 거의 없다면 당신은 어떤 식당을 선택하겠는가? 아마도 대부분의 사람은 줄이 길게 늘어선 식당을 선택할 것이다. 길게 줄을 선 사람들이 더 나은 정보를 가지고 있다고 생각하기 때문일 수도 있지만, 혹시 음식이 형편없을 경우에도 당신은 잘못된 선택을 정당화할 수 있는 명분을 얻을 수 있기 때문은 아닌가? 만약 아무도 찾지 않는 식당을 고집해서 음식을 주문했는데 맛이 없다면 가족들로부터의 불평을 어떻게 감수하겠는가?

제도화이론은 개별 기업들이 베스트 프랙티스를 추구하고 이것이 하나의 '관리 유행Management fashion'으로 확산되는 이유도 동일하다고 본다. 의사 결정의 불확실성이 높을수록 의사 결정자들은 다른 기업의 행동과 제도를 모방함으로써 기업 내외부의 정당성을 확보할 수 있다. 성공한 기업이나 다수의 기업이 쓰는 제도 혹은 컨설팅회사, 전문가 집단, 규제 기관 등이 권고하는 제도를 도입함으로써 경영자들은 자신들의 결정의 정당성을 확보하고자 한다. 사람관리 제도는 그 효과를 명확히 예측하기 어려운 만큼 불확실성이 높다. 사회적 정당성을 확보하는 것이 중요할수록 인사 담당자들이 베스트 프랙티스를 추구하는 경향은 증가하게 마련이다.[24]

지금까지의 논의를 짚어보면 사람관리의 베스트 프랙티스가 존재한다는 확고한 이론적 증거는 없다. 베스트 프랙티스를 추종하는 과정에서 기업들은 흔히 오류를 범한다. 성공한 기업을 모방하는 이유도 효율성보다는 정당성 논리에 기반한 경우가 적지 않다. 따라서 성공한 기업을 벤치마킹해 도입한 제도들은 베스트 프랙티스가 아닐 가능성이 매우 높다. 더불어 베스트 프랙티스 접근법은 특정 성공 기업의 제도를 모방할 수 있다는 가정에서 출발하는데,

역설적이게도 그런 제도는 다른 기업들도 모방할 수 있다. 따라서 성공한 기업을 모방하는 관행은 기업에 차별화된 경쟁 우위를 제공하지 않는다.

카펠리와 크로커-헤프터는 성공 기업들의 사례 연구를 통해 다음과 같이 주장한다.[25] "많은 산업을 들여다보면 한 산업 내에 복수의 성공한 혹은 리더 기업들이 존재한다. 놀랍게도 그들의 사람 관리 제도들은 매우 상이하며 때로는 정반대라는 사실을 확인할 수 있다." 산업 내 리더들은 서로를 차별화함으로써 경쟁하는 데 반해, 그 밑의 기업들은 상위 기업들의 행동과 제도를 모방함으로써 정당성을 확보하고자 하는 경향이 있다는 얘기다.

〈대국굴기〉에서 강조했듯이 역사의 발전은 결코 우연에 의해 이뤄지지 않는다. 과거를 돌아보지 않으면 앞으로 결코 나아가지 못한다. 그러나 과거를 모방하고 복제해서는 결코 강대국이 될 수 없다. 마찬가지로 성공을 꿈꾸는 기업은 성공한 기업의 경험으로부터 배워야 한다. 하지만 이전에 성공한 기업을 답습해서는 결코 그들보다 더 나아질 수 없다. 따라서 다른 기업의 경험으로부터 배울 때, 기업들은 무엇을 배울 것인가뿐 아니라 왜, 어떻게 배울 것인지 고민해야 한다.

04

사람관리의 전략적 사고,
인사이드 아웃

지피지기 백전불태知彼知己 百戰不殆, 지지지천 백전백승知地知天 百戰百勝. 적을 알고 자신을 알면 위태로워지는 법이 없고 하늘과 땅을 알면 백 번 싸워 백 번 이긴다. 누구나 한 번쯤은 들어봤을 『손자병법』에 나오는 격언이다. 싸움을 할 때는 나와 상대의 특성에 따라, 지형과 기후 같은 환경 조건에 따라 싸우는 방법을 달리해야 한다. 싸움의 방법은 결코 하나가 아니며 상황에 따라 적합한 싸움의 방법을 선택해야 한다. '전략적 사고'의 의미를 아주 간결하게 담고 있다.

모든 조직에서 통용될 수 있는 최상의 사람관리 제도가 존재하지 않는다고 가정한다면 사람관리에도 전략적 사고가 필요하다. 다양한 제도적 대안을 탐색하고 환경과 자신의 특성을 반영해 자기 기업에 가장 적합한 대안을 찾아야 한다. 우수한 인재를 확보하고 그들의 역량과 일하고자 하는 동기를 향상시킴으로써 궁극적으로 사람을 통해 사업의 성공을 견인할 수 있어야 한다.

전략적 인적자원관리의 등장

사람관리에 전략적 사고를 도입한 시기는 그리 오래되지 않았다. 미국을 기준으로 1980년대 이후다. 그전까지 미국 기업들은 직무를 정형화하고 각 직무에서 직원들의 업무 효율성을 높이는 데 초점을 뒀다.

따라서 인사는 직무에 적합한 사람들을 선발하고, 직원들의 성과를 평가하고 보상하는 관리적 기능Personal administration만 담당했다. 한마디로 사업보다 직무와 연계해 사람을 관리하는 '직무 적합성Person-job fit' 중심의 사고가 지배적이었다.

1980년대 미국 기업이 새로운 '경쟁 환경'에 노출되면서 사람관리의 지배적 사고에 변화가 나타났다. 1970년대 오일 쇼크를 경험하고 해외 경쟁자들이 미국 시장에 본격적으로 진출하면서 미국 기업들은 과도한 비용 구조를 우려하게 된다. 이에 따라 대규모 인력 감축을 단행했다. 《포춘》 100대 기업에서만 1978년과 1999년 사이에 500만 명 이상의 감원을 했다.[26]

동시에 미국 기업들은 본원적 경쟁력을 확보하기 위해 전략 경영을 추진하기 시작했다. 전략 경영은 기업이 경쟁 우위를 확보하기 위해 다양한 행동 대안을 분석하고 특정한 환경에서 경쟁자와 차별화될 수 있는 최적의 전략을 수립하도록 요구한다. 인사, 마케팅, 재무, 생산 같은 관리 기능들은 사업과 경쟁 전략의 실행을 지원하는 역할을 한다.

전략 경영 관점에서 사람은 전략 실행을 지원하는 조직 자원의 한 유형, 즉 '인적자원Human resources'으로 정의할 수 있으며 전략과 연계해 사람을 관리해야 한다는 '전략적 인적자원관리Strategic human resource management' 사고가 등장하게 됐다.

전략 경영을 추진하는 과정에서 미국 기업들은 당시 강력한 경쟁자로 부상한 일본 기업의 성공에 관심을 갖게 된다. 특히 토요타 같은 일본 자동차회사들이 성공한 이면에는 팀워크, 직무 순환, 종업원 참여, 고용 안정 같은 기업 특유의 사람관리 관행이 자리 잡고 있다는 사실을 주목했다.[27]

토요타와 제너럴모터스GM의 합작 사례(누미NUMMI)나 미국 제철 공장의 성공 사례들을 통해 일본 기업의 독특한 사람관리 관행들이 미국 기업에서도 성공할 수 있다는 확신을 갖게 된 것이다. 이에 따라 초기 전략적 인적자원관리는 일본과 미국 기업의 인사 시스템의 차이를 분석하고, 각각의 인사 시스템이 보다 효과적인 조건들을 탐색하는 데 집중했다.

노사 관계 환경 변화도 전략적 인적자원관리 사고가 확산될 수 있는 토양을 제공했다. 1970년대부터 미국 내에서는 노조가 급격하게 쇠퇴하고 노동법 개혁에 대한 전망도 비관적으로 바뀌었다. 이에 따라 노사 관계 전문가들은 사용자의 성과를 높이면서도 직원들의 복지, 삶의 질, 조직 내 공정성을 확보하기 위해 일본식 고용 관계 시스템에 관심을 갖기 시작했다.[28] 노조가 쇠퇴하면서 노사 관계의 파트너로서 인사 기능의 역할과 권한이 축소될 수 있다는 우려가 커지자 인사 전문가들 역시 당시 유행하던 전략 경영에 편승하면서(일종의 밴드왜건 효과) 전략적 인적자원관리 사고가 빠르게 확산됐다.[29]

초기 전략적 인적자원관리의 핵심 사고는 '인사는 전략을 따른다HR follows strategy'로 요약할 수 있다. 구체적으로 산업 구조와 외부 환경 특성을 반영해 사업 전략을 수립하고 전략에서 요구되는 역할 행동, 즉 개인의 지식, 스킬, 역량, 태도, 행동을 명확히 한 후 그러한 역할 행동을 강화할 수 있도록 직무와 채용, 평가, 보상, 개발 제도들을 설계한다.

패트릭 라이트와 동료들의 연구에서는 전략적 인적자원관리를 활용하는 흥미로운 사례를 소개한다. 그들은 전미대학체육협회NCAA에 소속된 농구팀의 선수 선발과 성적을 분석한 결과, 각 팀이 선호하는 전략인 스피드, 파워, 정교한 플레이에 따라 다른 역량인 스피드, 자유투, 리바운드 능력을 가진 선수들을 선발한다는 사실을 발견했다. 각 팀이 선호하는 전략과 선수들의 역량이 일치할수록 팀 성적이 높았다.[30]

사람관리의 시스템 적합성

사람관리가 전략 실행을 뒷받침하려면 두 유형의 시스템 적합성 System fit을 충족해야 한다. 전략에서 요구하는 역할 행동과 사람관리를 통해 강화하고자 하는 역할 행동이 일치해야 한다. 이를 외적 혹은 수직적 적합성External or vertical fit이라 부른다. 예를 들어 차별화 전략은 직원들의 창의성, 실험 정신, 위험 감수 행동을 요구하는 데 반해, 원가 우위 전략은 반복적이고 예측 가능하며 결과를 중시하는 직원들의 행동을 요구한다.[31] 따라서 기업이 차별화와 원가 우위 중 어떤 전략을 선택하느냐에 따라 상이한 채용, 평가, 보상, 개발 제도들을 마련해야 한다.

외적 적합성과 함께 다양한 제도는 전략에서 요구하는 역할 행동을 강화하기 위해 일관성이 있어야 한다. 이를 내적 혹은 수평적 적합성Internal or horizontal fit이라 부른다. 내적 적합성을 충족하려면 다양한 제도를 통해 직원들이 인지하는 메시지가 서로 상충돼서는 안 되며, 제도들은 역할 행동을 강화하는 데 있어 상호 보완적인 역할을 해야 한다.

예를 들어 팀워크와 고객 서비스 향상을 강조하는 교육 훈련을 하면서 팀별로 성과를 평가하고 보상하는 제도를 사용하는 경우, 내적 적합성을 충족한다. 하지만 단기적 성과와 개인 간 경쟁을 강조하는 평가 제도를 운영하면서 팀 성과에 기초한 보상 제도를 운영한다면 내적 적합성이 결여된다.

사람관리의 시스템 적합성이 충족되면, 직원들은 다양한 제도를 통해 조직과 전략에서 요구하는 행동을 명확히 인식하게 된다. 그 결과 '우리 조직은 왜, 어떤 사람을 필요로 한다'에 대한 인식을 공유하게 된다. 반대로 사람관리의 시스템 적합성이 결여되면, 조직과 전략에서 요구되는 역할 행동이 무엇인지 혼란스러워한다. 예를 들어 원가 경쟁을 추구하면서 창의적인 직원을 채용하고 단기 업적을 강조하는 평가와 보상 제도를 하는 기업에서 직원들은 '무엇이 회사에서 요구하는 바람직한 행동인가'를 명확히 이해하기 어렵다.

전략적 사고가 확산되면서 사람관리의 역할과 기능에 적지 않은 변화가 생겼다. 사람관리가 만족, 생산성 혹은 이직 같은 개인의 행동과 성과를 관리하는 차원을 넘어 기업 전체의 성과와 경쟁력 향상에 기여할 수 있다는 인식이 형성된 것이다. 인사 전문가들이 기업의 주요 의사 결정에 참여할 수 있는 권한이 확대되고, 전통적인 관리적 역할을 넘어 변화 관리자와 전략적 동반자Strategic partner로서 사람관리의 역할이 강조되고 있다. 필연적으로 인사 전문가의 지위도 시-레벨C-level, 즉 CHRO로 격상된다.

2002년 코넬대학 연구진들의 조사에 따르면,《포춘》200대 기업들 가운데 약 50%가 전략적 인적자원관리 관점을 채택하고 있었다. 해당 조사 후 상당한 시간이 흘렀으니 지금은 그 비율이 훨씬 높을 것이다. 현재 시중에 판매하는 인사 관련 서적들을 보면 대부분 전략적 관점을 강조하고 있다. 한국의 경영자들도 사람관리에 전략적 사고가 필요하다는 데 공감한다. 하지만 사람관리가 전략적 동반자로서 역할을 잘 수행하고 있는지 물으면 대개 회의적이다. 사업을 책임지고 있는 경영자들은 인사 담당자들이 사업과 환경을 이해하고 지원할 수 있는 역량이 부족하다고 생각한다. 하지만 전략의 계획과 실행을 분리하고 전략의 실행에 초점을 두는 초기 전략적 인적자원관리 관점은 본질적인 한계를 지닌다.

"실패하는 전략은 잘못 수립해서가 아니라 실행할 수 없기 때문이다"[32]라는 말이 있다. 아무리 좋은 전략을 짜더라도 필요한 인재가 부족하다면 그 전략은 실패할 수밖에 없다. 시스템 적합성을 강조하는 전략적 관점은 전략이 요구한 대로 필요한 인력을 확보하는 것이 사람관리의 역할이라고 주장한다. 이는 인력 공급이 원활하고 인력 이동이 자유로운 조건을 전제로 한다.

하지만 뛰어난 인재, 좋은 인성을 가진 인재, 협력을 잘 하는 인재같이 기업이 필요로 하는 인재는 항상 드물다. 한때 20대 태반이 백수라는 '이태백'이라는 자조적인 말이 젊은이 사이에 유행하기도 했지만, 인사 담당자들은 늘 자신들이 필요로 하는 인재가 부족하다고 말한다.

현실에는 인력의 자유로운 이동을 방해하는 수많은 요인, 즉 지리적·심리적·경제적 요인이 존재한다. 개인이 단기간에 새로운 지식, 역량, 성격, 태도를 학습하는 데도 한계가 있다. 4차 산업혁명의 도래와 함께 기업들은 너도나도 인공지능, IoT, 자율주행차 같은 사업에 진출하고자 하지만 이런 이유로 대부분의 기업은 필요한 기술 인력을 확보하지 못한다. 결국 '인사가 전략을 따라야 한다'는 사고는 실행의 문제를 간과하기에 전략이 요구하는 것, 즉 '해야만 한다는 것Should do'과 직원들이 '할 수 있는 것Can do' 사이에 괴리Gap가 발생한다.

초경쟁 사회의 사람관리 전략

기술과 제품의 변화 사이클이 상대적으로 길고 안정적인 환경에서 전략적 계획과 실행을 분리하고 단계적으로 접근하는 방식은 효과적이다. 하지만 변화가 일상화되는 환경에서 전략 과정의 단계적 접근 방식은 시장의 변화를 따라잡는 데 한계가 있다.

리처드 다베니Richard D'Aveni는 현대 경영 환경의 패러다임을 기업 경쟁 우위가 지속되는 시간이 점점 짧아지는 초경쟁 사회Hypercompetiton로 묘사한다. 초경쟁 사회에서는 어떤 기업도 지속적인 경쟁 우위를 유지하는 것이 어렵고, 기업은 끊임없이 변화를 추구해야 한다. 지속적인 변화를 위해서는 현재의 경쟁 우위를 실행Doing하는 동시에 다음 단계의 경쟁 우위 실행을 준비Setting-up해야 하며, 그다음 단계의 경쟁 우위에 대해 계획Planning하고, 먼 미래의 경쟁 우위가 무엇이 될지에 대한 그림을 그려야Envisioning 한다. 한마디로 전략을 계획하고 실행하는 과정이 유기적으로 통합돼야 한다. 최근 기업들이 신제품 개발을 위해 베타 제품 전략을 사용하는 이유가 여기에 있다. 구글이 "실행해보고 성공하는 것이 전략"이라고 말하는 것도 같은 이유에서다.

초경쟁 사회에서 변화를 선도하려면 전략을 계획하고 실행하는 과정을 통합해야 한다. 이는 미래의 사업과 전략을 설계하는 과정부터 '사람'을 고려해야 한다는 것을 의미한다. 한마디로 사람관리, 전략, 사업을 서로 유기적으로 연계해야 한다. 이런 관점에서 스콧 스넬과 동료들은 1세대 사람관리가 직무 적합성을, 2세대가 시스템 적합성을 강조했다면 초경쟁 사회가 도래하는 3세대에는 사람의 경쟁적 잠재력Competitive potential에 초점을 두는 새로운 패러다임이 필요하다고 주장한다.[33]

3세대 관점은 이론적으로 자원기반이론에 토대를 둔다. 자원기반이론은 기업 간 자원의 분포는 서로 이질적이며 시장을 통해 자원이 이동하는 데도 한계가 있다는 현실적 가정에서 출발한다. 기업 간 자원의 이질적 분포가 성과의 차이를 가져오며, 경쟁자와 차별화될 수 있는 핵심 역량을 보유한 기업만이 시장에서 지속적인 경쟁 우위를 확보할 수 있다고 주장한다. 따라서 3세대 관점은 사람을 기업 핵심 역량의 중요한 원천으로 인식하고, 사람에 내재된 잠재력을 입증하고 이를 핵심 역량으로 발전시켜가는 것을 사람관리의 주된 역할로 본다.

기업이 보유한 자원이나 역량이 핵심 역량Core competence으로 발전하려면 가치성Value, 희귀성Rareness, 모방 불가능성Inimitability, 대체 불가능성Non-substitutability 등 네 가지 요건을 충족해야 한다.[34] 기업 성과 향상에 도움을 주는 가치를 지니면서 다른 기업이 보유하지 못한 희귀한 자원을 보유할 때, 기업은 단기적으로 시장에서 경쟁 우위를 확보할 수 있다. 경쟁자들이 해당 자원을 쉽게 모방할 수 있 거나 동등한 가치를 가지는 대체 자원을 보유하고 있다면 해당 기 업은 지속적인 경쟁 우위를 유지할 수 없다.

자원기반이론은 어떠한 유형의 핵심 역량도 어느 한순간에 만들어질 수 없으며 경로 의존적Path dependent 속성을 지닌다는 점을 강조한다. 한 기업이 오랜 경험과 학습을 통해 축적한 자원과 역량 은 희귀할 수밖에 없고 경쟁자들이 단기간에 모방하기도 어렵다. 더불어 하나의 자원과 역량이 기업 내의 다양한 요소의 복잡한 상호 작용을 통해 형성된다면 그 형성 과정에 대한 인과 관계 추론이 어려워서 경쟁자들이 단기간에 모방하기 어렵다. 따라서 룸멜트 Rumelt는 경로 의존성과 사회적 복잡성을 기업이 핵심 역량을 개발 하고 유지하는 격리 기제Isolating mechanism로 규정한다.

경로 의존성과 사회적 복잡성 요건을 고려할 때, 기업은 단기간 에 사람을 통해 경쟁 우위를 확보할 수 없다. 오랜 시간과 경험을 통 해 축적된 사람에 내재된 특성, 예를 들면 전문성, 팀워크, 신뢰, 충 성심만이 핵심 역량의 원천이 될 수 있다. 따라서 신규 사업을 시작하는 기업이라면 장기적 관점에서 핵심 역량의 원천이 될 수 있는 사람의 잠재력을 입증하고 육성해야 한다. 기존에 사업을 영위한 기업이라면 일차적으로 내부에 눈을 돌려야 한다. 지금까지 사업을 영위하면서 축적된 자신만의 강점이 무엇인지 파악하고 이를 지속적으로 발전시켜갈 수 있는 사람관리 시스템을 구축해야 한다.

사람관리는 기업의 역사를 통해 축적된 성공 경험, 즉 문화적 강점을 이해하고 이를 계승하는 역할을 해야 한다. 현재 기업이 보유하고 있는 사람의 특성을 이해하고, 그로부터 성공의 DNA를 도출해야 한다. 조직 내에 다양한 부문을 들여다보면 보다 성공적인 부문, 팀, 사업장, 개인 등이 존재한다. 이들에 내재된 인적자원의 성공 요인을 조직 전체로 확산함으로써 핵심 역량을 구축해가야 한다.

'아웃사이드 인' 관점에서 '인사이드 아웃' 관점으로

3세대 관점은 사람관리를 사업과 전략에 연계해야 한다는 점을 강조한다. 하지만 2세대 관점과 달리 환경, 전략, 사람관리가 수직적 관계가 아니라 수평적 혹은 상호 의존적Horizontal or reciprocal 관계를 유지해야 한다고 본다. 시스템 적합성을 강조하는 전략적 관점은 환경이 전략을 결정하고 전략은 다시 사람관리를 결정한다고 주장한다. 내부의 인적자원 특성을 외부 환경에 적응시키는 '아웃사이드 인Outside-in' 관점이다. 이에 반해 3세대 관점에서는 사람에 내재된 핵심 역량을 기반으로 전략과 사업을 결정하는 일종의 '인사이드 아웃Inside-out' 관점을 제시한다.

축구 경기를 예로 들어보자. 2세대 아웃사이드 인 관점을 따를 때, 감독은 상대팀 전략을 분석해 경기 전략을 세운 후 선수의 선발과 기용을 결정해야 한다. 전략 실행에 필요한 선수를 자유롭게 확보할 수 없다면 아무리 좋은 전략이라도 실패하게 된다. 이에 반해 3세대 인사이드 아웃 관점은 각 팀이 보유한 선수들의 역량에 차이가 있다는 전제 아래, 해당 팀이 보유하고 있거나 앞으로 채용할 수 있는 선수의 풀을 분석해 그 팀의 가질 수 있는 차별화된 역량, 예를 들어 빠른 패스, 공 점유율, 체력을 입증한다. 감독은 그러한 팀의 핵심 역량을 기반으로 상대방을 제압할 수 있는 전략을 구상하게 된다. 인사이드 아웃 관점은 기업이 자신의 독특한 강점에 기반해 차별화된 경쟁 우위를 확보하면서도 전략 실행상의 문제를 해결할 수 있도록 한다.

핵심 역량의 경로 의존적 속성은 경쟁자들이 한 기업의 핵심 역량을 단기간에 모방하기 어렵게 만들기도 하지만, 동시에 해당 기업의 변화를 어렵게 하는 요인이 될 수도 있다. 노키아나 소니 같은 기업에서 한 기업의 성공을 가져온 핵심 역량이 시간이 흐른 뒤 해당 기업의 핵심 부채Core liabilities 혹은 핵심 경직성Core rigidities의 원인이 된 사례들을 목격할 수 있다. 따라서 경영자들은 인사이드 아웃 관점이 가지는 경직성과 변화의 한계를 우려할 수 있다.

하지만 인사이드 아웃 관점은 기업이 현재의 강점을 활용하는데 머물러서는 안 된다는 점을 강조한다. 지속적인 학습을 통해 기존의 핵심 역량을 개선하고 발전시켜감으로써 환경 변화에 적응할 수 있는 동태적 역량Dynamic capability 을 확보하도록 요구한다. 이를 위해 인사이드 아웃 관점은 조직 학습을 촉진하고 지적 자산을 확대해갈 수 있는 메커니즘을 설계하는 것을 사람관리의 주요한 역할로 규정한다. 또한 미래에 요구되는 인재의 특성을 예측하고 채용, 영입, 개발을 통해 기존에 보유한 핵심 역량을 지속적으로 확대해야 한다.

생명체의 진화 과정을 보면 환경이 급변하는 시점에 사멸하는 종과 새로운 환경에 적응하는 종이 나타난다. 그러나 어떤 종도 환경 변화에 적응하려고 완전히 새로운 종으로 탈바꿈하는 경우는 없다. 공룡이 사자가 되고 고릴라가 인간이 되는 일은 없다는 얘기다. 사업과 전략을 중심으로 변화를 리드하는 아웃사이드 인 관점은 사람과 문화의 무한 변신을 요구한다.

대부분의 경영자는 환경의 불연속적 변화, 파괴적 혁신에 대응하기 위해 기업은 끊임없이 새로운 문화와 새로운 인력으로 무장한 새로운 기업으로 거듭나야 한다고 생각한다. 이를 위해 기업들은 M&A나 외부 영입을 통해 변화를 꾀한다. 하지만 이런 변화 전략은 대개 실패한다. 새로운 인력과 기존 인력의 갈등, 기존 사업의 문화와 인수된 사업의 문화가 충돌함으로써 기대했던 시너지를 확보하지 못하기 때문이다.

인간이나 조직은 변화를 꿈꿔야 한다. 그러나 그 변화는 과거로부터 단절될 수 없다. 20여 년 동안 200개 이상의 회사를 M&A하면서 성장한 시스코시스템즈는 합병 상대 기업을 결정할 때 두 기업 간 문화적 적합성을 최우선시하는 것으로 알려져 있다. 이렇듯 인사이드 아웃 관점은 기업 핵심 역량의 점진적 개선과 연속적 발전을 통한 환경에의 적응을 강조한다는 점에서 아웃사이드 인 관점과 차이가 있다.

인사이드 아웃 관점은 외부 환경이 사람관리의 제약 조건이라는 점을 인식한다. 하지만 사람을 통해 핵심 역량을 확보하고 이를 활용하는 과정에서 기업은 환경을 선택하고 때로는 신규 사업과 시장 기회를 발견할 수 있다고 본다. 스타벅스는 단순 아르바이트 직원들을 활용하고 있던 다른 카페와 달리 직원들에게 대학 학자금 대출과 의료 보험 같은 파격적인 고용 조건을 제공함으로써 바리스타들을 육성했다. 이를 바탕으로 차별화된 커피 전문점 사업을 확장할 수 있었다.

전략적 동반자로서 사람관리는 전략 실행을 뒷받침하는 수동적 역할에 머물러서는 안 된다. 사업과 환경을 이해하는 것은 당연지사다. 사람관리의 정체성은 일차적으로 사람, 문화, 역사를 이해하고 그에 내재된 핵심 역량을 입증하고 발전시키는 데 있다. 사업과 전략을 실행하는 주체일 뿐 아니라 사업과 전략을 리드하는 역할도 해야 한다. 소니의 창업자 이부카 마사루는 기업의 목적은 "주어진 시장에서 경쟁하는 것이 아니라 새로운 시장을 창조하는 것"이라고 말한다. 과거, 현재, 미래의 직원들이 잠재된 핵심 역량을 입증하고 끊임없이 발전시키면서 기업의 사업과 전략을 재정의하는 역할을 할 수 있을 때, 사람관리는 진정한 전략의 동반자가 될 수 있다.

05

문화와 산업의 경계에
얽매이지 마라

외환 위기의 칼바람이 몰아치던 1997년, 나는 회사를 그만두고 박사과정에 진학하기로 했다. 당시 국내에 그리 잘 알려지지 않은 전략적 인적자원관리 분야를 공부해보고 싶었다. 이 분야를 공부하기로 한 데는 몇 가지 이유가 있었다. 그중 하나가 '미국식' 인적자원관리에 대한 호기심이었다. 당시 TV나 신문에서 전문가라 불리는 사람이 금융 위기를 극복하려면 미국식 인사 시스템을 도입해야 한다는 주장을 펴곤 했다. 나는 이전에 배워본 적이 없는 그 '미국식' 인사 시스템이 정확히 무엇인지 궁금했다.

여러 대학으로부터 막상 입학 허가를 받고 나니 고민이 생겼다. 일부 교수님과 지인들이 '인사'를 전공하는 것을 만류했다. 인사 분야의 학문적 깊이가 얕다는 이유도 있었지만, 미국식 인사를 공부하더라도 '한국식' 인사와는 판이하게 달라 한국에 돌아와 별 도움이 되지 않을 것이라는 이유에서였다. 그런 이유 탓인지는 몰라도 당시 미국 대학의 박사과정에서 인적자원관리를 전공하는 한국 학생은 매우 적었다.

'미국식'이라 불리는 인사 제도가 널리 확산된 지금도 많은 사람이 한국 기업에는 '한국식' 인사 시스템이 필요하다고 생각한다. 한국은 정치적 환경, 법률과 규제, 경제적 상황, 노동시장 구조, 문화적 가치 등이 미국과 달라서 인사 제도 같은 경영 관리 방식도 그에 따라 달라져야 한다고 생각한다.

문화적 다양성은 기업 단위의 선택

인사 제도의 국가 간 차이를 주장하는 사람들이 가장 흔히 언급하는 요소는 문화다. 문화는 규제나 법률, 정치 체제, 경제적 조건에 비해 상대적으로 쉽게 관찰하고 설명하기 어렵지만 개인의 가치, 신념, 행동, 사고를 형성하는 데 중요한 영향을 끼친다. 개인은 자신이 속한 문화적 규범에 순응함으로써 한 사회의 구성원으로서의 정체성과 소속 의식을 느끼게 된다. 반대로 개인이 문화적 규범에 어긋나는 행동을 하는 경우 부끄러움이나 죄의식 같은 감정적 비용이 발생하게 된다. 따라서 개인은 자신이 속한 사회의 지배적인 문화적 가치를 내재화하게 되고, 문화적 가치에 기반해 인사 제도와 같은 환경에 반응하게 된다.

국가별 문화적 차이를 설명할 때 흔히 호프스테드의 모델을 인용한다. 호프스테드는 다섯 가지 차원에서 국가별 문화적 차이를 설명한다.

한 사회 내 기관이나 조직에서 권력이 불평등하게 분산돼 있다는 사실을 받아들이는 정도로서 권력 거리Power distance, 집단보다 개인을 우선시하는 개인주의Individualism, 남성과 여성 사이에 사회적 성 역할의 구분이 명확한 정도를 의미하는 남성성Masculinity, 미래의 불확실성에 대해 위협을 느끼는 정도와 관련된 불확실성 회피Uncertainty avoidance, 현실 지향적이기보다는 장기적이고 미래 지향적 관점에서 사고·행동하는 미래 지향성Long term orientation이다.[35] 호프스테드의 연구에 따르면, 한국은 미국에 비해 권력 거리, 집단주의, 여성성, 불확실성 회피, 미래 지향성이 강하다.

그런데 여기서 질문을 던져보자. 여러분은 불확실성 회피 성향이 강한가? 개인보다 집단을 우선시하는가? 권력의 불평등한 배분을 쉽게 용인하는가? 현실 상황에 안주하지 않고 미래 지향적인 관점에서 사고하고 행동하는가? 남성과 여성 간 성 역할의 차이가 분명해야 한다고 생각하는가? 아마도 대개 호프스테드 연구와 일치하는 답을 할 것이다. 그러나 자신의 가치가 한국보다 미국의 문화적 가치와 더 가까운 사람도 있을 것이다.

리처드 니스벳은 『생각의 지도』에서 동양인과 서양인의 사고가 다르다고 주장한다.[36] 책에서 그는 흥미로운 예를 소개한다. 동양

[그림 1-3] 동양 문화와 서양 문화의 차이

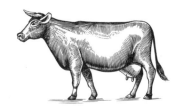

인과 서양인에게 소를 닭과 풀 중 어느 것과 짝을 지을 것인지 질문한다. 이 질문에 대해 대부분의 동양인은 소와 풀을, 대부분의 서양인은 소와 닭을 짝으로 묶는다. 니스벳은 이러한 차이는 수직적 관계(소가 풀을 먹는다)를 강조하는 동양 문화와 수평적 관계(닭과 소는 동물이다)를 강조하는 서양 문화의 차이를 반영한다고 주장한다. 주위 사람들에게 동일한 질문을 해보면 니스벳의 주장이 옳다는 것을 확인할 수 있다.

그러나 이 질문에 대해 소수이긴 하지만 항상 서양인처럼 소와 닭을 하나의 짝으로 묶는 한국인이 있을 것이다. 아마도 동양인처럼 소와 풀을 짝으로 묶는 서양인도 있을 것이다.

국가 간 문화적 차이를 설명하는 견해들은 한 국가 내의 사람들이 지닌 가치의 '평균'에 초점을 둔다. 하지만 한 국가의 국민들이 모두 똑같지는 않다. 국가 간 문화의 차이를 연구한 대표적인 학자인 낸시 아들러(2002)는 문화는 "대부분의 시간에서 대부분의 사람의 태도를 설명하지만 모든 사람이 항상 그러한 태도를 갖고 있다는 것은 아니다"라고 말한다.[37] 국가 간뿐 아니라 개인 간, 조직 간 문화적 다양성이 존재한다. 배리 거하트와 메이유 팽은 호프스테드의 원 데이터를 재분석한 결과, 국가 간 차이는 개인의 문화적 가치의 차이를 2~4%밖에 설명하지 못하며 조직 간 차이는 그 2배이상을 설명한다는 사실을 밝혀냈다.[38]

한 국가 내의 개인과 조직 간 문화적 다양성을 고려한다면 기업은 회사가 추구하는 문화적 가치를 결정할 수 있는 재량권이 있다. 한 국가의 평균적인 문화적 특성을 가진 사람들에 초점을 둘 수 있고, 그 국가의 평균적인 문화적 가치와 다른 가치를 지닌 사람들에 초점을 둘 수도 있다.

한국 기업이지만 미국의 문화적 가치와 유사한 가치를 지닌 한국 사람들을 뽑고 육성하고 보상한다면 미국 기업과 유사한 조직 문화를 구축할 수 있다. 반대로 미국에 진출한 한국 기업이 한국의 문화적 가치를 지닌 사람들을 채용해 육성하고 보상한다면 미국에서도 한국에서와 동일한 문화적 가치를 유지할 수 있다.

토요타의 국가 간 문화적 차이 극복

이와 관련된 토요타의 미국 진출 과정을 들여다보자. 기업이 한 국가의 문화적 가치와 관련해 가장 큰 도전에 직면하는 상황은 문화가 이질적인 국가에 진출하는 경우다. 토요타는 필요한 인재는 모두 내부에서 개발할 수 있다는 철학을 가지고 있다. 그런데 집단과 협력을 강조하는 일본식 경영 방식은 개인과 자율을 강조하는 미국의 문화와 충돌한다. 따라서 한 국가의 문화를 따라야 한다는 입장에서 보면 토요타는 미국 공장에서는 일본 현지와 다른 '미국식' 인사관리를 적용해야 한다.

하지만 토요타는 미국 공장에서도 그들의 인사관리 시스템을 그대로 활용했다. 결과는 성공적이었다. 토요타는 상대적으로 소득 수준과 교육 수준이 낮은 미국의 '시골' 지역에 공장을 세웠다. 이런 지역의 노동자들은 그 지역에서 태어나 그 지역에서 가족들과 함께 살아온 사람들이 대부분이었다.[39] 이들에게 협력과 공동체를 강조하는 일본식 인사관리 시스템은 그리 낯설지 않았다.

토요타와 GM의 합작회사인 누미NUMMI는 기업이 국가 간 문화적 차이를 극복하고 독특한 조직문화를 구축함으로써 성공할 수 있다는 사실을 보여준다. 1980년대 토요타는 미국 시장에서 경험을 쌓기 위해 GM과 합작회사를 설립하고 프레몬트Fremont 공장의 운영을 맡는다. 프레몬트 공장은 이전까지 파업과 생산성, 품질 문제로 GM이 가장 골머리를 앓던 사업장이었다. 그런데 토요타가 기존 GM 직원들에게 토요타식 사람관리 시스템를 꾸준히 적용한 후 그들은 토요타식 문화에 공감하고 이를 내재화했다. 이 공장은 놀랄 만한 성과 개선을 할 수 있었다.

국가 간 문화적 차이를 강조하는 사고는 한 국가 내에 모든 사람은 가치와 사고가 유사하다고 가정한다. 국가 간 문화적 차이를 반영하지 않는 사람관리 제도와 시스템은 비효율성을 야기한다고 가정한다. 하지만 한 국가 내에 공유된 혹은 지배적·문화적 가치가 존재하는 반면, 개인 간 또는 조직 간 문화적 가치의 다양성이 존재한다. 토요타의 사례가 보여주듯 한 국가의 문화와 일치하지 않는 사람관리 시스템이 반드시 위험한 것도 아니다. 자원기반이론의 관점에서 보면 한 국가 내에서 '희귀한' 기업의 문화와 시스템은 오히려 그 기업에 차별화된 우위를 제공할 수 있다.

사람관리 제도와 시스템이 한 사회의 문화를 따라야 한다는 사고는 아웃사이드 인 관점을 따른다. 하지만 인사이드 아웃 관점을 따르면, 한 국가의 문화는 기업이 선택할 수 있는 하나의 환경 요소다. 한 기업이 자신만의 독특한 문화를 발전시켜왔다면 사람관리 제도와 시스템을 통해 한 국가 내에 존재하는 다양한 문화적 가치를 선택하고 때로는 선도해나갈 수 있다.

기업은 한 국가의 문화적 경계에 얽매일 필요가 없다. 사람관리 제도와 시스템을 통해 자신만의 독특한 문화를 구축해나가면서 조직문화의 맥락에서 국가 간 문화적 차이를 이해하고 관리해야 한다. 그러한 기업에게 미국식 혹은 한국식 사람관리 시스템은 아무런 의미가 없다.

산업의 경계를 넘어서

문화와 더불어 경영자들은 흔히 산업의 경계에 얽매이기도 한다. 제조업과 서비스업이 다르고 소프트웨어 산업과 금융업이 다르다고 생각한다. 각 산업은 경쟁 환경, 이익 잠재력, 생산 기술과 프로세스가 다르므로 한 산업에 적합한 사람관리 제도와 시스템은 다른 산업에 적합하지 않을 수 있다고 가정한다. 산업은 사람관리의 제약 조건이다. 하지만 산업 역시 조직문화의 맥락에서 이해되고 관리돼야 할 또 하나의 환경 요인이다.

FC 바르셀로나의 리오넬 메시와 레알 마드리드의 크리스티아누 호날두는 당대 세계 최고의 축구 선수다. 팬들이 두 선수에 열광하는 이유는 엇비슷한 것 같지만 서로 다르기 때문이다.

『위키백과』에 묘사된 두 선수의 경기 스타일과 성격을 들여다보자. 두 선수는 모두 스피드와 드리블 능력, 득점력이 탁월하다. 메시는 어떤 공격 포지션이라도 소화가 가능한 선수로 평가받는다. 하지만 체구가 작은 탓에 고공권에 약하다는 평가를 받는 반면 호날두는 점프력, 어시스트 능력, 프리킥 능력이 탁월하다는 평가를 받는다.

성격 측면에서도 호날두는 거만하고, 과시적인 모습으로 언론에 비치는 데 반해 메시는 소극적이고, 충직한 성격의 소유자로 그려진다. 그런 성격 차이를 반영하듯 호날두는 스포르팅 리스본 유소년팀과 1군에서 출발해 맨체스터 유나이티드와 레알 마드리드를 거쳐 유벤투스로 세 번 이적을 한 반면, 메시는 FC 바르셀로나의 유소년팀을 거쳐 현재도 같은 팀에서 뛰고 있다. 메시와 호날두는 축구라는 동일 분야에서 서로 다른 스타일과 능력으로 탁월한 성과를 낼 수 있다는 사실을 보여준다.

미국 프로 야구단 '오클랜드 애슬래틱스'의 성공을 소재로 한 마이클 루이스의 『머니볼』 역시 야구의 세계에서도 다양한 구단 운영 법칙이 성공할 수 있다는 사실을 보여준다.[40] 뉴욕 양키스같이 수백만 달러를 주고 유명 선수를 영입하는 다른 팀들과 달리 오클랜드는 통계적 분석을 활용해 출루율은 좋지만 몸값이 싼 선수들을 영입했다. 그 결과 2002년 20연승이라는 대기록을 세운다. 한국 프로 야구에서도 2000년대 중반 SK는 벌떼 야구 또는 시스템 야구로 리그를 지배했었고, 같은 시기에 두산은 화수분 야구와 발야구로 SK의 대항마 역할을 했다.

스포츠 분야뿐 아니라 다양한 산업에서 서로 다른 방식으로 경쟁하는 기업들을 볼 수 있다. 카펠리와 크로커-헤프터는 동일 산업 내의 대표 기업들이 서로 다른 사람관리 시스템을 활용하고 있는 사례들을 보여준다.[41] 예를 들어 전략 컨설팅계의 대표 주자인 맥킨지와 보스턴컨설팅그룹BCG의 경우 맥킨지는 인력의 내부 육성Make을 통해 맥킨지웨이McKinsey way에 기반한 서비스를 제공하는 반면, BCG는 끊임없는 외부 인력 영입Buy을 통해 성장해왔다. 음료 시장의 전통적 강자인 코카콜라는 인력의 내부 육성을 추구하며, 가장 강력한 경쟁자인 펩시는 외부 영입을 강조하는 사람관리 정책을 사용하고 있다.

조직 경제학과 전략이론가들은 기업의 전략과 수익을 결정하는 데 산업이 중요한 역할을 한다는 점을 강조한다'Industry matter'. 하지만 한센과 워너펠트는 다양한 기업의 5년 동안의 ROA를 분석한 결과, 기업의 독특한 문화는 산업과 규모에 비해 기업의 수익성을 결정하는 데 2배 이상의 효과가 있다는 사실을 입증했다.[42]

산업은 사람관리의 중요한 제약 조건이며, 기업은 사람관리 시스템을 설계할 때 산업의 특성을 반영해야 한다. 하지만 메시와 호날두, 양키스와 오클랜드, 맥킨지와 BCG, 코카콜라와 펩시의 사례가 보여주듯 한 산업에서 성공을 견인하는 최적의 사람관리 방식은 한 유형이 아니다. 문화와 마찬가지로 산업 역시 기업의 사람관리 시스템의 제약 조건이긴 하지만 결정 요인은 아니다.

산업의 경계를 고려하는 데 있어 기업은 또한 산업이 처음부터 주어진, 일종의 디폴트Default라는 가정에서 벗어날 필요가 있다. 인사이드 아웃 관점에서 보면 산업, 전략, 사람관리 시스템은 상호 의존적 관계이며 기업의 문화와 사람관리 시스템은 때로는 전략을 리드하고 이를 통해 새로운 산업을 창조하는 데 기여할 수 있다.

스타벅스 성장 과정을 들여다보자. 스타벅스는 양질의 커피와 고급스러운 매장 분위기를 통해 차별화된 경쟁 우위를 확보함으로써 성장했다. 하지만 이런 전략적 성공의 뒷면에는 '바리스타'로 대변되는 독특한 사람관리 철학과 제도가 자리 잡고 있다. 스타벅스가 대중화되기 이전 대부분의 커피 프랜차이즈들은 파트타임 직원들을 활용하고 있었다.

스타벅스는 커피를 만들고 서비스하는 일을 단순 업무로 규정하는 기존 업계 관행을 깨고 전문가의 일로 규정했다. 따라서 스타벅스는 직원들을 종업원Employee이 아닌 파트너Partner로 정의하고, 모든 직원에게 대학 학자금 대출, 의료 혜택, 스톡옵션 같은 파격적인 사람관리 제도를 적용했다. 결국 스타벅스는 커피 프랜차이즈 산업의 전통적 경계에서 벗어나 사람과 전략을 통해 산업을 새롭게 정의하고 새로운 시장을 창조함으로써 성공을 거뒀다.

한 산업의 독특한 기술 체계와 경쟁 구조는 기업에서 일하는 사람들에게 요구되는 지식, 태도, 가치, 행동에 영향을 끼친다. 따라서 아웃사이드 인 관점에서 보면 산업은 주어져 있고 한 기업의 사람관리 제도와 문화는 산업의 특성을 반영해야 한다. 하지만 국가 간 문화적 차이와 마찬가지로 산업 역시 정해져 있는 것은 아니다. 한 산업 내에서 경쟁하는 방식은 다양할 수 있고 어떤 경쟁 방식을 선택할 것인가는 기업 내부의 역량에 달려 있다. 기업 내부의 역량을 개발하고 활용하는 과정에서 기업은 산업의 경계를 넘어설 수도 있고 새로운 산업을 창조할 수도 있다. 인사이드 아웃 관점은 기업이 사람관리 제도와 시스템을 설계하는 데 산업을 고려하되 기업문화의 맥락 위에서 산업을 이해하고 관리해야 한다는 점을 강조한다.

"대부분의 사람은 세상에 자신을 맞추려고 한다. 하지만 세상을 자신에게 맞추려는 비합리적인 사람들에 의해 세상은 조금씩 좀 더 나은 방향으로 변화한다"[43]라는 말이 있다. 다수의 '보통' 기업들은 문화와 산업의 경계에 머무른다. 하지만 자신만의 독특한 문화와 사람을 통해 한 사회의 문화와 산업의 경계에서 벗어나고자 하는 기업만이 세상의 변화를 리드할 수 있다.

INSIDE

2부 ———————————————
어떻게 사람을 관리할 것인가

OUT

맡은 일을 잘하는 직원, 조직에 충성심이 높은 직원, 뛰어난 역량과 창의성을 발휘하는 직원 혹은 협업을 잘하는 직원. 이러한 인재상을 바탕으로 사람관리 제도가 적합성을 갖출 때 직원들은 조직이 그들에게 기대하는 바를 명확히 이해하고, 조직에서 요구하는 바람직한 행동과 태도, 역량으로 무장하게 된다.

01

사람은
명품이다

인사이드 아웃 관점에서 사람관리는 한 기업이 과거와 현재를 통해 축적한 사람과 관련된 자신만의 강점을 이해하는 것으로부터 출발한다. 강점을 이해해야만 이를 지속적으로 확장·발전시켜 핵심 역량을 확보하고 사람과 사업을 연계시킬 수 있다. 하지만 사람에 내재된 어떤 특성이 자신들의 생존과 성공을 가능하게 했는지 정확히 이해하지 못하는 기업이 적지 않다. 사람에 관한 관심이 부족한 탓일 수도 있지만, 사람들이 지닌 특성은 본질적으로 다차원적이고 복잡하기 때문이다. 사람은 과연 무엇이고 어떤 특성이 있는지 한마디로 표현하기 어렵다.

은유적 표현은 복잡한 현상이나 개체를 간단명료하게 설명하고자 할 때 매우 효과적인 의사소통 도구다. 은유적 표현은 사물끼리의 연상을 통해 상상력을 자극하고 감성을 내포함으로써 풍부한 정보를 전달할 수 있기 때문이다. 시 같은 문학 작품은 풍부한 은유적 표현을 통해 우리의 생각과 감정을 자극한다. 마찬가지로 "조직에서 사람이 과연 어떤 존재인가"라는 질문에 답을 하기 위해 은유적 표현을 활용해보자. "조직에 있는 사람 혹은 나는 ○○○에 비유할 수 있다"는 형태로 답을 해보자.

강의 중에 내가 이 질문을 던졌을 때 흔히 듣는 대답은 "우리 조직에 있는 나 혹은 사람은 부품과 같다"는 은유적 표현이다. 어떤 사람들은 조직에 있는 자신을 "강철" 혹은 "흐르는 강물"에 비유하기도 한다. 전자는 다양한 시련 속에서 강철처럼 꿋꿋하게 버틴 자신을 위로하는 표현이고, 후자는 흐르는 강물처럼 스스로 제어할 수 없는 힘에 의해 목적 없이 흘러가는 존재에 대한 회한을 담고 있다. 이외에도 사람들은 자동차, 두뇌, 당구공, 톱니바퀴에 비유하는 등 은유적 표현들을 상당히 사용한다.

이런 은유적 표현들을 듣다 보면 공통점을 발견하게 된다. 조직은 항상 사람 위에 있다는 사실이다. 조직과 개인을 수직적 관계로 가정하고 조직에 지배받는 사람의 모습을 당연한 것으로 받아들이고 있다. 하지만 다시 논의하겠지만 조직과 개인이 항상 수직적 관계를 형성해야 하는 것은 아니다.

나는 이 질문에 대한 대답으로 "사람은 명품이다"라는 은유적 표현을 사용하고자 한다. 명품 하면 무엇이 떠오르는가? 명품은 상반된 두 가지 속성이 있다. 하나는 누구나 명품을 갖고 싶어 하는 속성, 즉 독특한 가치를 지닌다. 다른 하나는 많은 사람이 명품을 구매하기 주저하는 속성, 즉 비싸다는 것이다. 명품은 한마디로 '비싸지만 가치 있는' 제품과 서비스를 의미한다. 뒤집어서 생각하면 값싸고 좋은 명품은 없다. 가치가 높다면 가격이 높을 것이고, 가격이 낮다면 가치가 낮을 것이다.

노동력도 예외는 아니다. 값싼 노동력은 역량이 떨어지게 마련이고 역량이 뛰어난 사람은 비싸다. 기업은 흔히 값싸고 좋은 인재를 찾지만 현실에 그런 인재는 거의 없다. 결국 기업은 사람에 내재된 두 가지 상반된 속성, 즉 비용Cost과 가치Value의 양면성을 이해해야 한다. 사람과 관련된 비용을 엄격하게 관리할 것인지 아니면 사람에 내재된 가치를 극대화하는 데 초점을 둘 것인지를 선택해야 한다.

인적 자본·사회적 자본·조직 자본

이제 어떤 경영자가 큰맘을 먹고 직원들의 가치를 높이기 위해 투자를 하고자 결심했다고 하자. 그런데 그 경영자는 곧 직원들에게 투자를 하면 직원들이 회사를 떠나지 않을까 하는 의구심을 갖게 된다. 뛰어난 인재는 찾는 곳도 많고 능력도 좋으니 이직도 많을 것이라 생각한다. 파격적인 조건으로 뛰어난 인재를 영입하고 교육 훈련을 통해 인재를 육성하면 그들이 조직을 떠날 수 있다는 두려움, 많은 경영자가 사람에 투자하기를 주저하는 이유다. 하지만 이런 두려움은 사람에 내재된 가치, 즉 어떤 사람이 뛰어난 사람인가에 대한 오해에서 비롯된다.

전략이론 중 지식기반관점Knowledge-based view은 사람과 조직을 지식의 집합체로 가정한다. 경쟁 우위를 확보하기 위해 기업은 경쟁자들보다 가치 있고 희귀한 지식을 더 많이 보유해야 한다. 변화와 혁신을 추구하려면 기존에 보유하고 있지 않은 새로운 지식을 확보해야 한다. 노벨 경제학상 수상자인 허버트 사이먼이 주장하듯 기업이 필요로 하는 지식의 일차적 원천은 사람으로부터 나온다.[1] 따라서 한 직원의 가치는 그가 얼마나 많은 지식을 보유하고 있느냐에 의해 결정된다.

그런데 개인이 보유하고 있는 지식은 한 형태가 아니다.[2] 개인은 업무를 수행하기 위해 먼저 자신이 배타적으로 소유한 지식을 활용한다. 이러한 지식을 인적 자본Human capital이라 한다. 인적 자본은 개인에 내재된 지식, 스킬, 능력, 경험 등을 포함한다. 인적 자본은 그 지식의 소유주인 개인과 분리될 수 없다. 새로운 직원을 영입하는 경우 그 직원이 보유한 인적 자본만큼 새로운 지식이 유입되지만, 반대로 이직을 하는 경우 그 직원이 보유한 인적 자본을 잃게 된다. 그래서 인적 자본은 이동성Mobility이 높다. 사람에 투자하면 이직할 수 있다는 두려움은 바로 이런 인적 자본의 특성과 관련 있다.

하지만 사람들은 조직에서 결코 혼자 일하지 않는다. 업무를 수행하기 위해 다른 사람들의 도움을 받는다. 동료, 상사, 때로는 부하 직원들에게 묻고 그들에게서 필요한 지식을 얻는다. 이처럼 개인이 다른 사람들과의 사회적 관계를 통해 이전 혹은 공유하는 지식을 사회적 자본Social capital이라 한다. 인적 자본을 컴퓨터 본체에 비유한다면 사회적 자본은 외장 하드에 비유할 수 있다. 인적 자본이 부족한 직원이라도 사회적 자본이 많다면 그는 인적 자본이 풍부한 사람 못지않게 업무를 훌륭히 수행할 수 있다. 예를 들어 선배 직원에게 멘토링을 받은 직원과 그렇지 않은 직원은 동일한 수준의 인적 자본을 가지고 있더라도 업무와 조직에 적응하는 속도가 다르다.

사회적 자본은 본질적으로 사람들 사이의 사회적 관계에 내재된 지식이라서 특정 개인이 독점할 수 없다. 이는 한 개인이 회사를 떠날 때 사회적 자본을 가지고 떠나기 어렵다는 것을 의미한다. 결국 사회적 자본은 인적 자본을 보완하는 역할을 하며 인적 자본에 비해 상대적으로 조직 간 이동이 어렵다. 사회적 자본은 오랜 기간 다양한 사람 간의 복잡한 상호 작용을 통해 형성되므로 외부의 경쟁자들이 쉽게 관찰하고 모방하기도 어렵다.

개인이 업무를 수행할 때 본인이 소유하거나 동료들이 소유한 지식만을 활용하는 것도 아니다. 개인이 조직에서 활용할 수 있는 제3의 지식이 존재한다. 예를 들어 직원들은 조직 내에 존재하는 업무 매뉴얼과 절차, 규칙, 문화, 정보 시스템 등을 활용한다. 이런

[그림 2-1] 사람의 본질적 가치

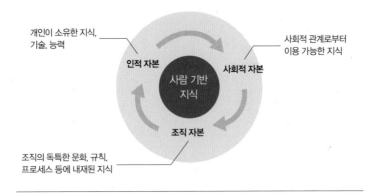

유형의 지식은 조직의 시스템과 문화에 내재돼 있는 그 기업 특유의 지식이며 그 지식의 일차적인 소유 주체는 조직이다. 따라서 이러한 유형의 지식을 조직 자본Organizational capital이라 부른다.

조직 자본은 개인이나 집단이 업무에 활용할 수 있는 지식이지만 어떤 개인이나 집단이 독점할 수 없다. 다시 말하면 사람들이 모두 조직을 떠나더라도 조직 자본은 남는다. 따라서 인적 자본이나 사회적 자본과 비교해 조직 자본은 다른 조직으로의 이전이 가장 어렵다. A회사에서 일하던 직원이 B회사로 이직해 이전의 일하던 방식을 그대로 활용할 수 없는 것은 바로 두 조직 간 조직 자본의 차이 때문이다.

개인은 인적 자본, 사회적 자본, 조직 자본을 활용해 자신의 업무를 수행하며 각 개인의 조직 내 가치는 그들이 보유한 세 가지 지식의 합에 의해 결정된다. 그렇다면 개인이 업무에 활용하는 지식 중 몇 퍼센트가 인적 자본에 기인할까? 하버드대학의 보리스 그로이스버그 교수에 따르면, 외부 영입 인재의 성과 가운데 30%만이 인적 자본에 귀결되며 70%는 조직 요인, 즉 사회적 자본과 조직 자본에 의해 결정된다[3]고 한다. 일반적으로 생각한 것보다 인적 자본이 개인의 성과를 결정하는 데 차지하는 비중은 작다. 물론 30%는 어디까지나 전체 평균을 의미하며 모든 사람이 똑같은 비중의 인적 자본을 보유하고 있다는 것은 아니다. 인적 자본의 비중이 80%가 되는 사람이 있을 수 있고, 전적으로 조직 자본에 의존해 업무를 수행하는 사람도 있을 수 있다.

인재상을 바탕으로 한 제도 구축

지금까지 사람을 명품에 비유하는 은유적 사고를 통해 여러분은 사람은 비용, 인적 자본, 사회적 자본, 조직 자본의 함수로 정의될 수 있다는 사실을 이해했을 것이다. 인적 자본이 높은 사람 하면 아마도 창의적이며 역량이 뛰어난 사람들을 떠올릴 것이다. 사회적 자본이 높은 사람은 타인과의 교감 능력과 협업 능력이 뛰어난 사람들이다. 조직 자본에 의존해 일처리를 하는 사람들은 조직의 시스템, 절차, 관행을 내재화하고 그에 따라 행동하는, 조직에 충성심이 높은 흔히 말하는 삼성맨, LG맨, SK맨이라 불리는 조직인

Organization man으로 불리는 사람들이다.

그렇다면 창의적이며 도전적이며 조직에 충성하면서 타인과 협업을 잘하며 인간미와 도덕성을 갖춘, 그러면서도 저렴한 인재가 과연 존재할까? 아마도 현실에서 그런 사람을 찾는 것은 거의 불가능하다. 인적 자본의 비중이 높은 개인일수록 이직 가능성이 높아 충성심을 확보하는 것이 상대적으로 어렵다. 반대로 사회적 자본이나 조직 자본에 의존한 개인일수록 이직을 주저할 수밖에 없다. 조직 자본에 의존해 업무를 수행하는 직원들이 많다면 조직 안정성과 예측 가능성은 높아지지만, 직원들이 비슷한 방식으로 일처리를 해 조직 내 다양성과 창의성은 떨어질 수밖에 없다.

따라서 비용, 인적 자본, 사회적 자본, 조직 자본 중 특정 요소를 강조하는 사람관리 방식을 추구하는 것이 보다 현실적이며 효과적이다. 예를 들어 맡은 일을 잘하는 직원, 조직에 충성심이 높은 직원, 뛰어난 역량과 창의성을 발휘하는 직원 혹은 협업을 잘하는 직원. 이러한 인재상을 바탕으로 사람관리 제도가 적합성을 갖출 때 직원들은 조직이 그들에게 기대하는 바를 명확히 이해하고, 조직에서 요구하는 바람직한 행동과 태도, 역량으로 무장하게 된다.

02

직무성과주의(테일러리즘): 맡은 일을 잘하는 직원

2000년 가을 미국의 한 지역 일간 신문에 이런 기사가 게재됐다.[4] "코네티컷주 뉴런던시 경찰청에서 지원자가 아주 똑똑하다는 이유로 채용에서 탈락했다. 46세 대졸자인 로버트 조던은 해당 경찰청 채용 시험에 응시했는데, 채용 시험에서 그는 IQ 125에 해당하는 33점을 획득했다. 그런데 뉴런던시 경찰청은 지능이 평균적인 지원자, 즉 채용 시험에서 20점(IQ 100에 해당) 이상 27점 이하를 획득한 지원자에게만 면접 기회를 주었다. 뉴런던 경찰청은 지능이 아주 높은 사람들은 채용하면 직무에 쉽게 지루함을 느끼고 교육 훈련을 받고 이직을 하는 경향이 있다는 근거를 들어 이런 결정을 내렸다고 주장했다. 하지만 조던은 이 채용 결정은 똑똑한 사람에 대한 불법적 차별이라 주장하며 법원에 해당 사건을 제소했다. 법원은 그의 주장이 타당하지 않다고 판결했다. 이유는 모든 지원자에게 동일한 기준을 적용했으므로 불법적 차별이 없었다고 보았다. 법원은 해당 경찰청의 채용 결정이 현명하지 않을 수는 있으나 적어도 높은 비용을 초래하는 직원의 이직을 방지하기 위한 합리적 조치라고 판단했다."

뉴런던시 경찰청의 채용 결정에 여러분은 어떤 생각인가? 반대 의견인 사람들은 경찰은 똑똑하지 않다는 편견을 조장함으로써 현직 경찰과 지역 주민들의 반발을 초래할 수 있음을 우려할 것이다. 또한 경찰 채용 시험에서 지능 검사, 즉 IQ 테스트가 타당한 선발 도구가 될 수 있는지, 지능이 높은 사람이 정말 이직할 확률이 높은지, 조던이 경찰이 되고자 하는 꿈과 열정을 가지고 있다면 이직하지 않고 계속 좋은 경찰로 남을 수 있지 않을지, 조던의 능력이 뛰어나다면 더 어려운 과업을 맡기면 되지 않는지 하는 의문 혹은 반론을 제기하는 사람들도 있을 것이다.

일단 법원이 뉴런던시 결정에 손을 들어준 것으로 보아 뉴런던시 경찰청은 지능이 높은 사람이 이직할 가능성이 높다는 구체적 근거를 제시했을 것으로 보인다. 하지만 뉴런던시 경찰청의 채용 결정은 우리에게 다소 낯설다. 현재 국내 대기업들은 대부분 지원자의 지능과 인성을 평가하는 직무적성검사를 하고 있고, 직무적성검사에서 높은 점수를 획득한 지원자를 선발하는 것이 일반적이다. 지능은 업무 성과의 가장 중요한 예측치이며, 대부분의 업무에서 지능이 높을수록 업무 수행 성과도 높아진다는 수많은 연구 결과도 있다.[5] 그런데 왜 뉴런던시 경찰청은 지나치게 똑똑한 사람을 뽑지 않았으며 채용 결정에서 이직 가능성과 그에 따른 비용을 중요하게 고려했을까? 뉴런던시 경찰청의 채용 결정을 이해하려면 '테일러리즘Taylorism' 혹은 '직무성과주의'로 불리는 미국 기업의 전통적인 사람관리 패러다임을 들여다볼 필요가 있다.[6]

체계적 근무 태만과 주먹구구식 관리

테일러리즘은 프레더릭 테일러가 1911년에 집필한 『과학적 관리의 원칙』[7]에 뿌리를 두고 있다. 테일러는 연구자이기도 하지만 작업 현장에서 관리자로 잔뼈가 굵은 사람이다. 그는 법률가인 아버지와 사회 운동가인 어머니 사이에서 태어났으며 학업 능력이 뛰어나 하버드대학의 입학 허가서까지 받았다. 하지만 하버드대학을 포기하고 펌프 공장의 견습 기계공으로 취업했다. 이후 주물 공장에서 시작해 다양한 기업에서 기계공, 작업반장, 선임 엔지니어, 공장장, 컨설턴트로 경력을 쌓았다. 그 과정에서 당시 산업 현장에 만연한 비효율성을 목격하고 이를 해결하기 위한 방안들을 체계적으로 연구하기 시작했다. 이를 집대성해 『과학적 관리의 원칙』을 발간했다.

테일러는 기업의 존재 목적을 생산성 향상으로 보았다. 생산성이 올라가면 소비자들은 좋은 제품을 더 낮은 가격으로 공급받게 되고, 기업은 더 많은 이윤을 남길 수 있으며, 노동자들은 생산성 향상에 따라 더 높은 보수를 받을 수 있다고 생각했다. 하지만 테일러는 작업 현장에서 노동자의 생산성 향상이 얼마나 어려운지 경험했다. 그리고 작업 현장에서 비효율의 일차 원인으로 노동자들의 체계적 근무 태만Solidering이 만연하다는 사실을 발견했다. 체계적 근무 태만은 한마디로 '하는 척하지만 하지 않는 직원들의 행동'이다. 삽질을 하는 것처럼 보이지만 유휴 동작이 많은 경우, 2시간 외근 거리를 5시간 걸리는 것으로 보고하는 행동, 현재 팀 내 인원이 충분한데도 매번 신입 사원 충원을 요구하는 행동은 모두 체계적 근무 태만에 해당한다.

테일러는 작업 현장에서 노동자들이 체계적 근무 태만을 보이는 이유를 크게 세 가지로 보았다. 먼저 노동자들은 노동 생산성이 증가하면 일자리를 잃을 수 있다는 두려움이 있었다. 예를 들어 한 사람이 6시간에 하던 작업을 4시간으로 줄이면 3명의 노동자 중 1명이 일자리를 잃게 된다는 것이다. 당시 대부분 작업 현장은 시간급제였다. 시간급제에서는 노동자들이 근무 시간만 채우면 급여를 받을 수 있어 생산성 향상에 관심을 가질 이유가 없다는 것이다. 이 두 가지 원인은 사람에 대한 부정적 시각, 엑스이론Theory X 인간관을 반영하는 것처럼 보인다.

테일러리즘을 비판하는 사람들은 테일러의 이러한 부정적 인간관과 관련된 문제를 지적한다. 하지만 테일러는 자신은 인간 본성에 대해 어떤 가정도 하지 않는다고 주장한다. 테일러는 노동자들의 체계적 근무 태만이 나타나는 보다 근본적인 이유는 세 번째 원인인 관리 방식의 결함에 있다고 주장한다.

테일러가 체계적 근무 태만의 주된 원인으로 지목한 것은 주먹구구식Rule-of-thumb 관리 방식이다. 주먹구구식 관리 방식은 체계적 근무 태만을 행하는 노동자들을 찾아내고 그들이 올바른 방식으로 업무를 수행할 수 있도록 지도할 수 있는 시스템이 없는 상태를 말한다. 테일러는 체계적 근무 태만을 억제하고 생산성을 높이려면 기존의 주먹구구식 관리 방식을 대체할 과학적 관리 방식이 필요하다고 생각했다.

테일러가 말한 '과학적'이란 한마디로 작업의 비효율성이 나타나는 원인을 체계적으로 분석하고 노동자들의 과업 행동을 철저히 통제·감독하는 것을 의미한다. 그래서 일부 학자들은 테일러리즘을 통제형Control-type 사람관리로 칭하기도 한다. 테일러는 체계적인 근무 태만을 억제하고 사람들의 과업 행위를 철저히 통제하기 위한 과학적 관리의 네 가지 원칙을 제시했다. 이런 원칙은 오늘날 미국에서 보편적으로 쓰이는 직무 중심Job-based 사람관리의 토대가 됐다.

테일러리즘과 직무 정의

테일러리즘은 직무를 명확히 정의하는 것에서 출발한다. 직무는 업무를 수행하는 과정에서 관찰 가능한 행동, 즉 과업Task의 집합이다. 예를 들어 강의라는 직무를 수행하려면 교실에서 강의를 하는 행위뿐 아니라 강의 계획서를 만들고 강의 자료를 준비하며 시험 문제를 만들고 채점하며 학생들의 질문에 답하는 과업 등이 포함된다. 테일러리즘은 직무를 정의하기 위해 직무를 구성하는 세부적인 과업을 입증하고, 그 과업을 수행하는 데 필요한 최적의 활동 혹은 동작을 분석한다.

테일러는 당시에 주로 육체노동을 대상으로 동작 연구Motion study를 실시해 가장 효율적으로 직무를 수행하는 방식을 찾고자 했다. 삽질을 예로 들면 삽질을 잘 하려면 삽을 얼마 정도 뒤로 빼야 하는지, 얼마 정도 허리를 구부려야 하는지, 삽에 모래는 얼마나 담아야 하는지 분석한다. 직무를 관찰 가능한 과업으로 세분화하고 동작 연구를 통해 효율적인 과업 수행 동작을 찾아내면 관리자들은 직원들의 비효율적 행위를 효과적으로 감시하고 통제할 수 있다. 삽질을 하는데 어느 정도 허리를 구부리면 비효율적인지 쉽게 확인할 수 있다는 얘기다.

직무를 명확히 정의하면 목표를 설정하고 성과를 평가하는 것이 용이해진다. 예를 들어 삽질 업무에서 노동자가 표준화된 동작에 따라 삽질하는 경우에 시간 연구Time study를 통해 한 번의 삽질에 드는 시간과 담는 모래의 양을 계산하면 주어진 근무 시간에 1명의 노동자가 얼마의 모래를 옮겨야 하는지 쉽게 계산할 수 있다. 강의라는 직무에도 동일한 원리를 적용할 수 있다. 강의 계획서와 강의 자료를 만들고 시험 문제를 출제하고 채점하는 등 강의를 구성하는 각 과업을 효율적으로 수행하는 데 드는 시간을 계산하면 한 과목을 강의하는 데 걸리는 총 시간과 일주일에 담당해야 하는 강의 수를 계산할 수 있다. 결국 테일러리즘은 시간 및 동작 연구를 통해 표준화된 과업 행위를 정의함으로써 업무 수행 과정과 결과를 효과적으로 통제할 수 있다.

테일러는 직무를 설계한 후 채용, 개발, 평가, 보상 같은 다른 사람관리 기능들을 직무와 연계되도록 설계하고 관리해야 한다고 주장한다. 채용의 일차 기준은 직무와 사람의 적합성Person-job fit이다. 대부분의 우리 기업에서는 아직 직무 개념이 정착돼 있지 않은 탓에 지원자가 앞으로 어떤 직무를 맡을지 명확하지 않다. 따라서 기업들은 채용 과정에서 지원자가 다양한 업무 수행에 필요한 기초적인 역량과 태도를 갖추고 있는지를 평가한다. 하지만 직무를 명확히 정의하면 그 직무를 수행하는 데 필요한 자격 요건을 도출해낼 수 있다. 직무별 자격 요건이 차이가 있다면 당연히 직무별 채용 기준도 달라질 수밖에 없다. 예를 들어 마케팅 업무를 담당할 인력과 인사 업무를 담당할 인력에게 요구되는 지식, 기술, 경험, 태도 등이 다를 수 있다.

테일러리즘에서는 지원자가 얼마나 똑똑한지, 얼마나 풍부한 지식이나 경험을 보유하고 있는지 또는 얼마나 인성이 좋은지를 중요하게 보는 것이 아니라 지원자가 직무에 필요한 지능, 지식, 인성을 갖추고 있느냐를 채용의 일차 기준으로 삼는다. 뉴런던시 경찰청의 사례처럼 표준화된 경찰 업무를 수행하는 데 필요한 지식, 기능, 태도, 육체적 능력 등을 입증한 후 지능이 평균적인 사람도 경찰 직무를 효과적으로 수행할 수 있다고 판단되면 조던같이 지능이 높은, 그러나 더 높은 비용을 초래할 수 있는 지원자를 채용할 이유가 없다.

테일러리즘은 직원을 채용할 때 그 사람이 평생 같은 직무를 수행할 것으로 가정한다. 예를 들어 초등학교 교사 업무와 교장 업무를 생각해보면 그 둘은 엄연히 다른 직무다. 해야 할 과업도 필요한 자격 요건도 다르다. 따라서 고등학교 교사를 채용할 때 해당 지원자가 앞으로 교장이 될 수도 있다는 가정 아래 채용하지 않는다. 학교는 교사 업무를 잘 수행할 수 있는 지원자를 채용하면 된다. 뉴런던시 경찰청의 사례에서 조던이 설사 상위 직무를 수행할 수 있는 자격 요건을 갖추었더라도 그를 채용하지 않았던 이유가 바로 여기에 있다.

테일러리즘 아래에서도 물론 교사로서 경력을 쌓은 사람이 교장이 될 수 있다. 하지만 교사들이 교장이 되기 위해 필요한 자격 요건을 갖추는 것은 전적으로 개인의 책임이다. 회사는 각 개인이 맡은 직무를 효율적으로 수행하기 위해 필요한 지식, 기능, 역량을 확보할 수 있도록 최소한의 교육 훈련만 제공한다. 교장을 채용할 때 회사는 내부에서 교사로 근무한 사람들과 외부 지원자들로부터 지원서를 받고 그중 교장 업무를 가장 잘 수행할 수 있는 사람을 채용한다. 직무 중심 사람관리를 채택하고 있는 글로벌 기업들을 보면 상위 직무에 사람을 채용하고자 할 때 먼저 내부 직원들에게 채용 공지를 하지만 외부에도 동일한 채용 공고를 내는 것이 일반적이다. 따라서 테일러리즘에서는 대부분의 직원을 직무 전문가, 즉 스페셜리스트로 육성하고 관리한다. 외부에서 직무 경험을 쌓은 경력직 직원의 채용 비율 또한 높다.

직무급과 개인별 성과급

테일러리즘에서는 임금도 각 직무의 가치에 따라 결정된다. 우리나라 대학은 일반적으로 교수들의 전공과 관계없이 직급이나 호봉에 따라 임금을 결정한다. 하지만 미국의 대학들은 전공에 따라 교수들의 임금 차이가 크다. 일반적으로 경영대학 교수들은 다른 전공 교수들보다 임금을 더 많이 받는다. 경영대학 내에서도 재무관리나 전략을 전공한 교수들이 나처럼 인사관리를 전공한 교수들보다 임금이 더 높다. 대학 내의 각 전공을 하나의 직무로 볼 때 각 직무의 가치를 다르다고 보기 때문이다. 테일러가 제안한 이러한 임금 체계가 바로 직무급Job-based pay이다.

직무급은 각 직무의 조직 내 기여도와 시장 가치를 기준으로 임금을 결정한다. 대학교수의 예로 다시 돌아가보자. 경영대학은 MBA나 경영자과정을 통해 대학의 재정에 상당한 기여를 한다. 경제적 측면에서 볼 때 경영대학 교수들의 직무가 상대적으로 대학 기여도가 높다. 따라서 경영대학 교수들이 상대적으로 임금을 더 많이 받는다. 경영대학의 주 수입원인 MBA 학생들의 경우, 전통적으로 졸업 후에 컨설팅회사나 금융회사로 취업하기를 원한다. MBA를 마치고 인사관리 전문가가 되겠다는 학생들은 매우 적다. 따라서 전략이나 재무 전공 교수들이 인사 전공 교수들보다 대학에 기여하는 바가 크고, 그에 따라 더 많은 임금을 받게 된다.

수요와 공급에 의해 결정되는 직무의 시장 가치도 전공마다 다르다. 다른 전공에 비해 미국 대학들은 경영대학 박사과정을 소규모로 운영한다. 경영대학 교수 수요는 많은 데 비해 공급이 적어서 시장 가격은 상대적으로 높을 수밖에 없다. 재무를 전공한 박사 졸업자들 중에는 대학이 아닌 월가의 금융회사로 취업하고자 하는 사람들이 상당하다. 하지만 인사관리 교수를 채용할 때면 심리학 전공자들도 꽤 지원한다. 결국 재무 전공 교수를 뽑으려면 수요는 많은데 공급이 적고, 인사 전공 교수는 수요에 비해 상대적으로 공급이 많다. 따라서 재무 전공 교수들의 시장 임금이 인사 전공 교수들의 시장 임금보다 높다.

그렇다면 한 대학에서 10만 달러를 받고 교수 생활을 시작한 교수는 5년 후에 얼마나 받게 될까? 연구 인센티브 같은 성과급을 제외하면 임금이 거의 동일하다고 보면 된다. 5년 동안 그 교수가 연구도 꽤 하고 수업도 잘했다면 그 교수의 지식과 역량은 향상됐을 것이다. 하지만 직무급을 결정하는 원리는 그 교수가 보유한 지식과 역량의 크기가 아니라 그 사람이 맡은 업무의 가치에 의해 결정된다. 그 교수가 맡은 업무가 변하지 않았다면 그가 받을 임금이 변할 이유가 없다.

만약 그 교수가 지식과 역량이 향상된 만큼 임금을 올려 받고자 한다면 그 지식과 역량의 가치를 인정하는 다른 대학으로 옮겨가는 수밖에 없다. 재직 중인 대학에서 해당 교수를 잡아둘 겸 카운터 오퍼Counter offer를 제시하는 경우 해당 교수의 급여가 오를 수는 있다. 따라서 테일러리즘을 채택한 기업에서는 능력 있는 직원들이 더 많은 임금을 주는 직장을 찾아 이직을 빈번하게 하게 된다.

테일러는 직무급과 함께 개인 간 생산성과 성과 차이를 보장하기 위해 개인별 성과급을 지급할 필요성을 주장한다. 직원들의 노력과 성과를 보상함으로써 더 높은 생산성을 유도할 수 있다는 것이다. 그러나 테일러리즘에서는 직무에 적합한 사람을 채용하며 직무에서 요구되는 행동도 명확히 정의되므로 개인별 성과 차이가 클 가능성이 적다.

테일러는 또한 집단 성과급을 반대한다. 이유는 각 개인의 직무가 엄격하게 분리돼 있어 집단 성과에 따라 성과급을 지급하는 것은 직무 관리 체계와 상충된다고 생각했다. 테일러는 집단 성과급은 무임승차 같은 체계적 근무 태만을 야기할 수 있다고 주장했다. 따라서 테일러리즘에서는 직원들 급여의 대부분이 직무급에 의해 결정되고 약간의 개인별 성과급을 주는 임금 체계를 운영한다.

마지막으로 테일러는 관리자와 노동자 간의 일과 책임의 균등 배분을 강조한다. 전통적으로 일과 책임은 모두 노동자에게 귀속됐던 데 반해 노동자들보다 관리자들이 더 잘할 수 있는 영역은 관리자에게 귀속돼야 한다고 주장했다. 예를 들어 관리자들은 각 직무의 가장 효율적으로 수행할 수 있는 작업 방법을 찾아내고 그 방법에 따라 노동자를 훈련시키며 성과를 기록하고 보상하는 책임이 있다. 따라서 테일러리즘에서는 관리자와 노동자 간 역할이 엄격히 분리되는 위계적 구조가 형성된다.

테일러리즘의 성과와 한계

테일러리즘은 직무를 체계화하고 표준화함으로써 노동 효율을 극대화하는 관리 방식이다. 테일러리즘에서는 각 개인이 같은 업무를 반복 수행하므로 업무 경험이 증가하면서 생산성이 증가하고 단위당 생산비용이 감소하는 경험 곡선 효과가 나타난다. 또한 테일러리즘은 직무 중심 채용을 통해 노동력의 투입Input을 통제하고, 세분화된 직무 설계와 관리를 통해 노동자 행위와 과정Process을 통제하며, 노동자들의 성과Output를 평가하는 효율적인 통제 시스템을 구축하게 된다. 노동력의 투입→과정→산출의 전 과정에 대한 효율적 통제를 통해 테일러리즘은 노동자들의 체계적 근무 태만으로 인한 노동력의 낭비를 막을 수 있도록 해준다. 시장 메커니즘을 활용해 직무의 설계, 채용, 교육 훈련, 보상을 결정하므로 노동비용을 효과적으로 통제할 수 있다. 따라서 테일러리즘은 노동비용을 효율적으로 통제하고 생산성을 극대화하는 사람관리 모델로서 장점이 있으며, 20세기 미국 기업의 고도성장을 견인했다.

미국 기업에서 테일러리즘이 급속히 확산될 수 있었던 배경에는 노동자들의 긍정적 태도도 한몫했다. 테일러리즘은 노동자들이 해야 할 일과 받을 수 있는 임금을 사전에 명확히 규정하므로 관리자들의 자의적 판단에 노동자들이 종속될 필요가 없다. 또한 기업의 생산성이 향상되면 임금도 증가한 덕분에 노동자들은 초기에 테일러리즘에 긍정적 반응을 보였다.

하지만 미국 기업의 성장 과정에서 테일러리즘은 적잖은 문제점을 드러냈다. 첫 번째 문제는 노동 소외 현상이다. 테일러리즘은 직무에서 노동자들의 재량권을 허용하지 않을 뿐 아니라 세분화된 직무에서 노동자들이 반복적인 업무만 수행하는 결과, 노동자들의 피로도와 지루함이 증가한다. 직무에서 요구되는 수준 이상의 지식과 스킬을 향상시키기 위한 교육 훈련을 제공하지 않아 노동자들의 탈숙련화Deskilling도 진행됐다. 기업은 개인들의 직무 수행의 대가로 경제적 보상을 제공하는 것 외의 어떤 보상이나 편익도 제공할 책임을 지지 않는다. 따라서 경제적 동기 외의 노동자들의 인간적·사회적·심리적 욕구가 간과되는 문제가 발생한다. 한마디로 테일러리즘에서는 노동자들을 경제적 인간 혹은 기계적 인간으로 가정하며 하나의 부속품처럼 관리한다.

이 같은 테일러리즘의 문제점은 미국 시카고 교외의 서부전기회사 호손 공장에서 하버드대학의 메이요A. Mayo와 뢰슬리스버거Roethlisberger 교수의 지도와 협력 아래 1924년부터 1932년까지 행해졌던 일련의 실험 활동을 통해 극명하게 드러났다. 호손 실험은 생산의 상승이 물리적 환경이나 보수의 개선만이 아니고 오히려 인간관계적 측면에 의해 크게 좌우된다는 것을 보여주었다.

호손 실험 이후 미국에서는 인간관계Human relations 운동이 확산되면서 기업들은 유급 휴가, 연금, 근로 환경 개선 등 직원 복지에 관심을 기울이기 시작했다. 하지만 미국 기업들은 테일러리즘이 가져다주는 경제적 효율성의 이점을 포기할 수 없었다. 테일러리즘에 기반한 사람관리 모델에 큰 변화가 나타나지 않았던 이유다.

미국 기업들이 역사적으로 경험한 테일러리즘의 또 다른 문제점은 잠재적 노사 갈등 문제다.[8] 테일러리즘에서는 모든 권한이 관리자들에게 집중돼 있고 관리자들이 생산의 전 과정을 통제하므로 노사 갈등의 여지가 항상 존재한다. 또한 생산성 향상을 위해 끊임없이 노동자들의 업무 목표와 노동 강도를 높이는 드라이브 시스템Drive system을 유도하는 경향이 있다. 모든 노동자의 생산성이 향상돼 110%의 목표를 달성하면 이후에는 110%의 성과가 표준 업무 목표로 설정되면서 끊임없이 업무 목표가 상향된다.

문제는 생산성이 향상되고 표준 목표가 계속 상승됨에도 불구하고 노동자들이 기여한 만큼 제 몫을 받지 못한다고 느낄 때 발생한다. 미국 기업의 경우 대공황기 노동자들의 명목 임금이 감소하고 실업률이 증가하면서 파업과 폭력, 유혈 사태가 줄지어 발생했다. 2차 세계대전 기간 잠시의 휴식기를 거치기는 했지만 이후 노동자들이 제 몫을 찾고자 하면서 노조 조직율이 높아지고 심각한 노사 분쟁도 발생했다. 노조 활동이 활발해지면서 미국 기업은 노동자들의 급여와 근로 조건을 향상하게 되었고 노동 관련 법규들을 정비하는 계기가 되었다.

노동 소외나 노사 문제 같은 문제가 나타나기는 했지만 1970년대까지 테일러리즘은 미국 기업의 사람관리의 기본 철학으로서 공고한 위치를 차지하고 있었다. 1970년대까지 미국 기업은 글로벌 시장에서 독점적 지위를 누리고 있었고 소비자 성향은 동질적이며 기술 발전 속도도 상대적으로 느렸다. 따라서 미국 기업은 안정적 시장 환경에서 동일한 제품을 대량 생산·판매하는 전략을 추구했고, 규모의 경제를 통해 생산 원가를 얼마나 효율적으로 절감하느냐에 따라 기업의 이윤이 결정됐다. 생산성 향상과 비용 효율성을 높이는 데 강점을 가진 테일러리즘은 당시에 가장 효과적인 사람관리 모델로 인식됐다.

하지만 1980년대 경쟁 환경의 변화와 함께 테일러리즘은 근본적인 한계를 드러내게 된다.[9] 1970년대 미국 경제는 오일 쇼크 이후 침체기에 접어들었고, 미국 기업의 하청 기업이던 일본과 유럽의 기업들이 미국 시장에 본격적으로 진출하면서 경쟁이 격화됐다. 정보 기술 혁명의 도래와 함께 기술 변화의 속도도 빨라졌고, 미국 경제의 풍요로운 시대를 경험한 베이비붐 세대를 중심으로 소비자들의 욕구도 점차 다양화됐다. 경쟁 환경이 좀 더 역동적으로 변하면서 기업의 혁신과 변화 능력이 점차 중요해졌다.

테일러리즘은 생산성을 높이는 데 효과적이긴 하지만 직원들이 맡은 일에만 집중하도록 하는 까닭에 새로운 사고, 즉 창의성을 발휘할 기회가 적다. 각 개인의 업무에만 집중하도록 하기에 협업을 통해 집단 창의성을 발휘하기 어려운 구조이기도 하다. 더구나 1980년대 미국 경제가 침체기를 맞으면서 기업들은 대규모 구조 조정을 단행했다. 이 일은 직원들의 불안감을 증폭시키고 직무와 조직에 대한 몰입을 감소시키는 역효과를 가져왔다. 테일러리즘은 사람과 직무의 적합성을 강조하니 변화를 추구하려면 기존 직원들을 대체할 수밖에 없었다. 따라서 직원들의 위험 회피적 행동이 심화되고 이는 곧 직원들의 창의성과 기업의 혁신 능력에 부정적 결과를 끼칠 수밖에 없었다. 결국 테일러리즘은 안정적 환경에서 효율성과 생산성을 극대화하는 데는 장점이 있지만, 역동적 환경에서 창의성과 혁신을 이끌어내는 데는 한계를 드러냈다.

1980년부터 학계에서도 테일러리즘의 한계를 지적하는 실증 연구 결과들이 봇물처럼 쏟아졌다. 단기 성과와 통제를 강조하는 테일러리즘은 직원들의 고몰입과 헌신을 이끌어내지 못함으로써 조직 성과와 혁신에 부정적인 영향을 끼친다는 결과가 대부분이었다. 특히 학계는 이 시기 테일러리즘의 대안으로 일본 기업들의 사람관리 모형(몰입형 혹은 참여형)에 주목하기 시작했다.[10] 하지만 일본 기업의 사람관리 모형이 미국 기업의 지배적인 사람관리 모형으로 확산되지는 못했다. 대신 2000년대 이후 미국에서는 실리콘밸리 기업들을 중심으로 새로운 사람관리 패러다임(스타형)이 등장했다.

03

내부노동시장형: 충성심이 높은 조직인

우리에게 디즈니 영화와 테마파크 디즈니랜드로 잘 알려진 월트 디즈니는 전 세계에 15만 명 이상의 직원을 고용하고 있다. 2018년 한 해 590억 달러의 수익을 내는 글로벌 미디어와 엔터테인먼트그룹이기도 하다.

월트 디즈니가 운영하는 휴양 시설 중 전 세계적으로 가장 유명한 곳은 미국 플로리다주 올랜도 부근에 위치한 디즈니월드다. 디즈니월드는 신데렐라성으로 유명한 매직 킹덤, 실험적 미래 도시인 에프코트, 영화 촬영 장면을 직접 보거나 체험할 수 있는 할리우드 스튜디오, 애니멀 킹덤 같은 테마파크와 골프장, 호텔, 레스토랑, 물놀이 공원 등으로 구성된 세계 최대 규모의 휴양 시설이다.

디즈니월드는 미국에서 단일 사업장으로는 가장 많은 5만 4,000명의 직원을 고용하고 있다. 일반 놀이공원을 떠올리면 디즈니월드에도 아르바이트생 같은 비정규직 인력이 많고 이직률 또한 매우 높다고 생각할 수 있다. 하지만 디즈니가 직원을 관리하는 방식은 일반적으로 생각하는 것과 상당히 다르다.[11] 일단 직원 이직률이 연평균 20% 이하다. 80% 정도의 직무가 내부 인력으로 충원되며 20%만을 외부에서 경력직으로 채용한다. 일정 근무 기간을 채운 직원들에게는 특별 보너스를 지급하며 모든 직원에게 다양한 할인 혜택을 부여한다. 채용 과정에서 지원자의 디즈니 문화와의 적합성을 강조하고, 친절하고 외향적인 인성과 서비스 자질이 있는 사람을 선발한다. 입사 후에는 디즈니 문화에 동화되고 서비스 역량을 향상시킬 수 있는 다양한 교육 훈련을 제공받는다.

충성심과 일체감을 조성하는 내부노동시장 모델

디즈니의 직원 관리 방식은 한마디로 필요한 인력을 외부보다 내부에서 조달하고 직원들의 충성심을 강화하는 데 초점을 두고 있다. 디즈니가 직원을 관리하는 방식은 우리에게 꽤 친숙하다. 한국 기업은 전통적으로 신입 사원을 채용해 내부에서 이동과 승진을 통해 필요한 인력을 충원하고 근속 기간에 따라 승진과 보상을 결정하며, 직원들이 조직에 일체감을 갖도록 사회화와 사내 교육 훈련을 하면서 직원들에게 평생직장을 제공해왔다. 학계에서는 이런 사람관리 방식을 내부노동시장Internal Labor Market이라 부른다. 내부노동시장은 외부시장과 구별되는 개념으로 내부로부터 필요한 인력을 조달하는 사람관리 모델이다.

한 기업에서 내부노동시장이 발달하는 이유는 일차적으로 기업이 필요로 하는 지식과 기술을 외부시장에서 확보하기 어려운 노동시장 구조와 밀접한 관련이 있다. 디즈니월드에서 가장 유명한 매직 킹덤은 디즈니가 제작한 영화 속 캐릭터와 장면들로 구성된 테마파크다. 전 세계에서 매년 2,000만 명 이상이 매직 킹덤을 찾는데 고객들은 그곳에서 미키 마우스, 신데렐라, 백설 공주, 피터 팬, 라푼젤, 엘사 같은 만화 영화 속 주인공들을 직접 만날 수 있다. 〈캐리비안의 해적〉이나 〈신데렐라〉 같은 영화 속 장면들을 직접 경험할 수 있다고도 생각한다. 그런데 신데렐라 캐릭터를 연기하는 일은 오직 매직 킹덤에만 존재한다. 그 일을 외부에서 경험한 사람을 찾는 것은 거의 불가능하다. 따라서 디즈니는 신데렐라 캐릭터 같은 기업 특유의 직무를 수행할 인력을 내부에서 육성할 수밖에 없다.

한국 기업이 내부노동시장에 의존할 수밖에 없었던 이유도 가부장적 유교주의 문화의 영향이 있었지만, 일차적으로는 급속한 경제 성장기에 외부노동시장이 발달되지 않았기 때문이다.[12] 1960년대 경제 개발과 함께 한국 기업들은 일본 기업의 경영 방식을 도입하기 시작했다. 이 과정에서 내부 승진과 연공서열에 기반을 둔 승진과 보상, 종신 고용 같은 내부노동시장이 나타나게 됐다. 이후 1970년대 고도성장기를 거치면서 노동 공급이 부족해지고 기업 간 성장 격차로 인한 종단적 노동시장 구조가 발달하면서 대기업을 중심으로 내부노동시장이 발전하게 됐다. 1980년대 한국기업들이 다각화를 통해 규모의 성장을 꾀하면서 그룹 차원에서인력을 채용하고 계열사의 인력 수요에 따라 필요한 인력을 배치하고 공유하는 내부노동시장이 더욱 공고해지게 된 것이다.

기업이 필요한 인력을 내부에서 육성하고 유지하려면 독특한사람관리 제도를 필요로 한다.[13] 내부노동시장은 필요한 인재를 외부시장에서 확보할 수 없으므로 기초적인 소양과 자질을 갖춘 신입 사원들을 채용하고 교육 훈련을 통해 기업 특유의 지식과 기술을 습득하도록 교육해야 한다. 디즈니는 '태도를 보고 채용하라, 기술은 익히면 된다Hire for attitude, train for skill'라는 독특한 채용 정책을유지하고 있다.

직원들이 해당 기업이 보유한 특유의 지식과 기술을 체화하도록 하려면 인센티브를 제공해야 한다. 디즈니에서 신데렐라 캐릭터를 연기하는 직원은 해당 직무에서 필요한 지식과 기술을 습득하는 과정에서 의문을 가질 수 있다. 신데렐라 캐릭터는 나이가 들어서도 할 수 있는 일이 아니다. 더구나 신데렐라 캐릭터를 연기하는업무를 수행하기 위해서 학습한 지식과 기술은 다른 조직에서 활용할 수 없다. 따라서 신데렐라 캐릭터 역할을 할 수 없는 나이가됐을 때 회사가 고용을 보장하지 않는다면 해당 직원은 기업 지식과 기술을 학습할 욕구가 낮아질 수밖에 없다. 결국 직원들이 기업 특유의 지식과 기술을 체화하도록 하려면 직원들이 나이가 들더라도 고용을 보장하겠다는 약속을 해야 한다. 내부노동시장에서 직원들이 기대하는 가장 큰 인센티브는 바로 고용 안정Employment security이다.

직원들의 고용을 보장하면 기업도 고민이 생긴다. 직원이 신데렐라 캐릭터 업무를 수행할 수 없는 나이가 됐을 때 그 직원에게 어떤 업무를 맡길 것인가 하는 문제다. 이전에 학습한 지식과 기술을 활용할 수 없는 업무를 맡기는 것은 비효율적이다. 직원이 보유한 이전 지식과 기술을 활용할 수 있는 업무를 맡기는 것이 이상적이다. 그래서 기업은 각 직원들의 경력 단계별로 맡아야 하는 업무의 순서, 즉 경력 사다리를 설계해야 한다. 내부노동시장을 운영하는 기업은 개인의 경력을 설계하고 관리해야 한다.

내부노동시장에 진입한 직원들은 기업이 설계한 경력 사다리를 따라 이동과 승진을 하면서 다양한 업무를 맡게 된다. 조직이 요구하는 다양한 업무를 맡으려면 각 업무의 전문성도 중요하지만 직원들이 조직에 대한 일체감이 있어야 한다. 조직이 부여한 어떠한 업무도 기꺼이 소화할 수 있고 다른 조직에서는 활용할 수 없는 지식과 기술을 신속히 학습하려면 조직을 위해서 헌신한다는 마음가짐과 책임 의식이 있어야 한다. 따라서 내부노동시장에 의존한 기업들은 직원들이 조직문화를 이해하고 동화될 수 있도록 신입사원 때부터 오리엔테이션을 포함한 다양한 사회화 프로그램을 제공한다.

예를 들어 매직 킹덤에 채용된 신입 사원들은 2~3일 정도의 교육만 받은 후 바로 현장에 투입할 것이라는 일반적인 인식과 달리 디즈니의 전통, 티켓 판매, 고객 서비스에 대해 상당 기간 동안 교육을 받는다.[14] 재직 중인 직원들도 수시로 월드 디즈니의 역사와 꿈에 대한 교육을 받으면서 자신의 꿈과 경력을 되돌아볼 수 있도록 한다.

기업이 설계한 경력 사다리를 따라 이동하면 직원들은 자연적으로 근무 기간에 비례해 기업 특유의 지식과 기술을 보다 많이 축적하게 된다. 부장은 과장보다, 5년 차 직원은 1년 차 직원보다 기업 특유의 지식과 기술을 더 많이 보유하고 있다는 얘기다. 따라서 내부노동시장을 운영하는 기업에서는 연공서열에 따라 직원의 승진과 보상을 결정하는 것이 자연스럽다.

내부노동시장을 운영하는 기업에서 직원의 퇴사는 많은 비용을 수반한다. 동일한 수준의 기업 특유의 지식과 기술을 습득하는 데는 시간과 노력이 꽤 든다. 따라서 직원들의 충성심을 확보하는 것이 매우 중요하다. 오리엔테이션과 사회화 과정은 직원들의 의식 속에 조직과 개인 간에 일체감을 갖게 함으로써 충성심을 높인다. 고용 안정과 근속 연수에 비례해 증가하는 승진 기회와 임금 체계도 직원들이 이직에 따라 지불해야 하는 기회비용을 증가시킨다. 연공급과 연공서열에 따른 승진 제도는 직원들이 한 조직에 머물수록 그 조직에 대해 긍정적 태도를 갖게 되는 몰입의 상승효과 Escalation of commitment를 통해 직원들의 충성심을 강화한다. 결국 내부 승진, 고용 안정, 연공서열, 사회화 과정은 직원들의 조직에 대한 충성심과 일체감을 강화함으로써 기업 특유의 지식과 기술을 안정적으로 확보하고 유지하는 데 기여한다.

내부노동시장을 구성하는 요소에 관한 견해는 학자마다 조금씩 다르다. 그러나 설명한 것처럼 내부노동시장은 공통적으로 신입 사원 중심의 채용과 내부 충원, 근속 기간에 기반을 둔 승진 및 보상, 조직 사회화와 기업 특유의 지식과 기술 습득을 위한 교육 훈련, 고용 안정을 포함한다. 내부 승진, 고용 안정, 연공서열에 기반을 둔 승진과 보상 관행들은 점차적으로 조직 내에서 공식적 혹은 비공식적 절차와 규범, 위계적인 질서를 강화함으로써 수직적 구조와 관료적 문화의 출현을 야기하게 된다. 상사는 부하 직원보다 기업 특유의 지식을 더 많이 보유하고 있어 명령을 내릴 정당한 권한을 부여받게 되고, 동일한 사람들이 지속적으로 교류하는 과정에서 전통이 강조되고 비공식적 절차와 규범이 발달하게 된다.

내부노동시장 모델의 성과

1997년 경제 위기 이후 많은 한국 기업은 전통적인 내부노동시장 모델이 시대에 뒤떨어진다는 인식을 가지게 됐다. 하지만 내부노동시장은 외부노동시장에 비해 독특한 장점이 있다. 앞서 언급한 바와 같이 내부노동시장은 일차적으로 외부에 풍부한 노동력이 부족한 경우, 기업 특유의 지식과 기술에 의존하는 경우 안정적으로 인력을 확보할 수 있다. 또한 내부노동시장 모델은 장기적인 고용 관계를 구축한 덕분에 직원들의 역량, 태도, 행위에 대해 상사와 기업이 충분한 정보를 가지고 있다. 외부 인력을 채용할 때 지원자와 고용주 간의 정보의 비대칭성으로 인한 역선택Adverse selection 문제가 발생할 수 있는데, 기업과 상사가 직원들의 역량과 특성을 잘 이해하고 있어 채용과 평가 과정에서 정보 비대칭성의 문제가 줄어들 수 있다. 따라서 내부노동시장은 인력 배치와 활용을 효율적으로 할 수 있다.[15]

내부노동시장의 가장 큰 장점은 아무래도 내부 직원들의 충성심으로부터 나온다. 충성심은 한마디로 직원들이 조직에 '무한대의 의무감Unlimited obligation'을 갖고 있다는 것을 의미한다. 조직의 성공을 위해 직원들은 어떠한 희생도 감수할 준비가 돼 있다. 자원과 기술이 부족한 한국 기업이 지금까지 성장해올 수 있었던 비결이 무엇인지를 물으면 표현의 방식은 다르지만 대부분의 경영자와 직원은 직원들의 충성심과 희생 덕분에 가능했다고 말한다. 내부노동시장은 직원들에게 평생직장을 보장하는 대가로 충성심을 확보함으로써 성장하는 모델이라 할 수 있다. 장기 고용과 연공서열을 강조하는 내부노동시장은 기업 활동의 예측 가능성을 높인다. 예를 들면 과장의 5년 후 모습은 부장이며 5년 전 모습은 대리라 할 수 있다. 직원들이 서로를 잘 이해하고 있고 조직에 관해 일체감을 갖고 있어 직원들은 조직 목표를 향해 일사분란하게 움직인다.

이러한 내부노동시장의 강점은 한국 기업들이 성장기나 성숙기 시장에서 경쟁자보다 빠르게 시장 기회를 포착하고 구성원들의 충성심과 헌신에 기반해 공정 효율성과 스피드를 확보하는 데 기여했다. 새로운 시장 기회를 발견하는 고부가 가치 사업보다 문제가 명확한 저부가 가치 시장에서 한국 기업들은 가장 빠르고 효율적으로 문제를 해결해가는 빠른 추격자 전략Fast follower strategy 을 추구했으며, 내부노동시장은 직원들의 충성심과 일체감을 강화함으로써 이러한 전략 실행을 뒷받침해줬다.

내부노동시장 모델의 한계

글로벌 경쟁이 본격화되는 1990년대 이후 한국 기업들이 고민했던 것처럼 내부노동시장은 몇 가지 잠재적 한계를 내포하고 있다. 노동비용 상승의 문제를 들 수 있다. 연공급 체계는 직원들의 근속 연수가 증가하면서 임금이 증가하는 구조라서 시간이 흐를수록 노동비용이 상승한다. 근속 연수의 증가에 따라 개인의 역량도 상승하지만 많은 연구 결과가 보여주듯 개인 역량은 근속 연수에 정비례로 증가하지 않는다. 성장기에는 노동비용 상승이 큰 문제가 되지 않는다. 한국 기업들은 경제 성장기에 두 자릿수에 가까운 고도성장을 구가했으므로 내부노동시장을 유지하는 데 필요한 비용, 즉 내부적으로 인력을 육성하고 연공에 따라 보상을 하며 고용 안정을 유지하는 데 필요한 비용을 충분히 감당할 수 있었다.

하지만 성장이 정체기에 들어서면 인건비 상승 문제는 심각한 이슈가 될 수 있다. 1990년대 들어 국내 노동자들의 명목 임금이 매년 평균 10%가량 상승하면서 한국 기업들은 연공서열주의에 의한 인건비 부담을 떠안게 됐다.

내부노동시장 모델의 가장 큰 단점은 직무성과주의와 마찬가지로 기업 혁신과 변화를 어렵게 한다는 점이다.[16] 기업 혁신은 제품, 서비스 혹은 조직 프로세스 영역에서 새로운 아이디어를 창출하고 이를 실행해 상업화하는 과정이다. 기업의 혁신을 위해서는 일차적으로 새로운 지식과 아이디어를 조직 내에 유입해야 한다. 이를 위해 직원들의 창의적 활동을 지원하거나 새로운 인력 또는 기술을 외부로부터 확보해야 한다. 또한 개별 직원들이나 부문들이 보유하고 있는 지식들을 서로 공유하고 결합할 때 조직 내 지식 자산이 지속적으로 확대할 수 있고 창의적 아이디어를 효율적으로 실행할 수 있다. 새로운 지식을 확보하는 것과 관련된 조직 역량을 흔히 탐색 역량Exploration capacity 혹은 잠재적 흡수 역량Potential absorptive capacity이라 한다. 확보한 지식을 응용하고 활용하기 위해 요구되는 조직 역량은 활용 역량Exploitation capacity 혹은 실현된 흡수 역량Realized absorptive capacity이라 한다. 따라서 기업 혁신을 촉신하려면 기업은 두 가지 역량을 동시에 갖춰야 한다.[17]

하지만 위계와 절차를 강조하는 내부노동시장 모델은 기업의 실행 능력 향상에 기여하는 반면, 탐색 역량 축적을 어렵게 한다. 구체적으로 내부노동시장 모델의 위계와 공식적·비공식적 절차와 규정은 구성원들의 행동과 사고를 획일화하는 경향이 있다. 부하직원은 항상 상사보다 똑똑할 수 없다는 생각이 지배적이고 모든 사고와 행동은 위계와 규범, 절차를 따라야 한다는 경직된 구조와 문화가 형성된다. 따라서 직원들의 창의적 사고는 제약을 받을 수밖에 없다.

내부노동시장은 내부 구성원 간 결속력을 강화하는 긍정적 효과가 있는 반면, 외부 인력에 대해 배타적 태도가 형성되도록 한다. 따라서 내부노동시장에 의존하는 기업들은 신규 사업을 영위하고 변화를 시도하기 위해 외부 인력을 영입하거나 다른 회사를 인수했을 때 기존 직원과 새로운 직원들 간의 통합에 어려움을 겪는다. 결국 내부노동시장은 조직 경직성을 야기함으로써 기업이 환경 변화에 효과적으로 대처하지 못하도록 한다. 우리 기업들도 대량 생산과 공정 효율성 향상을 통해 가격 경쟁력을 확보하는 전략이 글로벌 시장에서 점차 한계에 봉착하고, 기술 혁신과 변화가 점차 가속화되면서 내부노동시장에서 탈피하려는 경향이 가속화되고 있다.

04

스타형:
창의적이며 탁월한 인재

"1명의 천재가 1만 명을 먹여 살린다"는 모 그룹 회장의 말이 한때 회자된 적이 있다. 스티브 잡스도 살아생전에 "세상에는 오직 똑똑한 사람과 우둔한 사람Smart or stupid, 두 종류의 사람만이 존재한다"고 말하곤 했다. 뛰어난 인재를 확보하고 유지하는 일이 얼마나 중요한지 강조한 말들이다.

4차 산업혁명의 도래와 함께 기업들은 그 어느 때보다 뛰어난 인재를 확보하기 위해 치열한 경쟁을 하고 있다. 많은 기업은 내부적으로 핵심인재를 선발하고 육성하는 제도를 운영하고 있다. 하지만 경영자들에게 자신의 회사가 과연 얼마나 뛰어난 인재를 체계적으로 확보하고 관리하고 있는지 물으면 회의적인 반응이 적지 않다.

핵심인재 관리의 함정

핵심인재의 영어 표현은 무엇일까? 아마도 Key employee 혹은 Core employee라고 답할 것이다. 하지만 핵심인재에 가장 걸맞는 영어 표현은 High potential이다. 성장 잠재력을 지닌 인재를 의미한다. 핵심인재는 고성과자High performer와 다르다. 과거의 성과가 미래의 성과를 예측하는 데 어느 정도 도움을 주기는 하지만 과거에 우수한 성과를 낸 직원이 반드시 미래 성장 잠재력을 갖추고 있다고 볼 수는 없다. 대부분의 기업은 직원 평가에서 업적 고과와 역량 고과를 구분한다. 과거의 업적과 미래의 성장 역량 간에 차이가 있다는 사실을 인지하고 있다. 하지만 핵심인재를 선발하고 관리할 때 기업들은 종종 업적, 즉 과거의 성과에 초점을 둔다. 구글의 전 인사 담당자인 라즐로 복이 말한 것처럼 "백미러를 보고 운전을 하는 우"를 범하고 있다.

핵심인재를 관리하는 과정에서 기업들이 흔히 간과하는 또 다른 문제는 바로 핵심인재와 다른 직원들 간의 잠재적 갈등이다. 기업들이 핵심인재를 관리하는 대표적인 방식은 크게 두 가지다. 하나는 해당 직무에서 성과가 어느 정도 입증됐다고 판단되는 직급, 예를 들어 대리부터 부장급에 속하는 직원들 중 업무 성과가 뛰어난 직원을 선발해 핵심인재 풀을 구성하고 이들에게 별도의 교육과 패스트 트랙을 통해 다른 직원들보다 빠른 승진 기회를 부여하는 방식이다. 다른 하나는 외부에서 탁월한 명성을 쌓은 경력자를 영입하는 방식이다.

이런 핵심인재 관리 방식에 대해 다른 직원들은 어떤 반응일까? 패스트 트랙을 통해 핵심인재를 다른 직원들보다 빨리 승진시키는 경우 다른 직원들은 어떤 생각을 할까? 오랫동안 내부에서 경력을 쌓은 직원들을 제치고 외부에서 명성을 쌓은 경력자가 상위 직책으로 영입되면 내부 직원들은 어떤 반응일까? 다른 직원들은 이런 핵심인재들이 뛰어난 성과를 통해 회사를 성공시킬 수 있다는 희망을 가질까? 아니면 상대적 박탈감을 느낄까?

많은 연구에 따르면, 뛰어난 인재에 대해 평범한 직원들은 상반된 태도를 가질 수 있다.[18] 문제는 핵심인재 풀에서 배제된 다른 직원들이 상대적 박탈감을 느끼는 경우다. 이 경우 핵심인재들은 업무 수행 과정에서 다른 직원들의 도움과 협력을 기대하기 어렵다. 더 심각하게는 두 집단 간에 갈등이 일어날 수도 있다.

핵심인재와 다른 직원들 간에 갈등이 드러나면 대개 평범한 인재가 아닌 핵심인재들이 조직을 이탈하는 경향이 있다. 뛰어난 인재들은 찾는 곳이 많고 그만큼 갈 곳도 많다. 반면 평범한 직원들은 회사가 싫더라도 옮겨갈 곳이 적다. 따라서 핵심인재와 평범한 직원들 간에 갈등이 격화되면 갈 곳이 많은 핵심인재들은 회사에 회의를 느끼고 떠나게 된다. 한마디로 배수진을 치고 싸우는 평범한 직원들이 퇴로가 있는 뛰어난 인재를 밀어내는 현상이 발생한다. 그 결과 내부에서 육성한 혹은 외부에서 영입한 핵심인재들이 몇 년 후에 해당 조직에 없는 경우가 적지 않다.

옵션형 사람관리 모델

그렇다면 핵심인재를 어떻게 선발하고 관리해야 할까? 전 세계에서 가장 뛰어난 인재들이 모인다는 실리콘밸리 기업들을 들여다보면 해답을 찾을 수 있다.

파괴적 혁신을 주도하고 시장을 선도하는 구글, 애플, 페이스북, 넷플릭스, 아마존 등은 4차 산업혁명 시대 혁신의 아이콘으로 인식되고 있다. 구글의 전 인사 담당인 라즐로 복이 "전략이 문화를 결정하기보다는 문화가 전략을 결정한다"고 강조한 것처럼 실리콘밸리 기업들은 사람과 문화를 관리하는 데 상당한 시간과 노력을 투자하고 있다.

또한 독특한 방식으로 사람과 문화를 관리한다. 실리콘밸리 기업들이 사옥을 구글 캠퍼스, 애플 캠퍼스와 같이 캠퍼스로 칭하는 데서 볼 수 있듯 그들이 표방하는 기업문화는 한마디로 '대학 같은 기업'이다. 실리콘밸리의 창업자들 대부분이 대학 외의 조직에서 일한 경험이 없다는 점도 영향이 있겠지만, 대학은 인류 역사에서 창의성과 새로운 지식이 항상 넘쳐나는 조직이다. 따라서 창의성과 혁신을 모토로 하는 실리콘밸리 기업들이 '대학 같은 기업'이 되고자 하는 것은 아주 당연하다.

대학과 실리콘밸리 기업의 공통점은 사람이 전부라는 것이다. 전통적인 제조업과 달리 소프트웨어 기업은 시설이나 장비가 아닌 사람이 전적으로 성과를 결정한다. 대학과 실리콘밸리 기업은 공통적으로 평범한 인재가 아닌 능력이 뛰어난 소수의 스타 인재가 혁신과 변화를 주도한다. 그만큼 뛰어난 인재를 확보하고 유지하는 데 남다른 집착을 보인다.

대학이나 실리콘밸리 기업처럼 뛰어난 인재에 의존해온 또 다른 조직들이 있다. 바로 로펌, 컨설팅회사, 회계법인, 병원 같은 전문가 조직이다.

나는 미국 로펌의 인사관리를 연구한 적이 있다. 전적으로 사람에 의해 성과가 결정되는 로펌은 언제나 뛰어난 인재들이 모이는 조직이라는 점에서 흥미롭다. 연구를 진행하면서 법률 서비스는 전통적으로 전문가 영역으로 간주된다는 사실을 발견하게 됐다. 따라서 전통적으로 대형 로펌들은 법률적 지식이 부족한 기업보다 언제나 시장에서 우월한 위치에 있었다.

앉아서 고객을 기다리면서 자신들이 내세울 수 있는 독특한 서비스를 고객에게 일관되게 제공하는 방식으로 대형 로펌들은 사업해왔다. 하지만 기업의 규모가 커지고 경영 활동이 날로 복잡해지면서 새로운 법률 서비스에 대한 요구가 늘어나고 있었다. 기업들은 다양한 법률 문제에 신속하게 대응하기 위해 내부 법무 인력을 확대해왔다. 그 결과 대형 로펌들은 이전처럼 시장에서 우월한 지위를 누릴 수 없게 됐다. 결국 고객이 원하는 새로운 서비스를 지속적으로 개발하고 새로운 고객을 찾는 노력이 중요해졌다. 법률 시장에서도 혁신과 변화의 필요성이 높아졌고, 이에 대응하려면 로펌들은 신규 사업 모델과 그와 연계된 새로운 인재 관리 모델을 찾을 수밖에 없었다.[19]

수십 명의 변호사들을 인터뷰하고 100개가 넘는 로펌들로부터 자료를 수집해 연구를 진행한 결과, 나는 혁신 능력이 뛰어난 로펌과 그렇지 않은 로펌 사이에 인재를 관리하는 방식에 확연한 차이가 있다는 사실을 발견했다. 혁신적인 로펌들이 채택한 사람관리 모델을 옵션형 사람관리Options-based HRM라 명명할 수 있는데, 이 모델은 놀랍게도 현재 실리콘밸리 기업들이 추구하고 있는 사람관리 모델과 유사하다.[20] 결국 대학, 전문가 조직, 실리콘밸리 기업같이 혁신과 창의성을 추구하는 조직에서 옵션형 모델은 뛰어난 인재를 관리하는 효과적인 모델이라 할 수 있다.

옵션형 사람관리 모델을 이해하려면 옵션의 성격을 이해해야 한다. 옵션은 미리 정해진 조건에 따라 일정한 기간 내에 상품이나 유가 증권 등의 특정 자산을 사거나 팔 수 있는 권리를 의미한다. 어떤 기업의 주식을 정해진 시점에서 살 수 있는 옵션을 보유하는 것과 해당 기업의 주식을 보유하는 것은 몇 가지 점에서 차이가 있다. 먼저 주식 보유자는 원할 때면 언제든지 주식을 사고팔 수 있다. 하지만 옵션은 사전에 정해진 시점 이전에는 원칙적으로 사거나 팔 수 없다. 일반적으로 옵션 행사 시점은 중장기 시점에서 결정된다.

다음으로 내일 주가는 주식 보유자의 매매 의사 결정에 영향을 끼칠 수 있다. 내일 상한가까지 가격이 오르면 해당 주식 보유자는 팔아서 이득을 얻을지 더 가격이 오르기를 기다려야 할지 결정해야 한다. 하한가까지 가격이 떨어지면 빨리 팔아서 손실을 최소화해야 하는지 더 기다려야 하는지를 말이다. 하지만 옵션 보유자에게 행사 시점 이전에 주가가 얼마인가는 중요하지 않다. 해당 주식이 내일, 일주일, 심지어 1년 후에 얼마가 될 것인지 관심을 둘 필요가 없다. 옵션 보유자에게는 행사 시점에 주가가 얼마가 되느냐가 중요하다. 따라서 옵션은 현재 가치보다 미래 가치에 초점을 둔다.

마지막으로 주식 수익률은 주가에 비례한다. 주가가 90만 원인 경우 50만 원인 경우보다 주식 보유자는 80% 더 높은 수익을 얻는다. 하지만 옵션은 행사 시점이 도래했을 때 행사 가격보다 주가가 높을 때만 수익을 낸다. 주가가 행사 가격보다 낮다면 주가가 얼마든 수익은 0이다. 예를 들어 100만 원의 주식을 살 권리를 가진 콜옵션을 보유하고 있는 경우, 해당 주식의 가격이 50만 원이든 90만 원이든 옵션 보유자는 주식을 매수하지 않을 것이다. 옵션은 휴지가 되고 수익은 0이 된다. 주가가 행사 가격인 100만 원을 넘는 경우에만 옵션을 행사해 수익을 얻을 수 있다.

옵션은 행사 시점이 정해져 있고 현재 가치보다 미래 가치가 중요하며 행사 시점에서 사전에 정해진 조건보다 유리한 조건으로 주식을 매매할 수 있을 때만 행사할 수 있다. 옵션형 사람관리 모델은 이런 옵션의 특성을 반영해 직원을 관리한다. 직원을 하나의 옵션으로 보기 때문에 단기 성과가 아니라 장기적인 관점에서 최고의 가치를 가지는 인재를 확보하고 육성하는 데 초점을 둔다. 옵션형 모델의 최종 목표는 잠재력을 가진 인재를 선발하고 육성해 미래의 기업 성과를 책임질 스타 인재를 만들어내는 데 있다. 따라서 옵션형 모델은 '스타형' 사람관리 모델이라고도 명명할 수 있다.

최고 인재 선발

스타형 사람관리 모델은 기업의 성패는 일차적으로 뛰어난 인재를 확보하는 데서 결정된다고 가정한다. 따라서 평범한 인재의 채용을 거부하고 극단적으로 똑똑한 인재를 확보하는 데 집중한다. 예를 들어 구글은 평범한 인재를 교육 훈련을 통해 뛰어난 인재로 만드는 것은 불가능하며, 다른 기업들이 교육 훈련에 얼마나 투자를 했는지 자랑하는 것은 무의미하다고 주장한다.[21] 대신 채용에 가장 많은 시간과 노력과 돈을 투자하며 최고의 직원을 채용하기 위해 회사 직원 대부분이 한 주에 4시간에서 10시간을 채용 과정에 할애하도록 하고 있다.

아마존은 직원들에게 '나보다 더 나은 직원'을 선발하도록 한다. 넷플릭스는 위대한 회사는 적절한 성과를 내거나 충성심이 높은 혹은 단순히 열심히 일하는 직원이 아니라 오직 비범한 동료 Stunning colleague에 의해서만 만들어지며, "최고의 동료들과 일할 수 있는 환경을 만들어주는 것이 최고의 복지"라고 말한다. 미국의 대형 로펌이나 컨설팅펌 같은 전문가 조직들도 전통적으로 소수의 명문 대학 졸업생 대상으로 리크루팅을 한다.

평범한 인재에 비해 뛰어난 인재는 흔하지 않다. 오보일과 앵귀니스는 학자, 연구자, 정치인 등의 다양한 직업군을 대상으로 개인의 성과 분포를 분석한 결과, 뛰어난 인재는 전체의 20% 정도라는 사실을 밝혀냈다.[22] 따라서 스타형 모델을 추구하는 기업들은 공통으로 뛰어난 인재를 찾기 위해 상당한 시간과 노력을 투자한다. 인재를 기다리는 것이 아니라 인재를 찾아 나서는 적극적인 채용 전략을 사용한다.

마이크로소프트는 1990년대부터 100명 이상의 채용 전담가를 뒀다.[23] 채용 전담가들은 마치 프로 스포츠팀의 전문 스카우터들처럼 전 세계를 돌며 뛰어난 인재들을 발굴하려 노력한다. 뛰어난 인재는 대개 시장에 나와 있지 않다. 대신 다른 기업에서 일하고 있을 확률이 높다. 각 분야의 최고 인재들이 어디에 있는지 누구보다 잘 알고 있는 사람들은 해당 분야의 직원들이다. 따라서 최고의 인재를 찾으려면 직원들의 적극적인 추천을 거쳐야 한다. 결국 스타형 모델을 채택한 기업에서 인재를 채용하는 일은 단순히 인사 부서만의 책임이 아니며 모든 관리자와 직원의 책임이 된다.

스타형 모델에서 찾는 최고의 인재는 어떤 사람일까? 직무성과주의는 채용 과정에서 지원자가 당장 업무에 활용할 수 있는 지식, 경험, 스킬을 어느 정도 보유하고 있는지를 중요시한다. 직원의 현재 가치에 초점을 둔다. 반면 스타형 모델은 직원을 옵션으로 가정하므로 단기적 성과보다는 장기적으로 성과를 낼 수 있는 잠재력, 즉 미래 가치에 초점을 둔다. 잠재력이란 지속적으로 변하는 비즈니스 환경에 적응하고 도전하는 역할을 통해 성과를 낼 수 있는 능력을 의미한다. 올바른 동기The right kind of motivation, 호기심Curiosity, 통찰Insight, 몰입Engagement, 결단력Determination 등을 포함한다.[24]

잠재력이 높은 직원은 한마디로 창의적인 인재다. 개인의 창의성은 전통적인 선발 과정에서 강조해온 업무 경험, 지능, 학력과 반드시 비례하지 않는다. 업무 경험이 쌓이면 업무와 관련된 지식과 스킬은 향상된다. 하지만 창의성은 지속적으로 변하는 환경에서 새로운 관점에서 문제를 바라보는 역량이기 때문에 특정 직무에서의 경험이 증가한다고 반드시 높아지지 않는다. 때로는 업무 경험이 쌓이면서 개인은 과거의 성공 법칙이나 문제 해결을 위한 특정한 인지적 프레임에 사로잡혀 새로운 사고를 받아들이지 못할 수 있다. 따라서 스타형 사람관리 모델을 채택한 기업들은 지원자의 미래 가치에 초점을 두고 경력직 사원뿐 아니라 잠재력을 갖춘 신입 사원을 발굴하려고 노력한다.

지능은 기존 지식과 절차를 빠르게 습득하는 능력이며 정형화된 직무에서 개인의 성과를 예측하는 데 유효한 지표가 된다. 직무성과주의에서 지능과 성격을 측정하는 직무적성검사를 보편적으로 쓰는 이유다. 하지만 지능은 정형화되지 않은 업무의 경우 지식과 절차를 모르는 상황에서 문제를 해결하는 능력, 즉 창의성을 예측하는 데 한계가 있다. 지능과 창의성 관련 연구 결과들에 따르면, 지능은 일정 수준(IQ 120)까지는 창의성과 관련 있지만 일정 수준을 넘어서면 상관관계가 없다고 밝히고 있다.[25] IQ 120인 사람은 IQ가 100인 사람보다 창의적일 가능성이 높지만, IQ가 140인 사람이 IQ 130인 사람보다 반드시 창의적이지는 않다.

로펌, 컨설팅펌 같은 전문가 조직들은 전통적으로 소수의 명문대학 졸업자만 채용해왔다. 마이크로소프트나 인텔 같은 회사들도 상위 5% 대학의 졸업자만 채용하고 있었다. 하지만 실리콘밸리 기업들은 점차 출신 학교가 개인의 창의성을 예측하는 데 한계가 있음을 인식하게 됐다. GE나 구글은 아이비리그를 평균 성적으로 졸업한 사람보다 주립대학을 수석으로 졸업한 사람을 선호한다고 공공연히 이야기한다. 구글은 몇몇 직책에서는 대학 교육을 전혀 고려하지 않는다고 선언했으며, 학교 성적도 시간이 지나면 개인의 역량을 평가하는 데 쓸모가 없다고 주장한다.

스타형 모델에서는 학력, 출신 학교, 직무 적성, 성적 같은 전통적인 선발 기준들은 한계가 있다. 따라서 스타형 모델을 추구하는 기업들은 전통적 선발 방식에서 벗어나 잠재력과 창의성을 가진 인재를 선발하기 위해 다양한 선발 방식을 시험하고 있다.

지금까지 개인의 창의성과 잠재력을 평가하는 데 가장 많이 쓰인 선발 도구는 면접이다. 최고의 인재를 뽑고자 하는 만큼 면접은 엄격한 과정을 거쳐 진행한다. 다양한 관점에서 지원자를 평가하기 위해 면접 과정에 채용 담당자뿐 아니라 해당 업무와 관련된 팀장과 동료들도 참여한다. 면접 질문도 업무와 관련된 경험과 지식보다는 개인의 창의성을 측정하기 위한 독특한 질문들로 구성된다.

컨설팅펌이나 투자회사 같은 전문가 조직에서 출제하는 머리를 쥐어짜는 질문, 즉 수수께끼 문제들Brainteasing questions이 대표적이다. 이를테면 서울 시내에 주유소는 몇 개인지, 엠파이어스테이트 빌딩에 동전을 쌓는다면 몇 개의 동전이 필요한지 같은 질문들을 제시한다. 이런 질문들은 정답을 맞히기보다 정답을 찾아가는 과정에서 지원자의 상상력과 논리력을 평가하는 데 초점을 둔다. 이런 수수께끼 문제들도 이제는 어느 정도 보편화돼버렸다. 지원자들이 사전에 충분히 준비할 수 있는데다가 업무와 직접적 관련성도 떨어진다는 비판이 제기되면서 기업들은 업무나 상황과 연계된 독창적인 질문들을 개발하기 위해 끊임없이 노력하고 있다.

스타형 모델을 추구하는 기업은 선발 과정에서 최고의 인재만 뽑기 위해 엄격한 면접 및 선발 프로세스를 운영한다. 이들은 S급이 아닌 A급 인재를 선발하면 다음에 A급은 다시 B급 인재를 선발하고, B급 인재는 다시 C급 인재가 뽑힐 가능성이 높다고 생각한다. 따라서 모든 직책, 하다못해 비서를 뽑을 때도 엄격한 선발 프로세스들을 거쳐 평균적인 인재들이 유입되는 것을 막는다.

구글은 한때 한 후보자당 스무 번 이상의 채용 면접을 보기도 했다. 아마존은 선발 면접에 참여한 직원 가운데 1명이라도 동의하지 않으면 후보자를 선발하지 못하도록 규정하고 있다. 마이크로소프트는 채용 면접을 보면서 면접자는 웬만하면 지원자를 뽑지 않겠다는 원칙No-hiring policy과 최종 선발 과정에서 다시 한 번 뛰어난 인재만 채용하기 위해 뽑고자 하는 숫자보다 항상 적은 인원을 채용하라는 원칙N-1 hiring을 사용한다.

도전적 목표와 인재 육성

잠재력이 있는 직원을 채용하고 나면 이들을 스타 인재로 육성하기 위한 노력을 투입해야 한다. 스타형 모델에서는 옵션 가치를 극대화하는 것처럼 직원 육성도 현재 필요한 역량이 아니라 미래에 활용할 수 있는 역량을 개발하는 데 초점을 둔다. 전통적으로 인적자원 전문가들은 학습 내용의 70%는 직무 경험을 통해, 20%는 코치나 멘토를 통해, 나머지 10%는 강의실 교육을 통해 습득해야 한다고 주장해왔다. 강의실의 학습 환경은 실제 업무 환경과 다르다. 업무 내용과 구조가 빠르게 변하는 환경에서 전통적인 강의실 교육

만으로는 상황 변화에 기민하게 대처하기는 더더욱 어렵다. 직원들은 고용 안정이나 높은 임금을 기대하는 반면, 뛰어난 인재일수록 자신의 경력에 대한 관심이 높고 역량을 개발할 수 있는 기회를 제공하는 회사를 선호한다. 따라서 스타형 모델에서는 직원들의 역량을 개발하기 위해 강의실 교육보다 '일을 통한 육성'을 강조한다.

일을 통해 뛰어난 인재를 육성하기 위한 방법으로 도전적 목표 Stretch goal는 매우 효과적이다. 도전적 목표는 현재 직원들이 가지고 있는 역량에 비춰 얼핏 달성하기 어려워 보이는 도전적이고 야심찬 목표를 말한다. 조직 행동 분야에서 가장 영향력 있는 이론인 목표 설정이론Goal-setting theory에 따르면, 직원들의 성과를 향상하고 역량을 개발하려면 구체적이고 어려운 목표를 제시해야 한다. 목표가 없거나 '최선을 다하라' '좀 더 스마트하게 일하라' '생산성을 높여라' 같은 일반 목표로는 직원들의 성취동기와 학습 의욕을 높일 수 없다. 물론 지나치게 어려운 목표는 직원들의 동기부여를 저하시킬 가능성이 있지만, 기업들은 뛰어난 인재를 육성하기 위한 방법으로 도전적 목표의 효과에 주목하고 있다.

1990년대 잭 웰치가 GE에 도입한 이래 도전적 목표는 골드만삭스, 3M, 마이크로소프트, 구글, 아마존 등 글로벌 기업에서 광범위하게 쓰이고 있다. 스티브 잡스는 픽사와 애플에서 현실 왜곡장을 통해 사람들이 불가능하다고 생각하는 목표를 달성하도록 리더십을 발휘한 것으로 유명하다. 테슬라자동차와 스페이스엑스를 이끌고 있는 일론 머스크도 과도하게 긍정적인 성과 목표를 제시하는 것으로 유명하다.

도전적 목표는 기존 업무에서 성과 수준을 높게 설정하거나 새로운 책임을 부여하는 방식으로 부여될 수 있다.[26] 예를 들어 직원 10명을 관리하던 팀장에게 100명을 관리하는 과업을 맡길 수 있고, 의료 부문의 회계 업무를 맡다가 금융 부문의 전략을 담당하는 업무로 배치 전환할 수도 있다. 구글은 모든 직원이 50%는 자신에게 할당된 업무를, 나머지 50%는 스스로 제안한 업무를 수행하도록 한다. 페이스북은 직원들에게 하나의 직무에 머무르지 말고 2년마다 새로운 직무에 도전해보라고 권장한다. 넷플릭스는 관리자는 업무의 배경과 맥락을 전달할 뿐 실제 추진 방법과 업무 세부 내용은 팀원끼리 협의를 통해 정하고 실행하도록 한다.

도전적 목표는 단순히 열심히, 오래 일한다고 달성할 수 있는 목표가 돼서는 안 된다. 도전적 목표는 직원들이 기존에 가졌던 사고방식, 업무 처리 습관, 행동에 얽매이지 않고 새로운 실험을 하도록 자극해야 한다. 실패냐 성공이냐를 강조하기보다 과정에서 얼마나 생산적 학습을 하느냐에 초점을 둬야 한다. 따라서 실패를 용인하고 보상하는 문화가 정착돼야 하며, 평가 역시 단기적인 성과에 초점을 맞추기보다 장기적인 성과에 초점을 맞출 수 있도록 피드백 중심으로 평가를 해야 한다.

단기적인 성과 평가 시스템에서 실패는 곧 낮은 평가를 의미한다. 하지만 창의적인 문제 해결은 무수히 많은 실패 경험을 바탕으로 한다. 혁신을 하려면 뛰어난 인재들이 문제 자체를 새롭게 정의하고 창의적 해법을 찾을 수 있는 개념 설계Conceptual design 역량이 필요하다. 이는 무수한 실패와 성공 경험을 축적함으로써 개발할 수 있다.[27]

단기 목표 달성 여부에 평가의 초점을 두면 직원이나 관리자들은 해당 직원의 장기적인 역량 향상을 뒤로 미루게 마련이다. 스타형 모델은 옵션 관점에서 직원을 평가해야 한다. 평가는 단기 목표를 달성했느냐의 여부보다 미래의 목표를 달성하기 위해 직원들이 지금까지 성취한 부분과 앞으로 개선해야 할 부분이 무엇인지를 정확히 짚어주고, 미래에 필요한 역량을 어떻게 개발할 것인지 피드백을 제공하는 데 초점을 둬야 한다. 한마디로 평가는 개인의 역량 마일리지를 관리하는 것과 유사하다. 최종적으로 개인이 도달해야 할 역량이 100킬로미터라고 가정할 때 현재 직원이 10킬로미터의 역량밖에 보유하고 있다는 사실이 중요한 것이 아니라, 해당 직원이 앞으로 90킬로미터의 역량을 더 쌓기 위해 무엇을 해야 하는지 파악하고 육성 계획을 세우는 것이 중요하다.

개발 목적의 평가와 피드백

개발 목적의 피드백을 제공하는 데 상대 평가는 한계가 있다. A가

B보다 직전 연도에 더 높은 성과를 달성했다는 사실은 A가 기업의 장기적인 목표를 달성하는 데 필요한 역량을 보유하고 있다는 것을 의미하지는 않는다.

상대 평가는 구체적이고 명확하며 변화가 가능한 역량, 특히 행동에 초점을 둔 피드백을 제공하는 데 한계가 있다. 최근 마이크로소프트, 어도비, GE, 구글 같은 회사들이 전통적인 강제 배분형 상대 평가 제도를 폐지하고 실시간 피드백을 제공할 수 있도록 평가 제도를 개선하는 것도 이러한 이유에서다. 효과적인 피드백을 제공하기 위해 기업들은 점차 실시간 피드백을 강조하고 있다. 실시간 피드백은 빠른 환경 변화에 대처하기 위해 목표를 지속적으로 수정하고 실시간으로 진척도를 체크하면서 개인이 도움을 필요로 하는 부분이 무엇인지 수시로 확인할 수 있다.

도전적 목표가 반드시 긍정적 효과만 있는 것은 아니다.[28] 최고의 성과를 달성한 우수 인재들에게 실패 가능성을 높이고 고과에 불이익을 주는 역인센티브 효과가 존재할 수 있다. 우수한 인재들이 지속적으로 성과를 입증해야 한다는 심리적 압박을 느끼는 부작용도 나타날 수 있다. 목표에 포함되지 않는 성과를 간과하거나 위험하고 비윤리적 행동을 촉진할 수 있고, 협력적 조직문화를 파괴하는 부정적 효과가 나타날 수 있다.

그래서 도전적 목표의 잠재적 부작용을 최소화하기 위해 개인이 받아들일 수 있는 조건을 마련해야 한다. 목표 설정 과정에서 직원의 목소리를 듣고 다양한 실험을 할 수 있는 자율과, 필요한 자원과 정보에 접근할 수 있는 권한을 부여하는 것이 필요한 이유다. 스타형 모델에서는 직원들이 진정한 일의 주인 의식을 갖고 일할 수 있도록 CEO처럼 업무를 수행하는 데 필요한 충분한 권한, 자원, 정보를 제공한다.

구글은 법적으로 문제가 될 수 있는 정보를 제외하고 모든 정보를 직원들에게 공개해야 한다고 주장한다. 구글, 페이스북, 마이크로소프트 같은 기업들은 TGIF\ Twitter, Google, iPhone, Facebook나 CEO와의 미팅\ Bill meeting 등을 통해 직원들이 CEO를 수시로 만나서 의견을 교환할 수 있다. 스페이스엑스는 인턴들이 '내가 스페이스엑스의 CEO라면 이렇게 하겠다'라는 아이디어를 제안하고 스페이스엑스의 나아갈 방향과 방법론에 대해 CEO인 일론 머스크와 토론할 기회를 갖기도 한다.

직원들이 도전적인 목표를 부여받고 과업을 수행하다 보면 많은 좌절과 어려움을 경험하게 된다. 실패로 인한 심리적 좌절을 겪기도 하고 자신의 역량을 입증하지 못해 입지가 흔들릴 수도 있다. 이때 실패의 경험이 개인의 장기적인 성장에 어떻게 도움이 되는지 큰 그림을 그려주고, 때로는 후원자 역할을 할 수 있는 멘토가 있어야 한다. 따라서 스타형 모델은 뛰어난 인재들이 지속적 성장과 학습을 도모할 수 있도록 경험이 풍부한 임원이나 파트너 같은 고위 경영자들이 직원들에게 멘토링을 한다.

직원들에게 끊임없이 도전적인 목표와 과업을 부과하면 업무 강도는 증가하게 마련이다. 실리콘밸리나 로펌 같은 전문가 조직에서는 직원들이 주말도 없이 일주일에 80시간 이상 일하는 경우를 흔히 볼 수 있다. 스타형 모델에서 직원들이 이렇게 높은 업무 강도를 견뎌내는 이유는 자발적 직무 몰입Job engagement이 전제되어 있기 때문이다. 직원들이 자신의 일과 경력에 주인 의식을 갖고 일하기에 가능하다.

직원들의 자발적 직무 몰입을 이끌어내는 데 자율과 참여 같은 구조적 요인뿐 아니라 업무 환경도 중요한 영향을 끼친다. 인터넷이나 언론을 통해 자주 접할 수 있는 것처럼 실리콘밸리 기업들은 멋들어진 사무실과 카페테리아, 휴식 공간, 운동 시설 같은 환상적인 복지 시설을 갖추고 있다. 이런 업무 환경은 단순히 직원 복지와 관련된 것이 아니다. 직원들이 업무에서 자율과 창의성을 극대화할 수 있도록 설계해놓았다.[29]

주어진 공간에서 오전 9시부터 오후 6시까지 근무하는 방식으로는 직원들의 창의성을 끌어내는 데 한계가 있다. 대신 일하고 싶은 곳에서 일하고 싶을 때 일에 집중할 수 있도록 공간을 재구성할 필요가 있다. 어떤 대학도 교수들의 연구를 장려하기 위해 시간과 공간의 제약을 두지는 않는다. 마찬가지로 뛰어난 인재들이 창의성을 발휘할 수 있도록 하려면 업무 시간과 공간의 제약을 벗어나도록 업무 환경을 재설계할 필요가 있는 것이다.

토너먼트형 임금 구조

뛰어난 인재들이 도전적인 목표와 과업을 수용하고 열심히 일하는 이유는 개인의 경력과 성장에 대한 관심이 높기 때문이다. 하지만 이들의 지속적인 노력을 이끌어내는 또 다른 요인은 성공 후에 기대되는 파격적인 보상이다. 스타형 모델은 소수의 뛰어난 인재가 기업의 성과를 결정한다고 가정한다. 따라서 보상 체계 역시 소수에게 파격적인 보상을 제공하는 '이긴 자가 다 가져가는Winner takes all' 토너먼트형 임금 구조다.

토너먼트형 임금 구조는 PGA 토너먼트의 표준 상금 분배 방식을 들여다보면 쉽게 이해할 수 있다. 우승자에게 전체 상금의 18%, 2위는 10.8%, 3위는 6.8%, 4위는 4.8%, 10위는 2.7%를 배분한다. 톱 10 선수들에게 전체 상금의 60%를 배분하는 구조다. 20위는 1.3%, 30위는 0.68%. 40위는 0.43%, 50위는 0.25%, 커트를 통과한 마지막 선수인 70위는 0.2%의 상금을 할당받는다.

토너먼트형 임금 구조에서는 초임의 차이가 그리 크지 않다. 경력이 쌓일수록 개인 간 임금의 변동 폭은 기하급수적으로 커진다. 신입 사원의 경우 미래 가치가 높고 현재 가치가 작아 초임이 낮을 수 있다. 육성 단계에서 직원의 단기 성과를 강조하지 않아서 성과에 대한 보상의 변동 폭도 상대적으로 작다. 하지만 육성 단계를 지나 성과를 입증해야 하는 단계로 진입하면 뛰어난 성과를 낸 사람과 그렇지 않은 사람 간의 보상 격차는 급증한다.

마이크로소프트의 1990년대 임금 구조를 보자. 시장 평균의 70% 정도 초임을 제공한 반면 임원으로 승진한 사람은 스톡옵션을 포함해 100만 달러를 보상했다. 마찬가지로 미국의 소프트웨어 산업에서 초임의 비대칭성Skewed은 작은 반면(70%가 7.5만 달러 이하, 4%가 15만 달러 이상) 근속 연수가 증가할수록 임금의 비대칭성은 더욱 커진다(평균 5년 근속 기준 29%가 7.5만 달러 이하, 21%가 15만 달러 이상).[30] 구글은 동일한 직급의 직원들에게 100배의 임금 차이를 둘 수 있다고 말한다.

결국 스타형 모델은 소수의 뛰어난 인재에게 파격적인 보상을 제공하기 위해 동일 직급 내에서 직급 간 임금의 격차가 매우 크다. 스타형 모델은 이런 차별적 보상을 통해 뛰어난 인재들을 유인하고 일에 몰입하도록 한다.

만약 여러분이 조직에서 임원이 되면 10억 원 이상의 보수를 받고 동료보다 탁월한 성과를 내면 100배 이상의 보수를 받을 수 있다고 상상해보라!

'업 오어 아웃', 승진 룰

일정한 육성 단계를 거친 핵심인재들이 스타 인재가 되려면 하나의 관문을 통과해야 한다. 기업 입장에서는 옵션을 행사하는 시점이다. 로펌에서는 파트너가 되고, 대학에서는 정년을 보장받고, 기업에서는 임원으로 승진하는 단계다.

연말 인사철이면 국내 언론에서는 각 기업의 임원 승진 명단을 공개하면서 '성과 있는 곳에 보상 있다'라는 제목을 달곤 한다. 전년도 성과가 높았던 계열사에서 임원 승진자가 많다는 것을 시사한다. 실제 기업들이 전년도 성과만을 기준으로 임원 승진 인사를 결정한다고는 할 수 없지만, 만약 사실이라면 현재 가치에 기반한 승진 결정이다. 하지만 스타형 모델은 이와 사뭇 다른 방식으로 승진을 결정한다.

로펌을 예로 들어보자. 로펌은 파트너십 구조다. 지분을 보유하고 있는 파트너들과 수익을 나눠 갖는 구조다. 그런데 승진 대상자들 모두 현재 파트너들보다 역량이 떨어진다면 해당 로펌은 그 누구도 파트너로 승진시키지 않는 것이 합리적이다. 파트너 수의 증가만큼 수익이 증가하지 않으면 기존 파트너들의 수익이 줄어들기 때문이다. 반대로 승진 대상자들 모두가 현재 파트너보다 역량이 뛰어나다면 모든 사람을 파트너로 승진시키는 것이 이득이다.

승진 대상자 가운데 누가 더 뛰어난지가 아니라 해당 승진 대상자가 파트너가 되면 로펌에 새로운 수익을 가져다줄 잠재력이 있는가를 기준으로 승진을 결정하게 된다. 이는 옵션을 보유한 경우 해당 주식이 얼마이냐가 중요한 것이 아니라 사전에 설정된 옵션의 행사 가격보다 주가가 높은지를 기준으로 옵션이 행사되는 것과 같은 원리다. 스타형 모델을 추구하는 대학이나 기업도 마찬가지다. 기존 스타 인재들이 갖지 못한 새로운 역량을 가진 핵심인재를 스타로 승진시킬 때만이 기업은 혁신을 위해 필요한 새로운 지식을 공급받을 수 있다.

그렇다면 스타 인재로 승진하지 못한 핵심인재들은 어떻게 될까? 주가가 옵션 행사 가격보다 낮다면 옵션은 행사되지 않고 휴지 조각이 된다. 마찬가지로 스타형 모델에서는 스타로 승진하지 못한 사람들이 조직을 떠나야 한다. 파트너가 되지 못한 어소시에이트Associate들과 정년 보장을 받지 못한 교수들은 해당 로펌과 대학을 떠나야 한다.

스타형 모델은 한마디로 '업 오어 아웃Up-or Out', 승진 룰을 사용한다. '업 오어 아웃' 승진 룰을 사용하는 이유는 다양하다. 상당한 기간 동안 육성 기회가 주어졌음에도 스타가 될 역량을 확보하지 못한 인재가 단기간에 필요한 역량을 확보할 가능성은 낮다고 가정한다. '업 오어 아웃' 룰은 해당 기업이 최고의 인재만 받아들인다는 인사 철학을 대내외적으로 알리는 상징적 의미를 지닌다. 더 중요한 것은 '업 오어 아웃' 룰을 통해 스타로 승진하지 못한 인재와 스타, 핵심인재 간의 잠재적 갈등을 미연에 방지할 수 있다.

스타로 승진하지 못한 인재는 조직 내에서 일종의 실패자이며, 앞에서 언급한 바와 같이 이들과 스타 간에 갈등이 나타난다면 부작용이 매우 크다. 스타로 성장하고자 하는 인재들에게 이들은 일종의 방해자가 될 수 있다. 승진이 적체됨으로써 핵심인재들이 스

타가 될 수 있는 기간이 길어지고 가능성도 낮아진다. 따라서 핵심
인재들의 동기부여가 약화될 수 있다. 더구나 스타가 아닌 인재들
은 스타를 육성할 의지와 능력이 모두 부족하다. S급 인재가 아닌
사람은 S급 인재가 아닌 A급 인재를 키우게 되고, A급 인재는 다시
B급 인재를 양산할 가능성이 높다.

스타로 승진하지 못한 사람들을 퇴출하는 시스템이 아주 가혹
하다고 생각할 수 있다. 하지만 GE의 전임 회장인 잭 웰치가 말한
것처럼 스타형 기업들은 직원들에게 고용을 보장Employee security하
기보다 개인의 고용 가능성Employability 혹은 시장 가치Marketability를
높여준다.[31] 기업은 "당신은 우리 기업에 필요한 인재는 아니지만
다른 곳에서 직장을 구할 수 있을 정도로 역량이 충분합니다"라고
말할 수 있는 것이다.

파트너가 되든 임원이 되든 정년보장을 받든 스타로 인정받은
인재들은 이제 철저하게 시장 가치에 의해 평가되고 보상받게 된
다. 그들은 기업의 신규 사업과 혁신을 추진하는 핵심 주체로서 가
치를 입증해야 한다. 코칭과 멘토링을 통해 자신들의 역량과 지식
을 핵심인재들에게 전수함으로써 인재 육성의 일차적 책임을 진
다. 결국 스타형 모델에서는 최고의 인재로 인정받은 스타와 스타
가 될 수 있는 잠재력을 가진 핵심인재만이 존재한다. 기업은 지속
적으로 새로운 스타를 만들어냄으로써 혁신을 주도하고 시장의 변
화를 선도하는 역할을 하게 되는 것이다.

스타형 모델의 한계

혁신과 변화에 탁월한 스타형 모델도 성장 과정에서 한계를 노출할 수 있다. 모든 기업은 규모가 커지고 시장 지배적 위치에 서면 과거의 성공 법칙에 안주하게 되고 조직이 관료화되는 경향이 있다.

관료화된 기업은 혁신보다는 시장 점유율이나 효율성에 관심을 갖고, 변화보다는 안정성을 추구한다. 1980~1990년대 IT 강자였던 마이크로소프트가 2000년대에 어려움에 직면한 것도 같은 이유에서다. 조직의 관료화가 진행되면 일차적으로 뛰어난 인재들이 조직을 떠난다. 이미 충분한 보상을 받은 스타 인재들에게 관료화된 조직은 더는 흥미롭고 도전적인 직장이 아니다. 그들은 새로운 도전을 위해 창업을 하거나 신생 기업으로 이직을 한다. 스타의 이직은 곧 스타에 의존하던 잠재력을 가진 핵심인재들의 이직을 유발한다. 인재의 대탈출Exodus이 진행되는 것이다.

야후나 마이크로소프트에서 일하던 직원들이 지금은 구글, 페이스북, 아마존 같은 회사에서 일한다. 따라서 스타형 모델을 추구하는 기업에게 가장 중요한 과제는 끊임없이 변하는 환경에서 어떻게 혁신의 DNA를 지속적으로 유지할 수 있느냐다.

혁신과 변화의 역동성을 유지하는 방법은 조직을 수많은 작은 조직으로 쪼개는 조직 슬림화다. 구글이 사업과 규모가 아주 비대해지자 2015년 알파벳이란 지주회사를 설립한 것이 대표적인 예다. 또 다른 방법은 외부로부터 스타 인재를 지속적으로 영입함으로써 새로운 지식을 유입하는 방식이다. GE 같은 회사들은 임원이나 상위 관리자들의 일정 비율을 항상 외부에서 충원하고 있다. 외부로부터 영입된 스타 인재는 새로운 지식을 조직에 공급할 뿐 아니라 내부의 스타 인재들에게 긴장감을 불어넣을 수 있다. 따라서 외부 인재 영입을 통해 기업은 내부 인재와의 시너지를 극대화함으로써 지속적인 혁신과 변화를 추구할 수 있다.

그러나 스타형 모델의 본질적 특성을 고려할 때 이런 방안들의 효과도 제한적일 수 있다. 스타형 모델은 기본적으로 개인의 역량, 즉 인적 자본을 극대화하는 모델이다. 앞에서도 언급한 것처럼 인적 자본은 이동성Mobility이 높다. 다시 말하면 우리 회사의 스타 인재는 찾는 곳도 많고 갈 곳도 많다. 따라서 스타형 모델을 추구하는 기업에서는 이직률이 높을 수밖에 없다.

대부분의 실리콘밸리 기업에서 직원들의 평균 근속 연수는 3년 미만이다. 왜 실리콘밸리 기업들의 이직률은 높은가. 노동시장 특성이 우리와 다른 면이 있기도 하지만 뛰어난 인재를 채용하고 일하기 좋은 기업을 만들기 위해 그들이 많은 시간과 노력을 투자한다는 사실을 고려한다면 뛰어난 인재를 유지하는 것이 그만큼 어렵기 때문이다.

와튼스쿨의 피터 카펠리가 말한 것처럼 전통적인 기업들이 댐을 관리하듯 인재를 관리했다면 스타형 모델에서는 흐르는 물처럼 인재를 관리해야 한다.[32] 떠나는 것을 축하하고 회사를 떠났다가 재입사하는 부메랑 직원들도 환영해야 한다. 예측하지 못한 새로운 혁신 생태계가 출현하면 스타 인재들은 언제든 다른 조직으로 떠날 수 있고, 그만큼 기업의 수명도 짧을 수 있다는 사실을 인정해야 한다.

스타형 모델에서는 기업이 사멸하더라도 그 속에서 성장한 인재들은 살아남는다. 뛰어난 역량으로 무장한 그들은 새로운 기업에서 새로운 혁신을 주도하는 주체가 돼 끊임없이 혁신 생태계를 발전시켜가게 된다. 바로 이것이 실리콘밸리가 성장해나가는 원동력이다.

05

몰입형:
인간적이며 헌신적인 동료

뛰어난 소수의 핵심인재에 초점을 두는 스타형 모델은 글로벌 혁신 기업들의 전형으로 보일 수 있다. 하지만 현실적으로 다수의 인재가 평균적인 인재라는 사실을 받아들인다면 이러한 유형의 사람 관리를 채택할 수 있는 기업은 한정적일 수밖에 없다. 그렇다면 평균 인재를 활용해 조직 혁신을 추구하는 것은 불가능한가.

찰스 오레일리와 제프리 페퍼는 『숨겨진 힘』에서 보통 사람들의 잠재력을 극대화함으로써 탁월한 결과를 내는 다양한 기업의 사례들을 소개하고 있다.[33] 예를 들어 유쾌함과 가족주의를 강조하는 사우스웨스트항공, 공감과 팀워크, 긍정적 태도를 강조하는 맨즈웨어하우스Men's warehouse, 검소함과 팀워크, 고객 중심과 변화를 강조하는 시스코시스템즈, 토요타와 GM의 합작회사인 누미NUMMI: New United Motor Manufacturing, Inc. 등이 대표적이다. 이런 기업들이 추구하는 사람관리 모델은 공통적으로 동료들 간의 협업과 헌신을 강조한다. 학자들은 이런 사람관리 모델을 몰입형High commitment 혹은 참여형High involvement이라 부른다.

사우스웨스트항공의 몰입형 사람관리

몰입형 사람관리 모델의 특징은 사우스웨스트항공의 사례를 통해 들여다볼 수 있다. 세계 최초로 저가 항공사 시대를 연 사우스웨스트항공은 변호사 출신인 허브 켈러허가 1967년 미국 텍사스주 댈러스에서 설립했다. 설립 당시 사우스웨스트항공은 여객기 3대를 이용해 텍사스주의 3개 도시만 운항했다. 하지만 2019년 기준 매출 25조 원, 여객기 보유 대수는 746기, 직원 수는 5만 9,000명에 달하는 거대 항공사로 성장했다. 사우스웨스트항공은 50여 년 동안 한 번도 적자를 보지 않았다. 주가는 1980년 이후에만 300배 이상 성장했다. 또한 고객 불만이 가장 적은 항공사, 시간을 잘 지키는 항공사로도 정평이 나 있다.

사우스웨스트항공이 이처럼 타의 추종을 불허할 만한 성공을 한 비결은 보잉 737 단일 기종을 사용하고 지방 공항을 적극 활용하는 등 운영비용을 최소화하는 동시에 고객 경험을 최우선시하는 서비스를 제공한 덕분이다. 하지만 허브 켈러허가 "사우스웨스트항공의 본질적 차이는 기계나 장비에 있는 것이 아니라 사람에

[그림 2-2] 사우스웨스트항공의 주가 추이

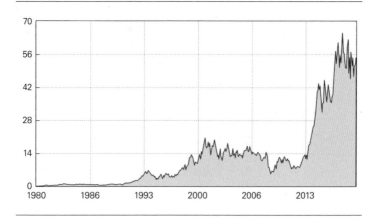

있다"고 말한 것처럼 경쟁사들이 모방하기 가장 어려운 사우스웨스트항공의 강점은 그들만의 독특한 사람에 대한 철학과 문화에 있다.

『숨겨진 힘』을 비롯한 여러 저서와 사례에 소개된 사우스웨스트항공의 독특한 사람관리 방식을 들여다보자.[34] 사우스웨스트항공은 조직에 적합한 사람을 채용하기 위해 많은 투자와 노력을 하며 엄격한 채용 프로세스를 유지한다. 면접은 보통 전화 면접, 집단 면접, 세 번의 현업 담당자 면접으로 진행된다. 면접자 전원이 합의해야 최종 선발을 한다.

사우스웨스트항공의 채용 과정에서 특히 눈에 띄는 것은 개인이 추구하는 가치와 조직 가치와의 적합성이다. 개인의 역량보다는 인성, 태도, 가치를 중요하게 본다. 기술 전문성이 요구되는 몇몇 분야를 제외하곤 개인의 역량과 기술은 학습될 수 있다고 생각한다. 동종업계 근무 경험 또한 중요하게 고려하지 않는다.

허브 켈러허 회장은 조직은 기본적으로 재미있어야 한다는 철학을 가지고 있으며, 사람들에게 친절하고 공손한 서비스를 하라고 교육시키는 것이 완전히 불가능한 것은 아니지만 매우 힘들다고 믿었다. 따라서 사우스웨스트항공 지원자들의 인성과 가치, 그중에서도 '유쾌함Fun'을 선발 과정에서 중요하게 고려한다.

면접 과정에서 지원자에게 면접자를 웃겨보라는 요구를 하는가 하면 정장을 입고 온 파일럿들에게 정장 재킷에 자사 버뮤다팬츠를 입고 면접을 보도록 하기도 한다. 또한 지원자 특성 중 팀워크를 중요하게 본다. 이를 위해 사우스웨스트항공은 파일럿이 다른 파일럿을 추천하는 직원 추천제를 적극 활용한다. '나'라는 단어를 자주 쓰는 지원자나 안내데스크 직원에게 무례하게 행동한 지원자는 채용하지 않는다.

사우스웨스트항공의 채용 과정에서 또 다른 특징은 고객 관점에서 채용을 바라본다는 점이다. 면접 과정에 고객들을 참여시키고, 탈락한 모든 지원자에게 직접 연락해 상세한 피드백을 제공한다. 한 해의 지원자가 10만 명 정도이니 이런 노력은 쉽지 않아 보인다. 이런 과정을 통해 잠재적 고객인 지원자들에게 사우스웨스트항공에 대한 긍정적인 인상을 심어준다.

채용 후에는 신입 사원들이 공동체 의식을 함양하고 기업문화를 이해하도록 돕기 위해 오리엔테이션을 한다. 신입 사원이나 재직 중인 직원 모두에게 다양한 교육 훈련 프로그램을 제공하고 있다. 교육 내용은 고객 서비스, 팀워크, 리더십 훈련이 주를 이룬다. 사우스웨스트항공은 직원 교육을 내부에서 100% 진행한다. 직원들이 외부 교육 훈련 프로그램에 참여하는 비용은 지원하지 않는다. 이는 교육 훈련을 기본적으로 상사와 부하, 동료 간 커뮤니케이션의 장으로 인식하기 때문이다.

평가와 보상은 성과와 연계되도록 하되 개인 간 지나친 경쟁이 팀워크를 저해하지 않도록 극단적 보상 차별화와 개인 성과 중심의 인센티브, 스톡옵션 사용 등을 자제한다. 대신 집단과 조직 전체의 성과에 연계된 이익 배분제, 종업원 지주제, 관대한 복리후생 프로그램 등을 제공한다.

구체적으로 사우스웨스트항공 직원들의 평균 임금은 경쟁사보다 낮다. 임원들의 임금도 낮다. 허브 켈러허 회장의 임금은 직원 평균 임금의 10배가 채 되지 않는다. 미국 기업에서 직원과 임원의 평균 임금 격차가 300배 이상이라는 사실을 감안하면 사우스웨스트항공이 상당히 예외적이라는 것을 알 수 있다. 허브 켈러허 회장은 댈러스 지역에서 가장 임금을 적게 받는 CEO 톱 5에 이름을 올리기도 했다. 임원들에게 스톡옵션이나 골프 회원권, 차량 같은 특혜를 제공하지 않으며, 출장지에서도 승무원들과 동일한 호텔을 이용하도록 한다.

사우스웨스트항공의 임금 정책에서 특이한 점은 직원들의 임금이 근속 연수Seniority에 따라 증가한다는 점이다. 호봉제적 요소가 있다는 얘기다. 사우스웨스트항공은 모든 직원에게 이익 배분제를 하며 직원들이 자사주를 할인 가격으로 구입할 수 있도록 한다. 그 결과 80% 이상의 직원이 자사주를 보유하고 있다. 지속적으로 흑자를 내며 성장해온 사우스웨스트항공에서 이익 배분제와 종업원 지주제를 통해 지급되는 보너스를 감안하면 직원들의 임금 수준은 경쟁사보다 결코 낮지 않다.

사우스웨스트항공은 개인별 성과 평가에 기초한 개인별 성과급제를 운영하지 않는다. 다만 파일럿과 기내 승무원들은 추가로 비행할 수 있는 선택권이 있고 그에 따라 보너스를 지급한다. 흥미로운 것은 몰입형 사람관리 모델을 채택한 기업들 가운데 상당수는 직원 평가와 그에 따른 개인별 차등 성과급제를 운영하지 않는다는 점이다.

예를 들어 비즈니스 분석 소프트웨어 개발사인 새스SAS Institute의 인사 담당자는 "이 세상에 완벽한 평가 제도는 없다. 우리는 그런 불완전한 평가 제도를 개발하고 운영하는 데 돈을 쓰기보다 그 돈으로 직원들에게 투자하겠다"고 말한다.[35]

사우스웨스트항공은 협력적 노사 관계를 유지하고 있는 것으로 유명하다. 사우스웨스트항공은 파일럿 노조, 정비공 노조, 승무원 노조 같은 9개의 직종별 노조가 있다. 전체 직원의 85% 이상이 노조에 가입해 있는 셈이다. 언론에 자주 보도되는 것처럼 미국의 대형 항공사들은 잦은 파업으로 어려움을 겪어왔다. 하지만 사우스웨스트항공에서 파업이 일어난 사례는 거의 없다. 사우스웨스트항공이 협력적 노사 관계를 유지할 수 있었던 배경에는 창업자인 허브 켈러허의 독특한 리더십이 한몫했다. 허브 켈러허는 새벽에 정비 공장을 방문해 직원들과 커피를 마시며 이야기를 나누거나 사내 할로윈 파티에 오즈의 마법사 분장을 하는 등 직원들에게 친밀하게 다가가는 리더십을 보여줬다.

직원을 존중하고 신뢰하는 사우스웨스트항공의 문화가 없었다면 이러한 노사 관계는 유지하기 어려웠을 것이다. 사우스웨스트항공은 노조와 협상을 하기 전에 회사의 주요 문제와 정보를 노조와 공유한다. 그뿐 아니라 회사는 정기적으로 재무 정보, 회사의 운영 상황, 경쟁자 정보 등 회사의 경영 정보를 직원들에게 가감 없이 공개한다. 사우스웨스트항공은 한 번도 정리 해고를 실시하지 않았다. 2001년 9·11 테러의 영향으로 미국의 대형 항공사들이 파산을 할 만큼 경영에 어려움을 겪을 때도 사우스웨스트항공은 정리 해고를 하지 않았다. 사우스웨스트항공은 비정규직도 거의 활용하지 않는다.

새스도 몬테소리라는 고급 유치원이나 병원, 체육 시설 등 사내에 다양한 복지 시설을 운영하는데 그 복지 시설에 근무하는 직원들 대부분이 새스의 정규직 직원들이다.

사우스웨스트항공 사례에서 볼 수 있듯 몰입형 사람관리 모델은 엄격한 선발 과정을 유지하고 선발 과정에서 지원자의 인성, 태도, 가치를 중요하게 고려한다. 직원들이 기업문화를 이해하고 동화될 수 있도록 교육 훈련에도 투자를 꽤 한다. 평가와 보상은 개인 간 차등보다 팀워크와 평등주의를 강조하며, 기업의 이익을 직원들과 공유한다. 직원들에게 고용을 보장하고 비정규직 활용을 제한하며 노조와 협력적 관계를 유지한다.

주인 의식과 헌신

여러분은 사우스웨스트항공 사례를 보면서 어떤 생각이 드는가. 강의에서 이 사례를 소개하면 '정말 좋은 회사인 것 같습니다'라는 긍정적 반응을 보이는 사람들이 있다. 사우스웨스트항공을 비롯한 새스, 시스코시스템즈, 웨그먼스 같은 몰입형 모델을 채택한 기업들 중 상당수가 《포춘》이 매년 선정하는 '일하기 좋은 기업'에 지속적으로 이름을 올리고 있다.

하지만 대부분의 사람은 이렇게 사람을 관리해서 어떻게 성과를 낼 수 있는지 믿을 수 없다는 반응이다. "이것은 종교 집단에서나 가능한 일이지 이익을 내야 하는 회사라고 보기 어렵다" "적은 임금을 주고 직원을 착취하는 회사다" "기본적으로 고비용 구조다" "이런 회사에는 무임승차자Free rider가 엄청 많을 것 같다"고 말한다.

몰입형 모델은 단기적 효율성을 강조하는 직무성과주의 모델과 정반대인 것처럼 보인다. 지금 우리 기업들이 낡거나 비효율적이라고 생각해서 폐기하고 있는 제도들만 모아놓은 것처럼 보이기도 한다. 하지만 이런 반응과 달리 학자들은 몰입형 모델이 직무성과주의 모델보다 효과적이라는 수많은 연구 결과를 제시해왔다. 그렇다면 얼핏 고비용 구조로 보이는 몰입형 모델을 사용해 사우스웨스트항공은 과연 어떻게 탁월한 성과를 낼 수 있었을까?

사우스웨스트항공이 채택하고 있는 제도들의 가장 중요한 특징은 일관되게 직원들이 '우리' 혹은 '가족'이라는 의식을 갖도록 시그널을 보낸다는 점이다.

여러분은 어떤 사람과 일할 때 가족 혹은 우리라는 생각을 갖게 될까? 아마도 능력이 있는 사람보다는 태도나 가치가 여러분과 맞는 사람에게 그런 느낌을 더 갖게 될 것이다. 동료가 추천한 직원이라면 신뢰가 더 가고 더 쉽게 친해질 수 있지 않을까? 신입 사원 때 받았던 오리엔테이션의 기억을 떠올려보자. 그때만큼 동료들과 강한 연대감을 느낀 적이 없을 것이다. 사내 교육을 받다 보면 평소에 잘 알지 못하던 동료들과 친해지고 소통할 기회가 생긴다. 사내 강의를 하는 상사나 선배들을 보면 더 믿음이 생기지 않는가.

누구는 S급이고 누구는 B급이라는 평가를 받는다면 정말 우리는 하나라는 생각을 할 수 있는가. 우리는 가족이라고 평소 말하던 경영자들이 나보다 몇 십 배 몇 백 배의 보수를 받는다는 사실을 알았다면 여러분은 정말 경영자들의 그 말을 믿을 수 있는가. 회사가 엄청난 이익을 내도 직원들에게는 전혀 이익을 배분하지 않는 회사에서 과연 우리는 가족이라는 말이 의미가 있을까? 회사가 어렵다고 직원들에게 나가달라고 말하는 회사에서 직원들은 정말 우리는 가족이라는 생각을 할까? 노조는 경영자의 적이라고 생각하는 회사에서 직원들은 우리라는 생각을 할까? 차별받는 비정규직이 많은 회사에서 누가 가족이라는 생각을 하겠는가.

직원이 주인 의식을 갖는다는 것은 심리적으로 자신이 회사를 소유하고 있다고 느끼며 회사에 대해 일체감을 가지는 것을 의미한다. 주인 의식을 가질 때 직원들은 자기 정체성의 연장선에서 회사를 바라보며 회사를 위해 헌신적인 노력을 기울인다. 연구자들은 직원들이 회사를 잘 알고Knowing, 투자하며Investing, 통제Controlling 하고 있을 때 직원들은 회사에 대해 심리적 소유권Psychological ownership, 즉 주인 의식을 가진다는 사실을 입증해왔다.[36] 장기 고용, 이익 배분제, 정보 공유 등 사우스웨스트항공의 사람관리 제도들은 모두 이런 주인 의식을 강화하는 요소들로 구성돼 있다.

모든 제도가 그렇듯 사우스웨스트항공의 제도들도 장단점이 있다. 하지만 사우스웨스트항공은 유쾌함, 공정성, 도전, 신뢰, 존경, 공동체, 가족 의식 같은 가치를 중심에 두고 모든 직원이 공통의 가치를 공유할 수 있도록 제도들을 일관되게 운영하고 있다.

그렇다면 직원들의 '우리' 혹은 '가족'이라는 의식은 어떻게 조직 성과로 연결될 수 있을까? 전통적으로 항공 산업에서 경쟁력을 결정하는 중요한 요인 가운데 하나는 정시 출도착을 유지하는 것이다. 출도착 지연은 고객 불만을 야기할 뿐 아니라 비행기 회전율과 사용률을 떨어뜨려 운영비용을 증가시킨다.

하지만 미국의 대형 항공사들은 정시 출도착을 유지하는 데 어려움을 겪어왔다. 우리나라와 달리 미국은 국토가 넓어 버스나 철도보다 여객 운송이 도시 간 이동의 중요한 교통수단으로 자리 잡아왔다. 여객 운송이 활발해질수록 공항의 혼잡도 또한 증가한다. 뉴욕의 라과디아 공항에서는 비행기들이 도착 후 평균 20분 정도 공중에서 선회한다고 한다.[37]

공항의 혼잡도가 증가하면서 비행기의 출도착 지연은 점차 일상화됐다. 거기에다 대형 항공사들이 규모의 경제를 도모하기 위해 사용해온 '허브 앤 스포크Hub and spoke' 방식, 즉 허브 공항을 경유하는 방식은 이런 문제를 더욱 악화시켰다. 한 공항에서 출도착이 지연되면 자연스럽게 연계 노선의 출도착은 지연될 수밖에 없다.

사우스웨스트항공은 '허브 앤 스포크' 방식을 버리고 65분 이내의 단거리 노선에 집중하는 점대점Point to point 방식에 집중해왔다. 그런데 단거리 노선은 그레이하운드 같은 고속버스나 자가 운전자들과 경쟁을 해야 한다. 사우스웨스트항공이 경쟁력을 확보하려면 고속버스보다 더 싼 비행기 요금을 현실화하는 게 포인트다. 그래서 사우스웨스트항공은 보잉 737 같은 단일 기종을 사용해 조종사 교육, 부품 재고 등 유지 관리비를 최소화하고 도시 외곽 공항을 이용하며 기내 서비스를 최소화하는 방식 등으로 운영비용을 최소화했다. 비용을 절감하고 수익률을 극대화하려면 비행기 사용률과 회전율을 높이는 것이 필수다. 사우스웨스트항공은 손님을 내리고 회항하는 데 걸리는 시간을 15분(유나이티드항공과 콘티넨탈항공 같은 경쟁사들은 평균 35분)으로 맞추는 정책을 썼다.

사우스웨스트항공이 높은 비행기 회전율을 유지할 수 있었던 배경에는 '가족' 같은 기업문화가 자리 잡고 있다. 항공사들은 전통적으로 직무성과주의 모델을 채택해왔다. 직무성과주의 모델은 직원들에게 맡은 일에 최선을 다할 것을 요구한다. 동시에 직무성과주의는 직원들이 자신의 업무를 넘어 조직이나 동료에게 헌신하는 것을 요구하지 않는다.

예를 들어 발권 업무를 담당하는 직원은 티켓팅에만 집중하면 되고 정비를 담당한 직원들은 정비에만 집중하면 된다. 파일럿과 기내 승무원들 역시 각자의 업무에 집중하면 된다. 직무성과주의에서는 만약 비행기가 늦게 게이트에 들어오더라도 승객에게 미안하다고 말하는 것은 누구의 업무도 아니다. 어떤 누구도 비행기를 빨리 띄우기 위해 자신의 업무를 벗어나 책임을 지지 않는다.

하지만 사우스웨스트항공은 파일럿이 청소를 하고 기내 승무원이 짐 싣는 것을 돕는 것이 자연스러운 광경이다. 직원들은 너와 나의 업무를 구분하기보다 모든 것이 '우리' 업무라는 인식을 가지고 있은 덕분에 서로가 서로를 도우면서 비행기 회전율을 높이는 퀵 턴Quick turn이 가능했다. 동시에 긍정적인 기질과 '우리'라는 의식을 가진 직원들은 항상 고객에게 더 좋은 서비스를 제공하기 위해 노력한다. 학자들은 사우스웨스트항공의 직원들이 보이는 이런 행동을 조직 시민 행동Organizational citizenship behavior이라고 한다. 조직 시민 행동은 직원들이 공식적으로 직무에서 요구하지 않는 행동이지만 조직의 성과나 동료의 성과를 향상시키는 사려 깊은 행동을 의미한다. 사우스웨스트항공의 성공 비결은 직원들의 조직 시민 행동을 극대화함으로써 저가Low fares, 저비용Low cost, 높은 회전율Frequent flights을 유지하는 데 있다.

신뢰와 심리적 안정감

몰입형 모델은 직원들의 자발적 시민 행동을 극대화하는 데만 장점이 있는 것은 아니다. 학자들은 몰입형 모델이 조직 내에서 개인들이 신뢰와 심리적 안정감Psychological safety을 가지고 새로운 도전을 할 수 있도록 장려함으로써 개인과 집단의 창의적 사고와 행동을 극대화할 수 있다고 주장한다.

요즘 국내 기업들 사이에 회의 문화 혁신이 중요한 화두다. 회의 시간을 줄이고 딱딱한 사무실을 벗어난 공간에서 회의를 하고 상사와 부하 직원 간에 상호 의견 교환을 자유롭게 할 수 있는 회의 방식을 정착시키려 하고 있다. 그런데 회의 문화를 혁신하려면 전통적인 회의 방식에 어떤 문제점이 있는지 짚어볼 필요가 있다. 신제품 개발을 위한 부서 회의와 여름 휴가지를 결정하기 위한 가족 회의의 광경을 비교해보자. 신제품 개발 회의에 참석한 팀원들은 대부분 침묵을 유지한다. 하지만 여름 휴가지를 결정하기 위해 모인 가족 구성원들은 앞 다퉈 자신의 의견을 이야기할 것이다. 왜 이런 차이가 나타날까?

사람들이 토론이나 회의를 할 때 침묵을 지키는 데는 여러 이유가 있다. 토론 주제를 잘 모르거나 주제에 관심이 없는 탓일 수 있다. 기발한 아이디어가 있더라도 공개된 자리에서 다른 사람들과 공유하고 싶지 않은 탓일 수도 있다. 의견을 개진했을 때 다른 사람들이 어떻게 생각할지 혹은 자기가 개진한 의견을 실제로 실행해야 할 책임까지 떠맡아야 될지 모른다는 두려움 탓일 수도 있다. 부족한 능력을 제외하곤 대부분의 이유가 타인에 대한 신뢰 혹은 심리적 안정감 부족이 원인이다.

여름휴가를 결정하는 가족회의에서는 가족 구성원 누구도 이런 심리적 부담감이 없다. 아들이 낸 아이디어를 아버지가 빼앗을 수 있다는 불신이나 딸이 낸 의견에 어머니가 면박을 줄 것이라는 두려움 혹은 아이디어를 낸 사람이 모든 실행을 책임져야 된다는 두려움이 존재하지 않는다.

하버드대학의 에이미 애드먼슨은 심리적 안정감은 조직 구성원 간에 형성된 공유된 신뢰감이며, 조직이 구성원의 아이디어나 의견에 대해 쉽게 거절하거나 부정적으로 반응하지 않을 것이라고 구성원들이 느끼는 확신감으로 정의한다.[38] 심리적 안정감이 존재할 때 직원들은 서로의 실수나 문제로 인해 동료들을 비난하지 않을 것이라는 확신이 있어 모든 직원은 지위나 역할에 구애받지 않고 건설적인 문제 해결을 위해 적극적인 발언 행동을 하게 된다.

여러분도 일상생활에서 심리적 안정감을 느끼며 토론을 해본 경험이 있을 것이다. 대학에서 동아리 활동을 하면서 어떤 문제를 놓고 친구들끼리 자유롭게 토론했던 경험을 떠올려보라. 토론을 통해 어느 누구도 생각지 못했던 아이디어를 얻은 경험이 있지 않은가? 자신의 아이디어가 비난받을 수 있다는 두려움이 없다면 모든 구성원은 발언을 적극적으로 할 것이고 동료들은 그 아이디어에 건설적인 제안들을 덧붙이게 될 것이다. 이런 토론을 반복하다 보면 누구도 생각지 못한 멋진 아이디어가 만들어진다. 이처럼 직원들이 느끼는 심리적 안정감은 집단 창의성과 조직 학습을 촉진한다.

몰입형 모델은 직원들이 가족 혹은 우리라는 연대 의식을 갖은 덕분에 우호적인 사회적 관계를 형성한다. 앞서 말한 것처럼 사회적 자본은 개인들이 가지고 있는 독특한 지식과 경험을 기꺼이 동료들과 공유하도록 함으로써 동료들의 성과뿐 아니라 조직 전체의 성과를 높이는 데 기여하게 된다.

결국 팀워크, 공동체, 가족 의식을 강조하는 몰입형 모델은 직원들 사이에 신뢰, 주인 의식, 심리적 안정감, 사회적 자본을 발전시킴으로써 직원들의 직무 몰입과 시민 행동을 극대화하고 집단 지성Collective intelligence을 발휘할 수 있도록 한다. 항공 산업 같은 서비스 산업뿐 아니라 혁신을 강조하는 IT 산업에서도 새스, 시스코시스템즈 같은 회사들이 몰입형 모델을 통해 지속적인 혁신과 성장을 할 수 있었던 비결이 여기에 있다. 몰입형 모델은 한마디로 조직 내 모든 개인에 대한 신뢰와 존경을 바탕으로 평범한 사람들의 잠재력을 믿고 이들의 '숨겨진 힘Hidden value'을 활성화함으로써 예외적인 조직 성과를 내는 사람관리 모델이다.

몰입형 모델의 한계

일부 학자들은 직원들과 조직 모두에게 긍정적인 효과가 있는 몰입형 모델은 어떤 산업, 어떤 기업에서도 효과적인 보편적인 사람관리 모델이라고 주장한다. 하지만 현실을 돌아보면 몰입형 모델을 사용하는 기업이 그리 많지 않다.

기업들이 몰입형 모델을 채택하지 않는 이유는 다양하다.[39] 몰입형 모델은 직원에 대한 믿음과 장기적인 투자를 전제로 한다. 따라서 비용과 효율성을 강조하는 전략, 경영자의 단기적 성과 지향성, 부하 직원의 능력과 동기에 대한 경영자의 믿음 부족, 관리자는 터프하거나 분석적이어야 한다는 전통적 사고 등이 존재할 때 해당 기업은 몰입형 모델을 채택하기 어렵다. 대신 이런 기업들은 단기적 효율성에 초점을 두는 직무성과주의나 예측 가능성과 안정성을 강조하는 내부노동시장 모델을 선호하게 된다.

몰입형 모델에 대한 비판적 관점들은 모든 직원이 몰입형 모델을 환영하는 것은 아니라는 점을 강조한다. 사우스웨스트항공 사례에서 볼 수 있듯 몰입형 모델은 직원들의 업무 강도와 스트레스를 증가시킬 수 있다. 일부 사람들은 재량권을 쓰는 데 두려움을 가질 수 있고, 더 많은 재량권을 원하더라도 그에 따른 책임을 더 떠안고 싶은 않은 성향이 있다. 몰입형 모델은 조직을 수평화시키고 노조와 경영자 간의 전통적인 대립 구조를 완화하기 때문에 현장 관리자, 감독자, 노조 전임자들은 그들의 지위와 권력이 약화될 것이라는 두려움이 있을 수 있다.

한편 몰입형 모델을 채택한 기업들의 사례를 보면 사업이나 규모를 확장하는 데 매우 신중하다. 사우스웨스트항공은 엄청난 성장에도 불구하고 여전히 단거리 국내 노선에 집중하고 있다. 대형 항공사들과 경쟁하는 장거리나 국제선 노선에 진출하지 않고 있다는 말이다. 새스는 회사의 성장에도 불구하고 주주보다 직원들의 이익에 초점을 둬야 한다는 경영 철학을 바탕으로 주식 상장을 추진하지 않고 있다.

이처럼 몰입형 모델을 추구하는 기업들은 직원을 우선시하고 그들의 조직문화를 보존하는 데 일차적 관심을 가지며 주가나 규모에 집착하지 않는다. 따라서 몰입형 모델을 추구하는 기업들의 가시성은 상대적으로 낮고, 주가나 규모에 관심을 쏟는 기업들은 몰입형 모델을 상대적으로 덜 선호할 수 있다.

소수의 뛰어난 사람에게 의존하는 것보다 평균적인 사람들의 집단적 힘을 이끌어내려면 장기적인 관점에서 사람에게 투자하고 사람에 대한 믿음과 인내심을 가질 필요가 있다. 그러나 비즈니스 환경이 급변하는 상황에서는 빠른 혁신 능력이 기업 경쟁력을 좌우할 수 있다. 이 경우 기업은 몰입형 모델보다 혁신과 변화의 속도가 매우 빠른 스타형 모델을 선호할 가능성이 높다.

INSIDE

3부

변화하려면 사람을 먼저 이해하라

OUT

어떤 패러다임이든 패러다임을 구성하는 제도들을 들여다보면 공통적으로 모든 제도가 기업이 추구하는 사람관리 철학을 일관되게 반영하고 있다. 직무성과주의, 내부노동시장형, 스타형, 몰입형은 각각 사람에 내재된 비용, 조직 자본, 인적 자본, 사회적 자본에 초점을 두면서 사람을 관리하고 사람을 통해 가치를 창출하고자 한다.

기업은 지속적으로 변해야 한다. 하지만 과거로부터 단절될 수는 없다. 변화는 자신의 회사에서 일하는 사람과 문화를 이해하는 데서 출발해야 하며, 자신들의 강점을 발전시키면서 사업과 연계시킬 수 있을 때 기업은 지속적인 경쟁 우위를 확보할 수 있다.

01

우리 기업은
어떻게 사람을 관리할 것인가

지금까지 역사적으로 발전해온, 이론적으로 입증돼온 사람관리의 네 가지 패러다임을 살펴보았다. 각각의 패러다임을 대변하는 기업의 사례를 보면서 여러분은 아마도 잘 짜인 각본을 읽는 듯한 느낌이 들었을 것이다. 이 네 가지 패러다임이 지향하는 사람의 모습과 사람에 대한 철학이 명확하고, 모든 제도가 완벽한 내적 적합성 Internal fit을 갖추고 있기 때문이다.

모든 사람관리의 패러다임은 사람에 대한 명확한 관점과 철학에서 출발한다. 기업에서 사람은 어떤 존재이며, 어떻게 대우받아야 하는지, 기업은 어떤 사람을 필요로 하며, 사람을 통해 어떻게 성과를 창출할 수 있는지 각각의 패러다임은 관점이 상이하다. 직무성과주의는 비용으로서 사람을 전제하고 직원들에게 맡은 일을 잘하는 직원이 되도록 요구한다. 사람을 관리하는 비용을 엄격히 통제하면서 효율성을 극대함으로써 조직 성과에 기여하고자 한다. 내부노동시장형은 조직 특유의 지식을 축적하고 이를 내재화한 사람, 한마디로 충성심으로 무장한 조직인을 내부적으로 육성함으로써 제품과 서비스의 일관성과 신뢰성을 확보하고자 한다. 스타형은 창의적이고 탁월한 소수의 인재가 기업과 세상을 이끌어 간다는 전제 아래 각 개인의 역량을 극대화함으로써 시장에서 변화와 혁신을 주도하고자 한다. 몰입형은 평범한 사람들의 힘을 믿고 협력적이며 헌신적인 동료들 간의 소속 의식과 연대 의식을 강화함으로써 인적자원의 유연성과 집단 창의성을 극대화하고자 한다. 한마디로 직무성과주의, 내부노동시장형, 스타형, 몰입형은 각각 사람에 내재된 비용, 조직 자본, 인적 자본, 사회적 자본에 초점을 두면서 사람을 관리하고 사람을 통해 가치를 창출하고자 한다.[1]

사람관리 패러다임에 따른 기대와 보상

기업이 직원들에게 무엇인가를 기대한다면 직원들에게 그에 상응하는 적절한 보상Reward을 제공해야 한다. 모든 거래는 거래 당사자 간에 주고받는 것이 균형을 이룰 때 유지할 수 있으며 고용 관계 역시 마찬가지다. 만약 기업이 직원들에게 제공하는 보상이 그들에게 요구하는 의무보다 더 작다면 직원들은 그 거래가 불공정하다고 생각할 것이며, 고용 관계는 안정적으로 유지될 수 없다. 따라서

[그림 3-1] 사람관리 패러다임과 사람에 대한 철학

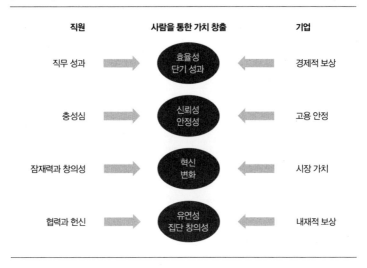

직원	사람을 통한 가치 창출	기업
직무 성과	효율성 단기 성과	경제적 보상
충성심	신뢰성 안정성	고용 안정
잠재력과 창의성	혁신 변화	시장 가치
협력과 헌신	유연성 집단 창의성	내재적 보상

모든 사람관리 패러다임은 기업과 직원 간 상호 기대가 어떻게 균형을 이룰 수 있는지 명시적으로 규정해야 한다.

직무성과주의에서 기업이 직원들에게 기대하는 일차적 의무는 자신이 맡은 직무에서 성과를 달성하는 것이며, 직원들이 회사로부터 기대하는 일차적 보상은 급여 같은 경제적 보상이다. 내부노동시장형에서는 직원들이 충성심에 대한 대가로 기대하는 일차적 보상은 고용 안정이다. 스타형에서 직원들은 회사로부터 경제적 보상이나 고용 안정보다 그들의 '시장 가치'를 높여줄 것을 기대한다. 몰입형에서 직원들은 협력과 헌신에 대한 대가로서 소속감, 존중, 애정 같은 내재적 보상을 얻을 수 있다.

사람관리 패러다임에 따른 고용 거래 조건의 차이

모든 거래는 무엇을 거래할 것인가뿐 아니라 거래 조건도 명시화해야 한다. 언제 거래를 해야 하며 거래 조건을 어떻게 결정할 것인지 구체화해야 한다. 각각의 사람관리 패러다임은 기업과 직원 간 고용 거래의 조건을 상이한 형태로 명시화한다.

시장에서 물건을 구매할 때와 친구에게 선물 받는 상황은 서로가 상대방에게 무엇을 주고받는 거래에 해당하지만, 교환하는 시점 혹은 기간은 상이하다. 전자를 경제적 혹은 업무적 거래Economic or transactional exchange, 후자를 사회적 혹은 관계적 거래Social or relational exchange라 한다.[2]

여러분이 상점에서 상품을 구매할 때 상점 주인과 여러분은 서로에게 무엇을 언제 주고받아야 하는지, 즉 거래가 발생하는 시점과 내용을 사전에 명확히 정의해놓아야 한다. 상점 주인은 여러분에게 상품을 인도해야 하고 여러분은 상품을 인도받으면 대금을 지불해야 한다. 경제적 거래는 거래 조건이 사전에 명확히 정의될 뿐 아니라 거래 관계가 유지되는 기간도 상대적으로 짧다. 여러분은 특정 상품을 특정 상점에서만 구매할 의무가 없으며 상점 주인도 여러분에게만 특정 상품을 판매해야 할 의무가 없다. 따라서 거래 당사자들은 특정 거래 관계에 얽매일 필요가 없으며 더 좋은 거래 조건을 제시하는 파트너를 찾아 자유롭게 이동한다.

친구에게 선물을 받는 교환 관계는 이와 다르다. 친구에게 선물을 받으면 여러분은 친구에게 무엇을 돌려주는가? 즉시 선물 대금을 돌려줄 것이라고 답하는 사람은 드물 것이다. 대신 고맙다는 말을 하거나 저녁을 사기도 하고 그 친구에게 다른 선물을 보답하기도 할 것이다. 그렇다면 여러분이 어떤 친구에게 여러 번 선물을 줬는데도 그 친구가 여러분에게 한 번도 선물을 주지 않는다면 어떨까? 모든 거래는 균형을 이뤄야 한다. 친구 관계도 마찬가지다. 친구 관계를 유지하기 위해 여러분이 친구에게 호의를 베풀었다면 언젠가는 그 친구도 여러분에게 무엇인가로 보답해야 한다.

하지만 그 친구가 여러분에게 언제 어떻게 보답할지는 사전에 명확히 정의돼 있지 않다. 그 친구가 항상 여러분에게 위로가 되는 따뜻한 말을 해주는 것으로 보답할 수도 있고, 여러분이 직장을 잃었을 때 새로운 직장을 추천해주는 형태로 보답할 수도 있다. 이처럼 사회적 거래는 거래 조건이 사전에 명확히 정의돼 있지 않다. 다만 거래 당사자들은 장기간에 걸쳐 교환 관계가 균형을 이룰 것이라는 믿음을 바탕으로 거래 관계를 유지한다.

고용 관계는 기본적으로 경제적 거래에서 출발한다. 하지만 사람관리의 패러다임에 따라 경제적 거래에 머무를 수도 있고 사회적 거래를 포함할 수도 있다. 직무성과주의와 스타형에서는 고용 관계가 경제적 거래에 치중돼 있다. 회사와 직원이 서로에게 기대하는 바가 사전에 명확히 정의돼 있고, 양자는 거래 조건이 충실히 이행되는지 지속적으로 평가하면서 거래 조건이 충족되지 않았다고 판단하면 즉시 거래를 종료한다. 예를 들어 기업은 직원들의 단기적 업적을 평가하고 그에 따라 성과급을 지급하거나 적절한 성과 수준을 달성하지 못한 저성과자들은 해고한다. 직원들 역시 자신이 보유하고 있는 지식과 경험은 범용 가능하기 때문에 더 좋은 고용 조건을 제시하는 회사를 찾으면 언제든지 이직을 한다.

이에 반해 장기적인 고용 관계를 가정하는 내부노동시장형과 몰입형은 회사와 직원 간에 사회적 관계를 발전시킨다. 서로를 신뢰하고 정서적으로 몰입하며 일체감을 느끼면서 단기적인 교환 관계가 불균형을 이루더라도 장기적으로 교환 관계가 균형을 이룰 수 있다고 가정한다. 예를 들어 젊을 때는 노력에 비해 보상이 작지만 나이가 들면 노력에 비해 더 많은 보상을 받을 수 있다는 기대가 존재한다.

사람관리의 패러다임에 따라 고용 조건을 결정하는 주체도 다르다. 대개 직원들이 어떤 일을 해야 하며 언제 승진하고 어떤 보상을 받아야 하는지를 결정하는 주체는 노동 상품의 수요자인 기업이다. 그런데 여러분이 병원에 가서 의사의 진료를 받는 상황을 생각해보자. 의사가 어떤 치료를 해야 하고 얼마나 진료비를 받아야 하는지를 결정하는 주체는 노동 상품을 공급하는 의사다. 그렇다면 왜 의사는 환자들과의 거래 관계에서 거래 조건을 결정하는 주체가 될 수 있을까? 바로 의료 행위에 대해 수요자인 환자들보다 공급자인 의사가 지식이 더 많은 덕분이다. 한마디로 의사는 전문가다.

전통적인 고용 관계에서 사용자인 기업이 고용 거래 조건을 결정한 배경은 직원들보다 회사 혹은 상사가 해당 업무에 대해 더 많은 정보와 지식을 갖고 있다고 가정했기 때문이다. 이런 가정에 기반한 직무성과주의와 내부노동시장형은 회사와 직원, 상사와 부하의 관계가 수직적·위계적 관계를 형성한다.

하지만 노동을 공급하는 직원들의 전문성이 높을수록 고용 관계를 결정하는 과정에서 직원들의 참여와 재량권은 확대된다. 스타형에서 뛰어난 인재가 보유한 지식은 대부분 표현될 수 없는 암묵지Tacit knowledge다. 다시 말해 사용자인 기업은 개인이 보유한 지식을 속속들이 알지 못한다. 몰입형에서 사람들 사이의 관계에서 내재된 사회적 자본 역시 제삼자가 관찰하거나 평가하기 어려운 암묵지다. 따라서 스타형과 몰입형을 추구하는 기업에서 사람에 내재된 지식을 정확히 평가하고 관리하는 것은 어려울 수밖에 없다. 그에 따라 직원들의 참여와 재량권은 보장한다.

우리는 '기업이 있어야 직원이 있다'는 고정관념을 가지고 있다. 하지만 이는 회사와 직원, 상사와 부하 직원 간의 수직적 관계를 가정하는 직무성과주의 혹은 내부노동시장형에 머물고 있기 때문이다. 스타형과 몰입형을 추구한다면 기업과 직원의 관계는 보다 수평적으로 바뀔 것이다. '직원이 있어야 회사가 있다' 혹은 '직원이 회사를 선택한다'는 관점의 전환이 필요한 셈이다.

[그림 3-2] 고용 관계의 유형과 구조

고용 관계의 유형

	경제적 거래	사회적 거래
통제형	직무성과주의	내부노동시장형
참여형	스타형	몰입형

(고용 관계의 지배 구조)

명확한 철학과 내적 적합성을 갖춘 제도

기업이 표방한 사람에 대한 철학을 직원들이 정확히 이해하려면 모든 사람관리 제도가 내적 적합성을 갖출 수 있도록 설계해야 한다. 어떤 패러다임이든 패러다임을 구성하는 제도들을 들여다보면 공통적으로 모든 제도가 기업이 추구하는 사람관리 철학을 일관되게 반영하고 있다.

몰입형을 구성하는 제도들은 직원들에게 일관되게 자신이 맡은 일을 넘어 협력적이고 헌신적인 팀원이 되도록 요구한다. 스타형을 구성하는 제도들은 기업은 뛰어난 인재를 필요로 하며 그런 인재에게 더 많은 보상을 할 것이라는 시그널을 보낸다.

사람관리 패러다임을 구성하는 제도들은 어떤 제도가 결여돼 있으면 다른 제도들이 제대로 작동하지 않는 상호 보완적 관계다.

예를 들어 몰입형에서 개인 평가와 보상이 없어 직원들이 무임승차자가 될 수 있다는 우려를 할 수 있다. 하지만 집단 성과에 연계된 보상, 가치에 기반한 선발, 광대한 조직 사회화는 직원들이 동료 집단으로부터 받는 사회적 압력Peer pressure을 강화함으로써 잠재적 무임승차의 문제를 억제한다. 스타형을 추구하는 기업이 잠재력이 뛰어난 인재를 영입했다 하더라도 그들의 역량을 개발할 수 있는 기회나 충분한 보상을 제공하지 않는다면 스타를 육성하고 유지하는 데 어려움을 겪을 수밖에 없다.

사람관리의 특정 패러다임을 추구하는 기업들의 구체적인 제도, 예를 들면 면접 방식은 조금씩 다를 수 있다. 하지만 네 가지 사람관리 패러다임은 [표 3-1]과 같이 채용, 개발, 평가, 보상, 직무 설계에서 차별적인 원칙과 정책을 적용한다.

사람을 채용할 때 직무성과주의는 직무와 개인의 적합성을, 내부노동시장은 지원자의 기본 자질과 소양을, 스타형은 지원자의 잠재력을, 몰입형은 개인의 가치와 조직 가치와의 적합성을 강조한다. 직무성과주의는 직무 수행에 필요한 최소한의 교육만 제공하는 데 비해 스타형은 개인의 시장 가치를 높여줄 수 있는 광범위한 교육 훈련, 특히 일을 통해 육성한다.

직무성과주의와 내부노동시장형은 보상이나 승진을 결정하기 위해 직원 평가를 하지만, 스타형과 몰입형은 관리 목적보다 직원들을 개발하고 육성하기 위한 피드백을 제공하는 데 평가의 목적

[표 3-1] 사람관리 패러다임과 제도의 내적 적합성

구분	직무성과주의	내부노동시장	스타형	몰입형
채용	• 개인 경험과 지식의 직무 적합성	• 기초적인 학습 능력	• 잠재력	• 가치 적합성
개발	• 개발보다는 활용 최소의 직무 중심 교육	• 기업 특유의 지식 • 조직문화 이해를 위한 사회화 교육	• 고용 가능성 확보를 위한 범용 가능 지식 • 공식적, 비공식적 교육 훈련	• 팀워크와 사회적 관계 형성 • 조직문화 이해를 위한 사회화 교육
평가	• 관리 목적 평가 • 결과 평가	• 관리 목적 평가 • 행위 평가	• 개발 목적 평가 • 성과와 역량 평가	• 개발 목적 평가 • 집단 및 과정 평가
보상	• 직무급(기본급) • 개인 인센티브 • 최소의 복리후생	• 연공급/직무급 • 높은 복리후생 수준	• 낮은 기본급 비율 • 개인 인센티브 • 집단 인센티브 • 차별적 보상	• 높은 인센티브 • 집단 인센티브 • 높은 복리후생 수준 • 보상 차별화 최소화
직무 설계	• 엄격한 직무 세분화 • 규제와 룰 강조	• 엄격한 직무 세분화 • 직무의 위계 구조	• 직무 확대 및 충실화 • 직무 순환 • 종업원 재량권/참여	• 팀 중심 구조 • 종업원 재량권/참여

을 둔다.

직무성과주의나 내부노동시장형은 직무나 근속 연수에 따라 임금을 지급하고, 성과급보다 고정급의 비중이 높다. 반면 스타형과 몰입형은 공통적으로 고정급보다 성과와 연계된 보상의 비중이 높다. 하지만 스타형은 개인의 업적과 성과에 따른 차별적 보상을 강조하는 데 비해, 몰입형은 집단과 조직 전체의 성과와 연계된 보상이 차지하는 비중이 높고 개인 간 혹은 직급 간 임금 격차의 폭이 상대적으로 적은 평등주의적 임금 구조를 띠게 된다. 회사와 직원 간 사회적 거래를 형성하는 내부노동시장형과 몰입형은 직원들의 고용을 보장한다. 직무성과주의와 내부노동시장형은 상사와 부하의 권한과 책임이 명확히 구분되는 위계적 구조를 띠는 데 반해, 스타형과 몰입형은 직원들에게 권한을 위임하는 수평적 구조를 지향한다.

이제 사람관리의 네 가지 패러다임 간 차이를 명확히 이해했을 것이다. 어떤 사람관리 패러다임이든 사람에 대한 철학을 명확히 정의하고 모든 제도를 내적 일관성이 있도록 설계해야 한다는 점을 기억하기 바란다.

각 패러다임이 내포한 사람에 대한 철학과 패러다임을 구성하는 제도들을 보면서 본인 회사는 어떤 패러다임을 지향하는지, 어떤 측면에서 개선이 필요한지 확인할 수 있을 것이다. 그다음 자연스럽게 "우리 회사에 어떤 패러다임이 적합할까?"라는 질문을 하게 될 것이다.

앞에서 나는 인사이드 아웃 관점에서 외부의 환경에 따라가는 것이 아니라 여러분 조직의 과거, 현재, 미래를 통찰함으로써 사람관리 패러다임을 발전시켜야 한다는 점을 강조했다. 또한 네 가지 사람관리의 패러다임의 장단점을 제시함으로써 여러분 회사가 특정 패러다임을 지향할 때 사람을 통해 어떻게 성과를 창출할 수 있으며 어떤 도전 혹은 한계에 직면할 수 있는지도 설명했다. 이런 내 주장들을 일목요연하게 정리하고 여러분 회사가 미래에 어떤 변화를 모색해야 하는지를 이해하기 쉽게 설명하기 위해 흥미로운 연구를 소개한다.

신흥 기업에 대한 스탠퍼드 프로젝트

스탠퍼드대학의 제임스 배론, 다이앤 버튼, 마이클 해넌은 1994년부터 2000년까지 실리콘밸리에 있는 스타트업을 대상으로 다수의 연구를 수행했다.[3] 이들은 '신흥 기업에 대한 스탠퍼드 프로젝트SPEC: Stanford Project on Emerging Companies'라고 명명된 프로젝트를 통해 1984년 이후 설립됐으며 1994년 기준 10명 이상의 직원을 둔 100여 개의 스타트업을 대상으로 연구를 진행했다.

조사에 포함된 기업들은 컴퓨터 하드웨어와 소프트웨어, 통신과 네트워크, 의료 및 생명 공학, 반도체 등 모두 하이테크 분야에 속한다. 해당 하이테크 분야의 경쟁 환경은 기술과 환경의 변화 속도가 매우 빠르고 산업 간 경계가 모호하며 혁신이 기업 성과의 거대한 차이를 불러오는 특징이 있었다.

SPEC는 경영자들과의 인터뷰와 설문을 통해 실리콘밸리의 창업자들은 사람에 대해 어떤 청사진을 가지고 있는지 조사했다. 창업자들의 청사진은 직원 선발의 일차적 기준Selection, 직원들을 동기부여시키고 조직에 머물도록 하는 유인Attachment, 직원들의 행위와 성과를 조정하고 통제하는 방식Coordination/control 등 세 가지 차원에서 사람에 대한 철학과 신념을 반영한다. 그 결과 [표 3-2]와 같이 창업자들의 사람에 대한 청사진은 전제형Autocracy, 관료형Bureaucracy, 스타형Star, 몰입형Commitment, 엔지니어링형Engineering 등 다섯 가지 원형Prototype으로 분류됐다.[4]

[표 3-2] SPEC에서 입증된 사람관리 원형

원형	해당 기업 비율	차원		
		유인	선발 기준	조정과 통제
전제형	7%	• 돈	• 직무 수행에 필요한 스킬	• 감독자의 지휘·통제
관료형	7%	• 흥미롭고 도전적인 일	• 직무 수행에 필요한 스킬	• 공식적 절차와 룰
스타형	9%	• 흥미롭고 도전적인 일	• 잠재력	• 자율과 전문가 의식
몰입형	14%	• 애정	• 가치 적합성	• 동료/문화적 압력
엔지니어링형	31%	• 흥미롭고 도전적인 일	• 직무 수행에 필요한 스킬	• 동료/문화적 압력

* 무형에 해당하는 기업은 33%였으며, 각 원형별 비율은 연구 표본에 따라 약간의 차이가 있다.

전제형과 관료형은 지금까지 설명한 직무성과주의와 내부노동 시장형에 가깝다. 실리콘밸리에서 엔지니어들을 관리하기 위해 지배적으로 쓰인 엔지니어링형은 내부노동시장형과 몰입형의 중간 형태에 해당된다.

SPEC가 발견한 첫 번째 흥미로운 사실은 실리콘밸리 기업 대부분이 스타형을 추구할 것이라는 일반 인식과 달리 네 가지 원형이 고루 분포돼 있다는 점이다. 특히 몰입형을 추구하는 기업이 스타형을 추구하는 기업보다 더 많았다. 연구자들이 무형Non-type으로 분류한 기업의 비율은 무려 33%나 됐다. 무형은 창업자가 일단 스타트업을 성공시키는 것이 중요하다고 생각하면서 사람에 대한 명확한 청사진을 갖고 있지 않는 경우와 서로 상충될 수 있는 세 개

이상의 원형을 동시에 포함하는 경우에 해당한다.

SPEC가 발견한 두 번째 흥미로운 사실은 한 기업의 사람관리 원형과 그 기업이 속한 산업이 별다른 관련이 없다는 점이다. 어떤 특정 산업에서 많이 발견되는 원형이 있기는 하지만 모든 산업에서 다양한 원형이 관찰됐다. 기업 규모나 연령도 기업이 추구하는 원형과 크게 관련되지 않았다. 이는 앞에서 산업과 같은 외부 환경이 기업이 추구하는 사람관리의 철학이나 제도를 결정하지 않는다는 견해를 뒷받침한다.

SPEC는 한 기업이 추구하는 사람관리 원형을 결정하는 요인을 특정하지는 못했지만 흥미로운 사실을 발견했다. 한 기업에서 발견된 사람관리 원형은 창업자들이 사업 초기에 구상한 사업 모델, 즉 전략과 밀접하게 관련돼 있다는 점이다.

초기 사업 모델이 원가 절감을 강조하는 기업은 모두 전제형을, 시장에서 기술 리더십Technology leadership과 고객 서비스를 강조하는 기업은 대개 스타형 혹은 엔지니어링을 추구하고 있었다. 몰입형을 추구하는 기업들은 고객 서비스를 강조하는 사업 모델을 추구하는 경우가 가장 많았지만 기술 리더십을 추구하는 기업의 사례도 적지 않았다. 결국 연구자들은 전략과 사람관리 모델은 상호 의존적이며 창업자들은 초기에 사업 모델과 사람관리 모델을 같이 구상한다는 사실을 발견했다.

SPEC에서 관심을 끄는 연구 결과는 [표 3-3]과 같이 기업이 추

[표 3-3] 사람관리 원형과 기업 성과

생존 확률	• 몰입형 > 스타형 > 무형 > 관료형 > 엔지니어링형 > 전제형
IPO 성공 가능성	• 몰입형 > 관료형 > 전제형 > 엔지니어링형 > 스타형 > 무형
IPO 후 시가총액 성장률	• 스타형 > 엔지니어링형 > 무형 > 관료형 > 몰입형 > 전제형

구하는 사람관리의 원형은 스타트업들의 성과에 유의미한 영향을 끼친다는 사실이다. 연구진들은 스타트업의 특성을 감안해 세 가지 성과 지표를 조사했다. 하나는 스타트업의 생존/실패 확률, 다른 하나는 IPO 여부, 마지막으로 IPO 후 시가총액의 성장률을 분석했다.

먼저 스타트업의 생존 확률과 관련해 몰입형이 가장 생존 확률이 높았으며 그다음이 스타형이 차지했다. 전제형을 추구하는 기업의 실패 확률이 가장 높았는데, 심지어 무형에 해당하는 기업들보다 실패 확률이 높았다. 실리콘밸리에서 IPO는 초기 성공의 지표가 되는데, 몰입형을 추구하는 기업들이 가장 빨리 IPO에 성공했다. 다음으로 IPO에 성공할 확률이 높은 원형은 관료형이었다. 무형에 해당하는 기업이 IPO에 성공할 확률이 가장 낮았으며, 스타형이 그다음으로 확률이 낮았다. 사람관리 원형은 IPO 후 시가총액에도 영향을 끼쳤는데, 스타형을 추구하는 기업에서 시가총액 성장률이 가장 높았다. 반면 전제형과 몰입형 순으로 상장 후 시가총액 성장률이 낮았다.

이 연구 결과는 네 가지 사람관리 패러다임의 장단점과 관련된 이전 설명과 일치한다. 혁신과 변화를 강조하는 환경에서 스타형이나 몰입형은 직무성과주의와 내부노동시장형에 비해 기업 성과가 우월하다. 스타형과 몰입형은 어떤 패러다임 우위에 있다기보다 서로 가치가 상이하다. 몰입형을 추구하는 스타트업들은 IPO에 성공해 안정적으로 생존할 확률이 높은 반면, 주식 시장에서의 성장률은 높지 않다. 스타형을 추구하는 스타트업들은 IPO에 실패하거나 오래 생존할 확률이 상대적으로 낮은 반면, 일단 생존한 후에는 시장에서 주목할 만한 성과를 냈다. 한마디로 스타형은 실패 위험도 높지만 그만큼 고수익 가능성도 높은 고위험 고수익High risk and high return 모형이라 할 수 있다.

구글, 애플, 페이스북같이 스타형을 추구하는 실리콘밸리 기업들을 보면 초기에는 주가가 바닥을 유지하다가 상당한 시간이 흐른 후에 급반등하는 패턴을 보인다. 이런 이유로 스타형을 추구하는 기업들은 시장에서 상대적으로 더 큰 가시성을 갖는다.

한편 SPEC의 연구 결과는 직무성과주의에 대응되는 전제형이 내부노동시장과 유사한 관료형에 비해 조직성과 측면에서 열위에 있다는 사실을 보여준다. 물론 이 연구 결과를 모든 분야에 일반화하기는 어렵지만, 적어도 직무성과주의와 혁신은 상호 배치된다는 사실을 보여준다.

SPEC는 창업자가 구상한 사람관리 원형이 기업의 구조화와 제도화 과정에 영향을 끼친다는 사실을 발견했다. 해당 기업이 어떤 사람관리 제도를 도입하는지, 인사 전문가를 얼마나 채용하는지, 관리자 비율을 얼마나 유지하는지, 조직 사명과 비전을 얼마나 구체화하는지, 조직 구조를 어떻게 설계하는지 등을 말이다.

SPEC는 또한 스타트업의 초기 사람관리 원형은 해당 기업이 성장하고 규모가 확장되더라도 대부분 안정적으로 유지된다는 사실을 발견했다. 조사 대상 기업 가운데 11%만이 성장 과정에서 사람관리 원형에서 극적인 변화를 경험했다. 사람관리 원형에서 변화가 나타난 기업 중에서는 스타형을 추구하는 기업이 가장 많았다. 스타형이나 몰입형에서 관료형으로 전환한 기업도 많았다. 이 연구 결과는 사람관리 패러다임이 안정적이고 그만큼 변하기 어렵다는 사실을 시사한다. 기업의 규모가 커지면 관리 효율성을 확보하기 위해 기업이 관료화되는 경향이 있다는 사실도 보여준다.

사람관리 원형에서 변화가 나타난 기업들 가운데 상당수는 흥미롭게도 외부에서 새로운 CEO를 영입한 기업들이었다. 이는 의도했든 의도하지 않았든 외부 CEO 영입이 기업의 변화를 촉진한다는 사실을 보여준다. 기업이 변화를 추진하기 위해 외부 인재를 영입하는 전략이 과연 효과적인지, 외부 인재 영입 과정에서 기업들이 흔히 범하는 오류는 무엇인지, 효과적인 외부 인재 영입 전략은 무엇인지는 다음 파트에서 좀 더 자세히 논의할 것이다.

SPEC는 마지막으로 사람관리 원형에서 변화가 관찰된 스타트업들을 대상으로 직원 이직률을 분석했다. 스타트업에서 직원은 가장 중요한 자산이다. 직원 이직률은 기업 성과와 직결되며, 직원 이직률이 높다는 것은 그만큼 변화에 대한 부정적 효과가 크다는 것을 의미한다.

그 결과 사람관리 원형에서 변화가 관찰된 모든 기업에서 직원들의 이직률이 증가했다. 기업이 어떤 형태의 변화를 추구하든 직원들은 변화에 부정적으로 반응하는 것이다. 한편 이직률 증가는 무형에서 또 다른 무형으로 전환되는 경우에 가장 높은 반면, 무형에서 특정한 원형으로 전환된 경우에 가장 낮았다. 이 연구 결과는 사람관리의 내적 적합성을 확보하는 것이 중요하다는 사실을 입증한다. 사람에 대한 명확한 철학을 정립하고 그에 맞게 제도를 일관되게 설계하는 방향으로 변화를 추진할 때 직원들은 변화를 보다 수용할 수 있다. 반대로 기업이 추구하는 사람관리의 철학이 서로 상충되는 요소를 포함하거나 사람관리 철학을 정립하지 않은 채 제도적 변화만 추구하는 경우, 직원들은 '우리 회사는 제도를 자주 바꾸기는 하는데 왜 바뀌는 거지?'라는 회의적 반응을 보이게 되며 변화의 부정적 효과는 그만큼 커질 수 있다.

SPEC는 무형에서 또 다른 무형으로 전환한 기업들 다음으로 어떤 원형에서 전제형이나 관료형으로 전환된 기업에서 직원 이직률 증가가 높다는 사실도 발견했다. 스타형이나 몰입형을 추구하는 기업이 어느 정도 성장하면 관료형이나 전제형으로 변하는 관성이 있다. 하지만 이는 직원들의 재량권과 참여를 제한하는 방향으로 변하기에 직원들의 반응이 부정적일 수밖에 없다. 결국 스타형과 몰입형을 추구하는 기업들의 공통 과제는 조직이 관료화되는 경향을 억제하는 것이다.

지금까지의 논의를 종합하면 시장과 기술이 상대적으로 안정적인 전통적인 기업 환경에서는 직무성과주의와 내부노동시장형이 매우 효과적인 사람관리 패러다임이었다. 하지만 4차 산업혁명으로 대변되는 21세기 경영 환경에서는 변화와 혁신이 더욱 중요해지고 이에 따라 스타형이나 몰입형의 중요성이 커질 가능성이 높다.

직무별, 개인별 사람관리 패러다임 차별화

네 가지 인적자원 패러다임에 대한 설명을 들은 후 많은 사람은 동일 회사 내에서 직무별 혹은 직군별로 다른 패러다임을 적용할 수 있는지 묻는다. 예를 들어 개발 직군이나 영업 직군에는 스타형을, 관리 직군에는 몰입형이나 내부노동시장형을, 제조 공장에는 직무성과주의를 적용하는 것이 타당하지 않느냐는 것이다. 이와 관련해 데이비드 르펙과 스콧 스넬은 한 기업에 하나의 인사 시스템One firm-one HR이 아니라 복수의 시스템을 동시에 적용하는 것One firm-multiple HR이 효과적이라고 주장한다.[5] 구체적으로 그들은 직무에서 요구되는 인적 자본의 가치Value와 특수성Uniqueness에 따라 직원들

[그림 3-3] 인적자원 아키텍처[6]

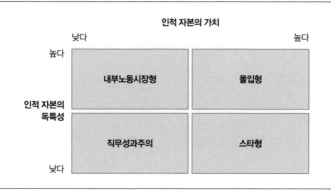

이 기업 성공에 기여하는 수준과 유형이 달라서 [그림 3-3]과 같이 한 기업 내에서도 직무별로 차별화된 인사 시스템을 적용하는 '인적자원 아키텍처HR architecture'를 설계해야 한다고 주장한다.

데이비드 르펙과 스콧 스넬은 다양한 산업에 속해 있는 148개 미국 기업을 대상으로 실증 연구를 진행한 결과, 기업들은 직무에서 요구되는 인적 자본의 특성에 따라 차별적인 인사 시스템을 적용한다는 사실을 입증했다.[7] 인적자원 아키텍처 모델에 의하면 각 기업은 직무에서 요구되는 인적 자본의 가치가 높을수록 직원들의 참여와 재량권을 보장하는 몰입형이나 스타형, 요구되는 인적 자본이 다른 기업에서 개발되고 사용될 수 없는 기업 특수적 성격을 가질수록 내부 개발에 초점을 두는 내부노동시장형이나 몰입형을 적용하는 것이 효과적이다.

한편 카네기멜론대학의 데니스 루소 교수는 한 단계 더 나아가 기업이 직원들의 근무 조건에 관한 요구 사항과 선호도에 대한 모든 정보를 알 수 없고, 각 개인이 원하는 모든 사안을 명시화하고 체계화할 수 없기 때문에 직원의 개인적 필요와 요구에 따라 개인별로 차별화된 개별적 근무 협약Idiosyncratic deal을 맺는 것이 효과적이라고 주장한다.[8] 어떤 직원들에게는 선택적 근무 시간을 허용하는 데 반해 다른 직원들에게는 MBA 교육을 지원하는 차별적인 보상 협약을 맺는 것이 필요하다는 것이다.

개인별 혹은 직군별로 차별화된 고용 관계를 설계하는 것은 경제적 관점에서 합리적이다. 하지만 사람들은 자신들과 유사하다고 믿는 사람들과 차별적인 대우를 받는 것을 공정하지 않다고 생각한다. 스탠퍼드대학의 제임스 배론과 데이비드 크렙 교수는 이런 관점에서 다음의 조건에서는 조직 내에서 차별적인 고용 관계를 적용하는 것이 어렵다고 주장한다.[9]

먼저 생산 과정에서 직원들 간 상호 의존성이 높고 협업이 필요한 경우다. 항공회사에서 기장과 부기장은 기술적 의존성이 높은데 이들에게 고용 보장을 차별적으로 적용하는 것은 바람직하지 않다. 두 번째로 직원들이 사회 경제적 혹은 인구 통계적으로 유사한 경우다. 동일한 대학을 나온 엔지니어와 사무직이 다른 업무를 수행한다고 고용 관계를 차별적으로 적용한다면 직원들은 불공정하다고 생각할 수 있다. 세 번째로 내부 인력 풀을 효율적으로 활용하기 위해 광범위한 인력을 이동하는 조직에서는 직무별 혹은 직원 간 차별적인 고용 관계를 적용하기 어렵다. 기존의 단합된 문화를 강조해왔던 조직 혹은 사회적으로 집단 간 차이를 용인하지 않는 사회적 분위기가 강한 경우에도 조직 내에서 개인별 혹은 집단 간 차별적인 고용 관계를 적용하기 어렵다.

최근 국내 기업들은 계열사 간 인사 시스템의 일관성을 유지하는 것이 효율적인지 의문을 갖기 시작했다. 위의 이론적 논의에 기반할 때 과거 우리 기업들은 계열사 간 인사 시스템의 일관성을 유지하는 것이 나름 효과적이었다. 수직 계열화와 선단식 경영 체제에서 계열사 간 기술적·경제적 상호 의존성이 높았다. 외부노동시장이 발달되지 않은 상태에서 계열사 간 인력 이동을 통해 인력 운영의 효율성을 확보할 수도 있었다. 대기업에 근무한 인력들은 대부분 인구 통계적, 사회 경제적 유사성이 높았으며 단합을 강조하는 조직문화와 사회 분위기가 강했다. 결국 개별 회사 내에서 혹은 그룹 내 계열사 간 어느 범위까지 인사 시스템을 차별화할 것인지의 문제는 경제적 효율성과 사회적 공정성의 두 가지 측면에서 접근해야 한다.

02

기업문화의 과거, 현재, 미래를
이해하라

사람관리는 기업이 요구하는 직원들의 바람직한 역량, 가치, 행위, 태도 등을 명시적으로 규정한다. 그런데 한 조직에 속한 일원들이 지켜야 할 사고와 행동에 대한 암묵적 규칙이 존재한다. 바로 조직문화다.

조직문화는 한 조직의 구성원들이 공유하고 있는 가치Value, 옳고 그름에 대한 판단 기준, 신념Belief, 대상이나 사건의 바람직한 상태에 대한 믿음, 당연시되는 가정Assumptions의 집합이다. 개인의 가치, 신념, 성격은 눈으로 관찰할 수는 없지만 그들의 행위에 지속적으로 영향을 끼치는 것처럼 조직문화도 구성원들이 무엇에 주의를 기울여야 하는지, 주어진 대상을 어떻게 이해하고 어떻게 감정적으로 반응해야 하는지, 각각의 상황에서 어떻게 행동해야 하는지에 대한 공유된 '인식도Mental map'를 제공한다.[10]

따라서 경영자들이 사람관리 제도를 통해 바람직한 직원들의 사고와 행동을 유도하려면 조직문화에 대한 이해가 필수다.

사람관리와 조직문화는 상호 의존적

조직문화는 오랜 시간에 걸쳐 형성되며 안정적이고 쉽게 변하지 않는다. 조직문화 분야의 세계적 석학인 에드거 샤인Edgar Schein은 조직문화는 기본적으로 창업자의 가치, 신념, 비전이 조직에 투영되고, 성공 경험을 통해 구성원들에게 공유되며, 시간이 지나면서 공유된 학습 경험Shared learning experience이 점차 덜 의식적이고 비가시적인 형태로 조직에 내재화됨으로써 형성된다고 주장한다.[11] 즉 창업자의 가치와 신념이 기업 활동에 투영되면서 동일한 가치와 신념을 가진 사람들이 모이게 되고, 그 기업이 실패하지 않고 계속 성장한다면 창업자의 개인적 가치와 신념은 일종의 성공 법칙으로서 구성원들에게 공유된다.

공유된 가치와 신념이 기업의 성장 과정에서 도전과 장애를 극복하고 지속적으로 기업의 성공에 기여한다면 조직에서 당연하게 받아들여지는 가정으로 굳어지게 된다.[12]

조직문화는 구성원들이 행동하는 방식과 서로를 대하는 방식, 환경과 상호 작용하는 방식, 조직 내 의사 결정 과정에 영향을 준다. 따라서 조직문화는 기업에서 어떤 사람관리 패러다임이 나타나는지, 사람관리 제도에 대해 직원들은 어떻게 반응하는지에 영향을 끼친다. 사람관리 제도가 직원들이 공유하고 있는 가치와 신념에 부합할 때 그 제도는 수용성이 높고 직원들의 사고와 행동에 강력한 효과를 발휘하게 된다. 하지만 사람관리 제도가 직원들이 공유하고 있는 가치나 신념과 충돌한다면 직원들은 해당 제도에 반감을 느끼거나 저항하게 된다.[13]

예를 들어 협력과 공동체 의식을 강조하는 조직문화가 존재할 때 직원들은 상대 평가와 개인 성과에 따른 차별적 보상 제도에 저항하거나 왜곡할 가능성이 높다. 마찬가지로 순응과 위계를 강조하는 조직문화가 존재할 때 직원들의 창의성을 촉진하기 위한 보상과 참여 제도는 의도한 대로 실행되지 못할 수 있다. 요약하면 사람관리 패러다임은 해당 기업의 조직문화를 반영한다.

사람관리는 조직문화의 영향을 받는 동시에 직원들이 어떤 가치와 신념, 행동으로 무장해야 하는지에 대한 강력한 메시지를 전달함으로써 조직문화를 형성하고 변화시키는 동인이 되기도 한다. 조직문화는 덜 의식적이며 비가시적인 형태로 존재하기에 공식적이고 의식적인 노력을 통해 조직문화를 변화시킬 수 있는지는 여전히 논쟁거리다.

하지만 많은 연구자는 새로운 구조와 제도들이 일관된 메시지를 전달하는 경우 특정한 직원들의 독특한 사고와 행동을 허용하지 않는 강한 상황Strong situation이 만들어지고, 이러한 과정을 거쳐 직원

들이 공유하는 가치와 신념에 변화가 있을 수 있다고 주장한다.[14]

기업문화는 또한 기존의 가치와 신념을 뒤흔드는 외부 환경인 경제적·법률적·사회적 기술 환경의 변화, 새로운 가치와 신념으로 무장한 리더와 직원들의 외부 영입을 통해 변하기도 한다.[15] 외부에서 영입된 루이스 거스너Louis Gerstner가 관료주의 문화가 팽배한 IBM에 '현장제일주의'와 '소비자제일주의' 문화를 정착시킨 사례나 잭 웰치가 보수적이며 관료적이던 GE에 경쟁의 가치를 심어준 사례들이 대표적이다.

어떤 리더를 육성하고 영입할 것인지, 그리고 어떤 특성을 가진 인재를 채용할 것인지는 사람관리의 영역에 해당된다. 또한 기업은 새로운 인력을 확보하기 위해 다른 사회적 규범이 존재하는 새로운 지역에 공장을 신설하거나 다른 지역으로 공장을 이전하는 경우처럼 사람관리를 통해 외부 환경을 선택하고 기업문화의 변화를 꾀할 수 있다.

결과적으로 사람관리와 조직문화는 상호 의존적이며 기업 내에서 사람들의 사고와 행동을 결정하는 상호 보완적 역할을 한다. 따라서 기업이 어떤 사람관리 패러다임을 추구하든 의도한 성과를 창출하려면 조직문화와 적합성을 확보해야 한다.[16] 기업이 추구하고 있는 현재의 사람관리 패러다임이 어디로부터 왔는지, 잠재적 문제점은 무엇인지, 앞으로 어떤 방향으로 변해야 하는지에 대한 해답을 얻으려면 조직문화에 대한 이해가 필수다.

경쟁가치모형

지금까지 조직문화를 분석하는 다양한 이론 모델을 개발해왔지만 학계와 실무계에서 가장 많이 인용하는 모델은 로버트 퀸과 동료들이 개발한 경쟁가치모형Competing value framework이다. 경쟁가치모형은 조직 유효성Organizational effectiveness을 측정하는 경쟁적이거나 때로는 서로 상충되는 다양한 측정 지표 간의 패턴을 분석하고, 이와 연계해 조직문화를 유형화한 이론 모델이다.

구체적으로 한 조직의 성과를 평가하고 성공을 판단하는 기준은 매우 다양하다. 효율성, 이익, 성장, 혁신, 안정성, 혁신, 직원 사기, 응집력 등을 들 수 있다. 퀸과 동료들은 이전 연구에서 입증한 39개의 조직 유효성 지표 간의 관계를 분석해 유사성을 가진 지표들을 두 가지 차원과 네 가지 유형으로 분류했다.[17]

조직 유효성 지표들을 차별화하는 한 가지 차원은 유효성 지표가 유연성Flexibility, 재량권Discretion, 역동성Dynamism을 강조하는지 아니면 안정성Stability, 질서Order, 통제Control를 강조하는지에 따라 분류된다. 즉 어떤 조직은 변화와 적응 능력을 성공의 기준으로 삼는 데 반해, 또 어떤 조직은 조직을 얼마나 안정적이며 예측 가능하며 기계적인Mechanistic 방식으로 운영해왔는지를 성공의 기준으로 본다. 다른 차원은 조직 유효성 지표는 내부 지향성Internal orientation, 통합Integration, 통일성Unity에 초점을 두는지 아니면 외부 지향External orientation, 차별화Differentiation, 경쟁Rivalry에 초점을 두는지를 기준으

[그림 3-4] 경쟁가치모형

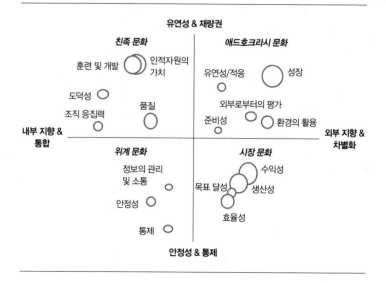

로 구분한다. 전자는 조직 내부의 화합을 성공의 핵심 기준으로 보는 데 반해, 후자는 시장에서 경쟁 우위를 확보하는 것을 성공의 핵심 기준으로 본다. 로버트 퀸과 동료들은 이러한 두 가지 차원을 결합해 [그림 3-4]와 같이 조직 유효성 지표들을 네 가지 유형으로 분류했다.

조직 유효성 지표의 네 가지 유형은 조직에서 옳은 것, 좋은 것, 적절한 것을 판단하는 핵심 가치와 가정을 반영한다. 퀸은 이를 기준으로 조직문화를 유형화했다.

위계 문화Hierarchy culture 는 막스 베버가 안정성, 효율성, 예측 가능성을 실현할 수 있는 이상적 조직 형태라고 주창한 관료주의 조직에서 흔히 발견되는 조직문화 유형이다. 명확한 명령 체계, 표준적인 절차와 룰, 통제, 책임 의식을 조직 성공의 핵심 요소로 가정한다.

시장 문화Market culture는 시장에서의 경쟁과 고객이나 공급자 같은 외부 이해관계자들과의 거래에서 발생하는 거래비용Transaction cost에 초점을 두는 조직에서 발견되는 조직문화 유형이다. 조직문화를 지배하는 핵심 가치는 생산성과 경쟁력이다.

친족 문화Clan culture는 일종의 가족형 기업에서 주로 발견되는 조직문화다. 룰과 절차 혹은 시장 경쟁이나 수익보다 구성원 간의 공유된 목표, 응집력, 직원들의 참여, 팀워크와 '우리' 의식을 강조한다.

애드호크라시 문화Adhocracy culture는 매우 혼란스럽고 격변하는 환경에서 기업가적이고 창의적이며 선구자적인 역할을 하는 조직만이 성공할 수 있다는 가정에 기반한다. 창의성, 혁신, 적응성 Adaptability, 유연성Flexibility이 조직문화의 핵심 가치를 구성한다.

퀸과 동료들은 조직문화를 구성하는 여섯 개의 차원을 입증한다. ① 조직의 지배적인 특성, ② 이상적인 리더십, ③ 직원들을 관리하는 스타일, ④ 조직을 통합하는 메커니즘, ⑤ 조직의 성공을 견인하는 전략적 요소, ⑥ 조직 성공의 기준에 대한 공유된 가치와 가정을 포함한다. 조직문화의 각 유형은 [그림 3-5]와 같이 여섯 개의 차원에서 다른 특성을 보인다.

[그림 3-5] 조직문화 유형별 특징

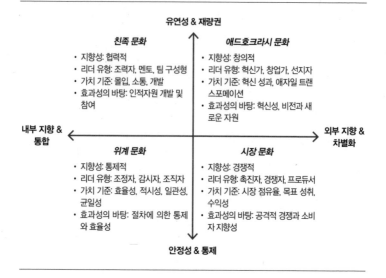

유연성 & 재량권

친족 문화
- 지향성: 협력적
- 리더 유형: 조력자, 멘토, 팀 구성형
- 가치 기준: 몰입, 소통, 개발
- 효과성의 바탕: 인적자원 개발 및 참여

애드호크라시 문화
- 지향성: 창의적
- 리더 유형: 혁신가, 창업가, 선지자
- 가치 기준: 혁신 성과, 애자일 트랜스포메이션
- 효과성의 바탕: 혁신성, 비전과 새로운 자원

내부 지향 & 통합

외부 지향 & 차별화

위계 문화
- 지향성: 통제적
- 리더 유형: 조정자, 감시자, 조직자
- 가치 기준: 효율성, 적시성, 일관성, 균일성
- 효과성의 바탕: 절차에 의한 통제와 효율성

시장 문화
- 지향성: 경쟁적
- 리더 유형: 촉진자, 경쟁자, 프로듀서
- 가치 기준: 시장 점유율, 목표 성취, 수익성
- 효과성의 바탕: 공격적 경쟁과 소비자 지향성

안정성 & 통제

위계 문화는 조직은 공식화와 잘 짜인 구조의 집합체로 인식되며 구성원들은 주어진 절차에 따라 행동하도록 요구된다. 리더는 구성원들이 주어진 절차에 따라 행동하는지를 관찰하고 조정하는 역할을 수행한다. 시장 문화는 결과를 강조하고 경쟁에서 '이기는Winning' 데 초점을 두기 때문에 리더는 목표 달성을 위해 직원들을 강하게 밀어붙이는 스타일을 선호한다.

친족 문화가 형성된 조직은 단순히 돈을 버는 직장이 아니라 구성원들이 많은 것을 서로 공유하는 친밀한 공간으로 인식되며 개인들의 장기적 발전, 직원들의 사기와 응집력을 높이는 데 관심을 갖는다. 친족 문화에서 요구되는 이상적 리더십 스타일은 멘토 혹은 부모 같은 리더다.

애드호크라시 문화는 조직을 기업가적이고 창의성이 넘치는 공간으로 정의하기 때문에 구성원들은 기꺼이 위험을 감수하고 끊임없이 새로운 도전과 실험을 감행해야 하며 리더는 비전, 혁신, 위험 지향적인 특성이 있어야 한다.

조직문화의 현재와 미래 파악

[표 3-4]는 퀸과 동료들이 조직문화를 진단하기 위해 개발한 조직문화 진단 도구Organizational culture assessment instrument다. 이 평가 도구를 사용해 조직문화를 분석하는 절차는 다음과 같다. 조직문화의 여섯 가지 차원과 관련된 각 항목별로 주어진 Ⓐ, Ⓑ, Ⓒ, Ⓓ 네 가지 응답이 여러분 기업의 현재 특성과 일치하는 정도에 따라 100점을 '현재'란에 배분한다. 같은 요령으로 여러분이 미래에 원하는 기업의 모습을 반영해 항목별로 100점을 '선호'란에 배분한다.

이 조직문화 평가 도구의 결과를 집계하면 여러분 회사에 존재하는 조직문화의 현재 모습과 여러분이 원하는 바람직한 조직문화의 미래 모습을 찾아낼 수 있다. 여섯 항목의 '현재'란 Ⓐ에 배분된 총점수를 더해 6으로 나눠 평균을 구한다. Ⓑ, Ⓒ, Ⓓ 응답도 동일한 방식으로 평균값을 구한다.

[표 3-4] 조직문화 진단 도구

1 주요 특징	현재	선호
Ⓐ 조직은 매우 인간적이며 마치 가정의 연장선 같다. 직원들은 자신의 많은 것을 서로 공유한다.		
Ⓑ 조직은 매우 역동적이며 기업가적인 곳이다. 직원들은 기꺼이 위험을 감수하려고 한다.		
Ⓒ 조직은 결과를 매우 중요시하며 성과 목표 달성에 초점을 둔다. 직원들은 매우 경쟁적이고 성취 지향적이다.		
Ⓓ 조직은 매우 통제적이고 구조화된 곳이다. 직원들은 업무 처리를 하는 데 공식적인 절차를 중시한다.		
합계	100	100

2 조직 리더십	현재	선호
Ⓐ 조직의 리더는 전형적으로 조언자나 후원자 역할을 한다.		
Ⓑ 조직의 리더는 전형적으로 혁신, 모험, 기업가정신을 실천한다.		
Ⓒ 조직의 리더는 전형적으로 공격적이며 결과와 성취 지향적 행동을 한다.		
Ⓓ 조직의 리더는 전형적으로 조정, 조직화, 효율성을 추구한다.		
합계	100	100

3 조직 관리	현재	선호
Ⓐ 조직 관리는 팀워크, 합의, 참여를 중시한다.		
Ⓑ 조직 관리는 개인적 도전과 혁신, 자유, 개성을 중시한다.		
Ⓒ 조직 관리는 치열한 경영, 다양한 요구, 성취에 초점을 둔다.		
Ⓓ 조직 관리는 신분 보장, 조직 안정, 일체감, 예측 가능성을 강조한다.		
합계	100	100

4 조직 결속	현재	선호
Ⓐ 조직을 결속시키는 힘은 충성심 및 상호 신뢰다. 조직에 대한 몰입은 강하다.		
Ⓑ 조직을 결속시키는 힘은 혁신과 발전에 대한 몰입이다. 한 발 앞장서서 나아가는 것이 강조된다.		
Ⓒ 조직을 결속시키는 힘은 과업 성취와 목표 달성에 대한 강조다.		
Ⓓ 조직을 결속시키는 힘은 공식적인 규정과 지침이다. 원만하게 조직을 운영하는 것이 중요하다.		
합계	100	100

5 조직 전략	현재	선호
Ⓐ 조직 전략은 인력 개발, 높은 신뢰, 개방성 및 지속적 참여를 강조한다.		
Ⓑ 조직 전략은 새로운 자원을 획득하거나 도전을 창조하는 것을 강조한다. 새로운 것을 시도하고 기회를 탐색하는 것에 가치를 둔다.		
Ⓒ 조직 전략은 경쟁적 행동과 성과를 강조한다. 목표 달성과 경쟁에서의 승리하는 것을 중요시한다.		
Ⓓ 조직 전략은 지속성과 안정성을 강조한다. 능률, 통제, 원만한 운영을 중요시한다.		
합계	100	100

6 조직의 성공 기준	현재	선호
Ⓐ 조직의 성공 기준은 인적자원의 개발, 팀워크, 구성원 몰입, 사람에 대한 존중이다.		
Ⓑ 조직의 성공 기준은 독특하고 새로운 제품과 서비스를 만들어내는 것이다. 혁신가이자 시장 선도자가 되는 것이 중요하다.		
Ⓒ 조직의 성공 기준은 경쟁에서 승리하는 것이며 경쟁적 우위를 가지는 것이다. 시장에서 경쟁력을 확보하는 것이 중요하다.		
Ⓓ 조직의 일차적 성공 기준은 효율성 향상이다. 제품과 서비스 제공의 신뢰성을 확보하고 일정을 무리 없이 관리하며 생산 원가를 낮추는 것이 핵심이다.		
합계	100	100

동일한 절차에 따라 여섯 항목의 '선호'란 Ⓐ, Ⓑ, Ⓒ, Ⓓ에 배분된 총점수를 더해 6으로 나눠 각각의 평균을 구한다. 마지막으로 각 평균 점수들은 [그림 3-6]과 같이 도식화할 수 있다.

이런 과정을 거쳐 여러분은 한 기업의 지배적인 조직문화 유형과 함께 조직문화의 강도(평균 점수), 조직문화의 합의성Consensus, 여섯 개 차원 간 점수의 차이을 진단할 수 있다.

나는 강의 중에 수백 명의 관리자와 직원들을 대상으로 이 조직문화 평가 도구를 사용해 비공식적 설문 조사를 실시해왔다. 설문 분석을 해보면 위계형 조직문화가 지배적인 기업이 소수 나타나기는 하지만 대부분의 경우 시장 문화가 지배적인 [그림 3-6]과 유사한 결과가 나타난다.

흥미로운 것은 [그림 3-6]은 카메룬과 퀸이 저서에서 다수의 미국 기업들의 평균적인 조직문화로 제시한 것과 일치한다. 카메룬과 퀸은 이런 평균적인 조직문화는 어디까지나 '평균'에 해당하며 실제로는 기업 간 조직문화의 차이가 명확하다는 점을 강조한다. 그런데 국내 기업들을 대상으로 설문을 해보면 놀랍게도 기업 간 조직문화의 차이가 거의 없다. 아마도 국내 기업들이 20년 동안 경쟁과 성과를 강조하는 성과주의를 글로벌 스탠다드로 인식하고 이를 지속적으로 추구해온 결과로 보인다.

한편 관리자와 직원들을 대상으로 설문해보면 거의 모든 기업에서 관리자나 직원들이 선호하는 기업문화는 현재 모습과 매우

[그림 3-6] 기업문화의 현재 모습

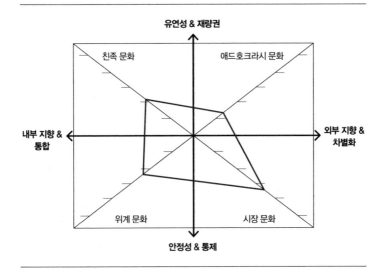

다르다. 관리자와 직원들이 선호하는 기업문화는 거의 대부분 [그림 3-7]과 일치한다. 즉 관리자 그룹과 직원들 모두 직원들의 참여와 재량권을 부여하는 조직문화를 더 이상적이라고 생각한다. 이런 분석 결과는 SPEC에서 직원들에게 더 많은 재량권을 부여하는 스타형과 몰입형으로 사람관리 패러다임이 변하는 경우 직원들의 부정적 반응이 가장 적다는 연구 결과와 일맥상통한다. 맥그리거D. McMgregor의 XY이론과도 일치한다.

전통적 관리 조직은 사람은 본래 일하기를 싫어하고 야망이 없고 책임지기를 싫어하며 명령에 따라가는 것을 좋아하고 변화에

[그림 3-7] 선호하는 기업문화

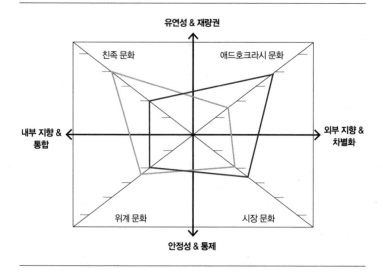

저항적이고 안전을 원하며, 자기중심적이며 속기 쉽고 영리하지 못하며 사기에 잘 속는다고 X이론을 가정한다. 하지만 맥그리거는 인간의 본성은 일을 싫어하지 않고 사람은 조직의 목표 달성을 위해 자율적으로 자기 규제를 할 수 있으며, 조직 목표에 헌신적 인간, 즉 Y이론에 가깝다고 주장한다.

퀸의 경쟁가치모형과 조직문화 평가 도구를 활용해 여러분 조직의 현재 모습과 구성원들이 선호하는 미래 모습을 분석해보기 바란다. 위계, 시장, 친족, 애드호크라시 조직문화의 속성을 들여다보면 각각 내부노동시장, 직무성과주의, 몰입형, 스타형 사람관리 패러다임과 일치한다. 따라서 조직문화 분석을 통해 여러분 기업의 사람관리 철학과 제도가 현재의 조직문화와 외적 적합성을 갖추고 있는지 확인할 수 있을 것이다.

관리자와 직원들이 선호하는 조직문화가 무엇인지를 분석하라. 스타형과 몰입형 사람관리 패러다임은 혁신이 강조되는 불확실한 환경에서 어떤 것이 우위에 있다고 말할 수 없는 경쟁적 모델이다. 또한 공정성 논의에서 더 자세히 설명하겠지만, 조직 변화에 대한 저항을 최소화하려면 직원들의 참여와 목소리를 반영하는 것이 매우 중요하다. 따라서 혁신을 강조하는 방향으로 조직문화를 변화시키고자 한다면 직원들이 친족형을 선호하는지 애드호크라시를 선호하는지 확인해보기 바란다.

03
인재 영입의 함정과
성공 조건

혁신과 변화를 추구하려면 기업은 끊임없이 새로운 지식을 확보해야 한다. 사람이 기업의 일차적인 지식의 원천이라 가정할 때 기업은 내부 직원을 육성하고 학습을 촉진하거나 뛰어난 인재를 외부에서 영입함으로써 새로운 지식을 확보할 수 있다. 내부 직원의 육성과 학습을 통해 새로운 지식을 창조하는 전략은 경쟁사들이 모방하기 어려운 기업 특유의 지식을 축적할 수 있도록 한다. 하지만 기술과 시장의 변화를 예측하기 어려운 초경쟁 사회에서 기업이 필요로 하는 지식을 모두 내부에서 확보하는 것은 현실적으로 어렵다. 그래서 기업들은 점차 인재 영입을 확대하고 있다.

미국 기업들의 경우 1970년대 외부에서 영입된 CEO 비율이 15%에 지나지 않았지만 1990년대 27%까지 증가했다. 2017년과 2018년에도 각각 31%와 27%가 영입 CEO인 것으로 조사됐다.[18]

1990년대 중반 미국 대학 및 사업주 연합NACE: National Association of Colleges and Employers 소속 251명의 채용 전문가를 대상으로 서베이를 실시한 결과, 대졸 직무에 경력직을 채용하는 비율이 62.5%에 달하는 것으로 조사되기도 했다.[19]

앞에서 언급한 것처럼 구글이나 넷플릭스 같은 실리콘밸리 기업들은 평균적인 능력을 가진 사람을 교육을 통해 슈퍼스타로 키워내는 일은 불가능에 가깝다고 보고 교육 훈련보다는 인재 영입에 더 많은 투자를 하고 있다. 우수 인력을 확보하기 위해 아예 기업을 M&A하는 인수 채용Acquihirng 전략을 사용하는 기업들도 늘고 있다. 국내에서도 CEO를 외부에서 영입하는 사례가 늘고 있으며 전체 채용 인력의 30~40%를 경력직으로 충원하는 기업도 있다. 경력직 채용을 확대하고 기업이 필요한 인력을 적시에 확보하기 위해 전통적인 대규모 대졸 공채 중심의 인력 채용에서 벗어나 수시 채용 제도를 도입하는 국내 기업도 늘고 있다.

인재 영입이 실패하는 이유

개인이 보유한 지식은 상당 부분 암묵지이기에 인재 영입은 기업이 새로운 지식을 확보하는 효과적인 수단이다. 반도체 불모지인 한국에서 삼성이 글로벌 기업에 근무하던 엔지니어들을 대규모로 영입해 선진 기술을 유입하고 미래 지식 창조를 위한 대규모 역량을 확보함으로써 반도체 성공 신화를 이룬 사례가 대표적이다.[20] 최근 일본 전자업체 파나소닉이 구글 부사장 출신 마쓰오카 요코를 임원으로 영입하면서 쓰가 가즈히로 파나소닉 사장이 "기존의 사람은 기존의 것밖에 생각하지 못한다"고 말한 것처럼 기업은 뛰어난 인재의 영입을 통해 기존 직원들을 자극하고 내부 경쟁을 강화하는 '메기 효과'를 기대할 수 있다.[21] 컨설팅이나 회계법인 같은 전문가 조직에서는 뛰어난 인재들을 영입함으로써 새로운 고객을 확보하거나 단기간에 시장에서 명성을 높일 수도 있다.

하지만 인재 영입을 통해 새로운 지식을 확보하고 기업의 변화와 혁신을 도모하는 전략이 항상 성공적인 것은 아니다. 하버드대학의 조셉 보우어 교수는 1,800건의 CEO 승계 자료를 분석한 결과, 내부에서 승진한 CEO가 외부에서 영입된 CEO에 비해 월등하게 성과가 높다는 사실을 발견했다.[22] 유명한 경영 사상가인 짐 콜린스 역시 좋은 기업을 넘어 위대한 기업이 된 기업 중 5%만이 CEO를 외부에서 영입한 데 반해 성과가 낮은 기업의 30%가 외부에서 CEO를 영입했다는 조사 결과를 제시하고 있다.[23]

우리는 이전에 찬사를 받던 경영자들이 다른 기업의 CEO로 영입된 후 실패한 사례들을 적지 않게 볼 수 있다. HP를 나락으로 떨어뜨린 주범으로 비난받는 칼리 피오리나Carly Fiorina나 GE에서 잭 웰치의 후계자로 언급될 만큼 촉망받던 경영자였지만 홈 디포Home Depot CEO로 영입된 후 1년 만에 해고된 밥 나델리Bob Nardelli, 타깃과 애플에서 기록적인 수익을 냈지만 JC 페니스J. C. Penny에서 17개월 만에 CEO 자리에서 물러난 론 존슨Ron Johnson 등이 대표적이다.

와튼스쿨 교수인 매튜 비드웰Matthew Bidwell은 미국 투자은행을 대상으로 한 연구를 통해 외부 영입 인재들은 내부 승진자들보다 18% 더 높은 보상을 받는 데 비해 이직률은 61%나 높고, 내부 승진자들과 동일한 성과를 내는 데 3년이 걸린다는 연구 결과를 발표했다.[24] 하버드대학의 보리스 그로이스버그 교수는 다양한 연구를 통해 외부 영입 인재의 한계를 지속적으로 지적하고 있다. 투자은행의 애널리스트를 대상으로 한 그의 연구에 따르면, 스타 애널리스트의 46%가 영입 후 성과가 하락했으며 5년 이내에 이전 성과 수준을 회복하지 못했다.[25]

이처럼 인재 영입이 실패하는 이유는 무엇일까? 보리스 그로이스버그, 난다, 노히라는 논문 「스타 영입의 함정」(2004)에서 인재 영입이 실패하는 네 가지 이유를 제시하고 있다.[26]

"박수칠 때 떠나라"라는 말이 있다. 하지만 기존 조직에서 잘나가는 사람이 이직을 결심하는 경우는 드물다. 성과가 하락하고 조직에서 입지가 흔들릴 때 사람들의 이직 동기가 높아진다. 그만큼 채용 시장에 나와 있는 인력 중 성과의 최고점을 지난 사람들이 많다. 외부에서는 인재들의 이런 성과 변동을 관찰하기 어렵다. 그래서 기업들은 흔히 스타의 과거의 화려한 명성만 보고 영입을 추진하기도 한다. 과거의 성과나 명성은 반드시 미래의 성과와 연결되지 않을뿐더러, 자칫 전성기를 지나 업무 추진 열정과 역량이 점차 떨어지는 인재를 프리미엄을 주고 영입하는 오류를 범할 수 있다.

선진 기업 출신의 영입 인재들이 기대만큼 성과를 내지 못하는 사례들을 볼 수 있을 것이다. 이 경우 단순히 영입 인재가 환경 차이를 극복하지 못하고 조직 적응에 실패했다고 생각할 수 있다. 하지만 인재 영입이 실패하는 이유는 개인 성과의 원천을 제대로 이해하지 못한 탓이다. 개인이 조직에서 업무를 수행할 때 인적 자본, 사회적 자본, 조직 자본 등 세 유형의 지식을 활용한다. 이 중에서 스타가 이직할 때 가지고 떠날 수 있는 지식은 대부분 인적 자본이다. 당연히 이전 직장에서의 성과가 뛰어난 동료와 최고 수준의 인프라로부터 나온 것이라면 영입 인재가 새로운 조직에서 동일한 성과를 내는 일을 기대하기 어렵다. 현존하는 축구계 최고의 스타 리오넬 메시가 아르헨티나 국가 대표팀에서는 소속팀 FC 바르셀로나에서만큼 성과를 내지 못하는 것도 바로 이런 이유다. 결국 이전 직장의 잘 갖춰진 시스템과 동료에 기반한 성과를 개인 업적으로 오판하는 경우 인재 영입은 기대한 성과에 미치지 못한다.

영입 인재들이 제대로 성과를 내지 못하는 또 하나의 이유는 그들이 새로운 조직에서 백지상태에서가 아니라 과거의 경험에 기초해 현상을 이해하기 때문이다. 영입 인재들 중 "이전 직장에서는 이렇게 했는데"라는 말을 자주 되풀이하는 사람들이 있다. 과거의 관행이나 행동 패턴을 빨리 버리지 못하는 사람들은 그만큼 새로운 조직에 적응하는 데 어려움을 겪는다. 토요타는 미국 시장에 진출하면서 이전에 미국 자동차 공장에서 일한 경험이 있는 인력들을 채용하지 않았다고 한다. 이전 직장의 문화나 시스템, 동료에 몰입된 인재들은 새로운 조직의 문화와 업무 방식을 학습하는 데 어려움을 겪기 때문이다. 이전 조직에서 학습한 관행이나 업무 스타일을 잊는 탈학습Unlearning은 학습의 전제 조건이라는 사실을 간과할 때 인재 영입은 실패할 수밖에 없다.

영입 인재들이 새로운 기업에서 성과를 내려면 해당 기업에서 동료들과 사회적 관계를 구축하고 문화와 업무 방식을 빨리 학습해야 한다. 그런데 영입 인재들 중 새로운 조직에서 동료들과 시스템에 얽매일수록 향후 그들의 경력 기회가 제한될 수 있다는 생각을 가진 인재들이 있다.

영입 인재들이 동료들과 긴밀한 사회적 관계를 형성하고 해당 조직의 업무 방식과 문화를 학습하려면 같이 일하는 동료들의 도움이 절대적으로 필요하다. 만약 같이 일하는 동료들이 새로 영입된 인재들에게 배타적인 태도를 가지고 있다면 영입 인재들은 그만큼 새로운 조직에 적응하는 데 어려움을 겪게 된다. 영입 인재들이 실패하는 네 번째 이유는 바로 그들이 새로운 기업에서 사회적 자본을 구축하고 조직 자본을 학습하지 못하기 때문이다.

저자들이 제시한 인재 영입의 함정을 요약해보자. 영입 인재가 성과의 정점을 지난 경우, 이전 직장에서의 성과가 동료나 시스템에 의존한 경우, 과거의 사고방식과 행동 패턴이 강하게 형성돼 탈학습에 어려움을 겪는 경우, 새로운 조직에서 사회적 자본과 조직 자본을 학습하는 데 어려움을 겪는 경우, 인재 영입은 기대 이하의 결과를 낳을 수 있다. 이런 함정들을 뒤집어보자. 인재 영입을 성공적으로 하려면 영입 인재의 과거 성과나 명성뿐 아니라 미래의 성장 잠재력을 평가해야 한다. 이전 직장에서의 성과가 진짜 본인의 실력인지, 이전 직장에 대한 탈학습을 잘할 수 있는지, 새로운 조직에 얼마나 빨리 적응할 수 있는지, 기존 직원들과 얼마나 빨리 융화될 수 있는지를 검증해야 한다.

무경계경력자

한 개인의 경력은 그 사람이 보유한 역량, 인지적 특성, 의사 결정 방식 등 개인의 다양한 특성을 반영한다. 따라서 인재 영입 시 기업은 엄격한 검증 과정을 통해 개인의 역량과 태도를 평가할 뿐 아니라 영입 인재의 과거 경력을 들여다볼 필요가 있다. 성공 가능성이 가장 높은 영입 인재는 성과의 정점을 지나지 않았으며 이전의 성과가 개인의 역량에 의존한 비중이 높고, 이전 조직에서 구축한 사회적 자본과 조직 자본을 빨리 잊는 동시에 새로운 직장에서 사회적 자본과 조직 자본을 빨리 학습할 수 있는 사람이다.

　과연 이런 사람들은 누구일까? 히딩크 감독이나 크리스티아누 호날두처럼 주기적으로 조직을 옮기면서 지속적으로 성과를 내는 사람들이다. 학계에서는 이런 경력을 가진 사람들을 무경계경력자 Boundaryless careerer라 칭한다.[27]

전통적인 고용 관계에서는 개인의 경력이 한 조직의 경계에 머물렀던 데 반해, 무경계경력자들은 조직의 경계를 넘나들며 자신의 경력을 관리하고 발전시킨다는 의미에서 붙여진 명칭이다. 무경계경력자는 우리에게 다소 생소하지만 높은 이직률을 보이면서 지속적으로 회사를 옮기는 것이 당연시되는 실리콘밸리에서 흔히 볼 수 있다. 회사를 주기적으로 옮기면서 계속 높은 성과를 낸다는 것은 그들이 팀의 동료나 시스템의 영향을 상대적으로 덜 받고 새로운 조직에 빨리 적응할 수 있는 능력이 있다는 것을 의미한다. 따라서 이런 무경계경력자들은 영입 후에 지속적인 성과를 낼 확률이 높다. 같은 이유에서 여러 번 이직을 경험한 CEO들도 다양한 조직에서 성공과 실패의 결과를 낳은 전략을 수립하고 실행한 경험을 획득함으로써 새로운 기업에서 직면한 도전에 적용할 수 있는 다양한 스킬을 보유하고 있고, 대안 전략을 추구하고, 그러한 전략과 관련된 위험을 감수하려는 의지가 강하므로 영입된 조직에서 전략적 변화를 성공적으로 이끌 확률이 높다.[28]

기업들은 흔히 이직 경험이 많은 외부 인재들을 부정적으로 평가한다. 하지만 위의 견해들은 오히려 적정한 수준의 이직을 경험한 외부 인재들을 영입하는 것이 기업에 도움이 될 수 있음을 시사한다. 물론 모든 기업이 이런 인재들을 활용할 수 있는 것은 아니다. 무경계경력자들은 일반적으로 인적 네트워크를 통해 조직을 이동하며 새로운 직장 선택 시 자신의 시장 가치를 높이는 데 관심을 쏟는다. 따라서 이런 인재들과 인적 네트워크로 연결돼 있고 그들의 역량을 높이는 데 도움을 줄 수 있는 뛰어난 내부 인재들이 존재하지 않는다면 무경계경력자를 찾아내기도 어렵고 유인하기도 어렵다. 무경계경력자들은 주기적으로 조직을 옮기는 까닭에 다시 조직을 떠날 가능성이 높다. 그만큼 이들을 통해 기업의 독특한 지식이 외부로 유출될 위험이 존재한다. 이런 위험을 피하는 가장 좋은 방법은 영입 인재가 내부 인재들을 보완하는 역할만 담당하도록 하는 것이다. 결국 영입 인재의 이직 경험은 조직에 도움이 되지만 내부에 뛰어난 인재들이 충분히 존재하지 않는다면 영입 인재들을 효과적으로 활용하기 어렵다.

영입 인재의 사회적 자본과 조직 자본

인재 영입을 성공적으로 하려면 영입 인재가 이전 직장에서 활용한 사회적 자본과 조직 자본의 특성을 고려해야 한다. 영입 인재가 이전 직장에서 업무를 수행하는 과정에서 동료나 탁월한 시스템의 도움을 많이 받았다면 영입 후 성과가 하락할 가능성이 높다. 이를테면 이전 직장에서 특허를 상당히 획득한 발명가라 하더라도 이전 직장의 동료들과 공동 출원한 특허가 많다면 같이 일한 동료들을 집단으로 영입하지 않는 한 영입 후 성과가 하락할 가능성이 높다.[29]

기업들은 흔히 상위 기업에서 오래 근무한 인재들을 영입하려는 경향이 있다. 그러나 해당 기업에는 이전 직장과 비슷한 수준의 탁월한 동료나 시스템이 없어 영입 인재가 이전만큼 성과를 내기 어려울 가능성이 높다. 보리스 그로이스버그와 동료들은 1989년부터 2001년까지 다른 회사 CEO로 영입된 전직 GE 임원들을 대상으로 영입 후 성과를 비교해봤다. 그 결과 사회적 자본과 조직 자본의 수준이 낮은 회사에 영입된 임원들의 성과 하락 폭이 컸다.[30]

저자가 국내 증권회사에 근무하는 애널리스트들의 조직 간 이동을 분석한 결과도 이런 견해를 뒷받침한다. 스타 애널리스트 중 하위 기업에 근무하는 스타 애널리스트와 젊은 스타 애널리스트들이 경쟁사에 더 많이 영입되는 것으로 조사됐다.[31] 결국 기업들은 글로벌 선진 기업이나 상위 기업에서 성과가 입증된 인재 영입에 초점을 맞추는 경향이 있는데 오히려 하위 기업들에서 탁월한 성과를 낸 인재, 젊고 유능한 인재를 영입할 때 인재 영입의 성공 가능성이 더 높다.

한편 IBM에 근무한 발명가들의 이직 원인을 분석한 연구를 들여다보자. 기업의 핵심 분야에서 전문성을 가진 발명가들은 외부시장 가치가 높지만 그들의 전문성이 기업 특유의 루틴과 절차를 내재하고 있을 가능성이 높아 이직 확률이 높지 않았다. 이런 연구 결과들을 종합하면 영입 인재들은 동료 특성이나 시스템, 문화가 유사하거나 더 우수한 조건에 있는 기업으로 수평 혹은 상승 이동Upward mobility을 할 때 상대적으로 더 높은 성과를 낼 가능성이 높다.

영입 인재는 결코 혼자 일하지 않는다. 영입 인재들이 새로운 조직에 빠르게 적응하면서 사회적 자본을 형성하고 조직 자본을 학습하려면 같이 일할 동료들의 특성도 중요하다. 많은 연구는 소수의 스타 인재에 의지하는 팀이나 조직은 구성원 간 권력의 비대칭Power asymmetry이 존재함으로써 새로운 지식이 자유롭게 교환되고 활성화되는 것을 방해하기도 하고 그들이 주도한 나쁜 아이디어를 제거할 사회적 과정이 존재하지 않기 때문에 다양한 아이디어를 결합해 혁신적 아이디어를 낼 확률이 낮다는 사실을 강조한다.[32] 영입 인재들이 새 조직에 적응하려면 상사나 동료로부터 충분한 조언과 지원을 받을 수 있어야 하는데, 이런 지원과 조언을 해줄 상사와 동료가 부족하다면 영입 인재가 기대한 성과를 낼 수 없다.[33] 결국 인재 영입의 효과는 기존 구성원들의 역량과 비례한다. 핵심 인재의 내부 육성 없이는 인재 영입이 실패할 가능성이 높다.

인재 영입의 성공 조건

기업들은 자신의 약점을 보완하기 위해 혹은 신규 사업에 진출하려는 목적으로 외부 인재를 영입하는 경우가 많다. 하지만 이런 목적의 외부 영입은 실패할 확률이 상대적으로 높다.

하버드대학의 앤드류 힐은 1970년부터 2007년까지 미국 NFL 팀들의 감독 영입 사례들을 분석한 결과, 팀의 강점(공격 혹은 수비)과 일치하는 전문성을 겸비한 감독을 영입한 팀들이 약점을 보완해줄 전문성을 겸비한 감독을 영입한 팀들보다 성적이 월등히 높다는 사실을 발견했다.[34]

이유는 신임 감독의 전문성과 배경이 팀의 강점과 다른 경우 문제 해결 방식, 기존 시스템과 자원에 대한 인지적 프레임워크의 차이가 존재하기에 팀의 기존 구성원들과 갈등을 겪고 커뮤니케이션의 어려움을 경험할 가능성이 높다. 팀이 보유한 강점을 쉽게 간과하거나 파괴하는 부작용 또한 초래한다.

이와 유사하게 보리스 그로이스버그와 동료들은 떠난 스타를 대체하거나 이전에 평범한 직원들이 수행하던 업무에 스타를 영입하는 경우보다 신규 사업을 위해 스타들을 영입할 때 실패 확률이 높다는 사실을 발견했다.[35] 후자의 경우 활용할 수 있는 보완적 자원(유사한 전문성을 가진 동료와 시스템)이 조직에 부족하고 스타가 보유한 지식을 조직 전체의 지식으로 전환하는 데 어려움을 겪기 때문이다.

기업들은 성과가 저조할 때 인재 영입을 통해 성과의 극적 향상과 전략적 변화를 도모하려고 한다. 하지만 아이즈 카라에블리와 에드워드 자작Zajac은 1972년부터 2010년까지 미국 항공업계와 화학업계에서 CEO를 영입한 사례를 분석한 결과, 성과가 낮고 조직 안정성이 낮을수록 CEO를 외부에서 영입했을 때 실패할 확률이 높다는 사실을 발견했다.[36]

이유는 기업이 어려울수록 능력 있는 CEO를 찾을 충분한 여유가 없고, 내부 구성원들의 외부 CEO에 대한 반감이 크며, 새로운 CEO가 바로 성과를 내야 한다는 이사회의 압력이 증가하고, 새로운 CEO는 이전 CEO와 다르게 행동하려 하기 때문에 기대한 성과를 내기 어렵다는 것이다.

지금까지의 논의를 보면 현실과 이론 간에 괴리가 존재한다는 것을 알 수 있다. 기업들은 자신의 약점을 보완하기 위해, 내부에 충분한 핵심인재가 없을 때 혹은 조직 성과가 저조할 때 극적인 성과 향상과 전략적 변화를 위해 인재 영입을 추진하는 경향이 높다. 하지만 연구자들은 오히려 기업이 내부에 충분한 핵심인재를 보유하고 있고 자신이 강점을 가지는 분야에서 영입 인재들을 보완적으로 활용할 때 인재 영입의 효과가 극대화될 수 있음을 강조한다.

물론 이런 연구 결과들은 어디까지나 인재 영입의 상대적 성과를 비교한 것이다. 신규 사업에 진출하기 위해 혹은 전략적 변화를 위해 영입 인재를 활용하는 것이 반드시 성공적이지 못하다는 것을 의미하지 않는다. 전략적 변화와 신규 사업에 진출하려면 다른 인재 영입 전략이 필요하다.

전략적 변화를 위한 인재 영입 전략

노벨 경제학상 수상자인 허버트 사이먼은 인재 영입을 통해 기업이 새로운 지식을 학습하려면 영입 인재들이 보유한 새로운 지식을 기존 직원들이 학습함과 동시에 영입 인재들도 기존 직원들로부터 배우는 상호 학습Mutual learning을 해야 한다고 주장한다. 하지만 이런 상호 학습은 한 기업의 기존 강점을 강화하면서 점진적 혁신을 할 수 있도록 하는 반면, 장기적으로 새로운 대안의 탐색을 저해하며 조직 관성을 촉진하는 문제를 야기할 수 있다.

따라서 그는 기업이 신규 사업에 진출하거나 혁신과 변화를 촉진하려면 기존 직원들이 영입 인재들이 보유한 지식을 빨리 학습하는 데 반해 영입 인재들은 기존 관행에 순응하는 속도가 느려야 한다고 주장한다.[37] 사이먼의 이런 주장은 기업의 강점을 강화하면서 점진적 혁신을 이루고자 하는 경우와 기업이 약점을 보완하거나 새로운 분야를 개척함으로써 급진적 혁신을 도모하는 경우 영입해야 할 인재의 특성이 달라야 한다는 것을 의미한다.

신규 사업 분야에 진출하고자 하는 경우 기업은 관련 분야에서 풍부한 경험을 쌓은 인재들을 영입하는 것이 효과적이다. 경험이 풍부한 인재들은 새로운 지식을 공급할 뿐 아니라 다른 기업에서 유사한 변화를 추진한 경험이 많고 해당 분야에 대해 정체성이 강해 기존 조직 관행에 저항할 역량과 의지가 강하다. 동시에 상대적으로 높은 지위와 권한을 가질 가능성이 크므로 기존 구성원들과 효과적인 사회적 관계를 구축하고 그들의 학습을 촉진할 수 있는 위치에 있다.[38] 이런 맥락에서 기업이 새로이 진출하고자 하는 분야의 명성이 높고 규모가 큰 기업에서 오래 근무한 인재들을 영입하는 것도 효과적이다. 이런 영입 인재들은 기존 관행에 저항할 역량과 의지가 높을 뿐 아니라 새로운 조직 관행을 이식하고 기업이 변화를 위해 필요한 외부 네트워크와 자원을 확보하는 데 도움을 줄 수 있다.[39]

소수의 인재 영입만으로는 기업의 혁신과 변화를 이끌어내는 데 한계가 있다. 혁신과 변화를 원하면 기업 내에 새로운 사회적 관계를 구축하고 새로운 시스템과 문화도 이식해야 한다. 그러려면 관련 분야 인재들을 대규모로 영입하는 '모판 뜨기Lift-out' 영입 전략이 필요하다. 삼성전자도 초기에 대규모 인재 영입을 통해 반도체 산업을 일으킬 수 있었다.

많은 연구는 CEO를 외부에서 영입해 조직 변화를 도모하고자 하는 경우에도 최고경영층을 대거 교체하는 전략이 효과적이라는 증거를 제시한다.[40] 대표적으로 타깃에 영입된 브라이언 코넬Brain Cornell과 포드에 영입된 자크 나세르Jacques Nasser를 들 수 있다.[41] 브라이언 코넬은 2014년 중반, 어려움을 겪던 타깃의 수장을 맡은 후 최소 5명의 최고경영진과 CFO를 대거 교체했다. 이들 중 일부를 외부 영입 인재로 교체했다. 이후 타깃의 주가는 S&P 수익률을 훨씬 웃돌았다. 반대로 1999년 포드 CEO에 오른 자크 나세르는 전임자로부터 물려받은 팀을 그대로 활용했고 그들은 조직문화의 변화를 거의 받아들이지 않았다. 나세르의 대다수 변화 시도가 무산됐고, 사내 정치의 희생양인 된 나세르는 34개월 만에 자리에서 물러나야 했다.

기업들은 당장 활용 가능한 인재를 영입하고자 한다. 영입 후 그 인재들이 즉각적으로 성과를 내기를 기대한다. 하지만 영입 인재들이 새로운 동료들과 사회적 관계를 구축하고 조직문화와 시스템, 업무 방식을 학습하려면 시간이 필요하다. 매튜 비드엘과 보리스 그로이스버그의 연구는 비록 일반화의 한계는 있지만 개인 성과에서 인적 자본의 비중이 상대적으로 높은 투자은행의 애널리스트들조차 이전과 동일한 성과를 내는데 최소 3년에서 5년의 시간이 걸린다는 사실을 보여준다.

영입 CEO들도 대부분 변화의 의지는 강한 데 비해 기업이 직면한 고유한 문제, 해당 기업의 고유한 문화와 관리적 룰을 깊이 있게 이해하지 못하기에 실패한다. 기업 운영의 핵심 플레이어들과 공감대를 형성하지 못하고 기존 직원들과 잠재적 갈등을 극복하지 못하는 것도 영입 CEO가 실패하는 주된 이유다.[42] 따라서 영입 CEO가 변화를 추진하려면 기업을 이해하기 위해 시간이 충분해야 한다.

IBM CEO로 영입된 루이스 거스너와 HP CEO로 영입된 칼리 피오리나는 이 점에서 서로 대비된다.[43] 나비스코RJR Nabisco에 근무하던 거스너는 1993년 IBM CEO로 영입된 직후 전면적 구조 개혁을 실시하지 않았다. 선임자들이 결정한 정책 실행에 집중할 것을 대내외적으로 천명했다. 거대한 공룡 IBM의 사업, 사람, 고객을 이해하는 데 충분한 시간을 가진 후 최고경영층의 물갈이를 포함한 사업 전반의 구조 개혁을 단행했다.

반면 통신 기업인 루슨트테크놀로지스에서 HP로 영입된 피오리나는 'HP 방식The HP way'으로 표방되는 HP의 고유한 기업문화와 직원들의 특성, 정치적 역학 관계를 충분히 이해하지 않은 채 컴팩을 인수하는 등 무리한 사업 확장을 추진하다 회사에 큰 손실을 입히고 이사회에서 해임됐다. 이렇듯 기업은 영입 인재들에게 기대하는 성과 기준을 사전에 명확히 정의하되 성과를 낼 수 있도록 충분한 시간을 주고 기다려야 한다.

인재 영입 시스템과 프로세스 구축

지금까지 논의한 내용을 종합하면 인재 영입의 성공 확률은 기껏해야 반반이다. 기업들은 인재 영입을 통해 극적인 성과 향상이나 전략적 변화를 도모하며 그들이 당장 성과를 내주기를 기대한다. 하지만 내부 직원들에 비해 외부 인재의 역량을 평가하기 위한 정보는 제한적인 탓에 영입 인재의 역량을 과대평가하는 경우가 적지 않다. 국내 기업들의 이야기를 들어보면 신입 사원 선발 과정보다 경력직이나 외부로부터 핵심인재를 선발하는 과정이 덜 엄격하다고 한다. 인재 영입은 엄격한 채용 프로세스를 거쳐 진행해야 한다. 기업은 인재 영입 과정에서 다음의 사항들을 유념해야 한다.

첫째, 인재 영입 시 영입 목적을 명확히 하고 채용 전략을 차별화해야 한다. 인재의 영입 목적은 기존 사업 혹은 기술과의 상호 의존성이 높은 경우와 낮은 경우, 점진적 혁신을 추구하는 경우와 급진적 혁신을 추구하는 경우로 나눌 수 있다. 전자는 채용 과정에서 영입 인재의 조직 시스템과 문화와의 적합성에 초점을 둬야 하며, 후자는 영입 인재가 새로운 시스템과 문화를 구축할 수 있는 역량과 의지를 갖추고 있는지에 초점을 둬야 한다. 후자는 관련 분야의 우수 인재를 대규모로 영입하고 그들에게 재량권을 부여해 새로운 동료 관계, 문화, 시스템을 구축할 수 있도록 해야 한다.

둘째, 핵심인재의 내부 육성 없이는 영입 인재를 확보하고 유지하기가 어렵다. 영입 인재들은 당장의 보수보다 장기적으로 자신들의 '시장 가치'를 높이는 데 관심을 가지므로 자신들이 배울 수 있는 동료, 즉 내부 핵심인재가 많은 기업으로 이동하는 것을 선호한다. 넷플릭스가 '훌륭한 일터는 뛰어난 동료들이 있는 곳'이라는 가치를 표방한 이유가 여기에 있다. 내부에 핵심인재들이 있어야만 영입 인재가 보유한 새로운 지식을 효과적으로 이전할 수 있고 그들이 조직을 떠나더라도 기술이나 지식이 유출되는 것을 방지할 수 있다.

인재를 영입하는 과정에서 영입 인력의 과거 성과, 지위, 타이틀,

평판 등에 지나치게 의존해서는 안 된다. 시장에 나와 있는 인재들은 성과의 최고점을 지났으며 미래 성장 가능성이 높지 않을 수도 있다. 이런 함정을 피하려면 헤드헌팅회사에 의존하기보다 채용 전담팀을 운영하고 사내 전문가 추천 제도를 활용해 우수 인재를 상시 발굴하고자 노력해야 한다. 이미 다른 회사에 근무하고 있는 인재, 우리보다 규모가 작은 회사에서 근무하고 있는 인재, 젊고 유능한 인재들을 지속적으로 발굴하고 파격적으로 영입하려는 노력을 기울여야 한다.

영입 인재의 성과는 개인의 역량에만 의존하는 것이 아니다. 같이 일하는 동료, 이전 회사의 문화와 시스템에 기반한 성과를 개인 역량으로 오판해서는 안 된다. 같이 일한 동료와 그들이 몸담았던 조직의 문화와 시스템을 평가하고 새로운 기업문화와 업무 방식에 적응할 수 있는지를 다각적으로 평가해야 한다. 특히 영입 인재가 이직 경험이 많다는 것이 반드시 부정적이지 않다는 사실을 기억해야 한다. 다수의 기업에서 다양한 경험을 쌓은 인재일수록 새로운 지식을 공급할 가능성이 높고, 창의적 문제 해결이 가능하며 인지적·정서적 유연성도 높아 새로운 조직에 쉽게 적응할 가능성이 높다. 한편 영입 인재의 이전 이직 경험을 분석할 때 이직을 몇 번 했느냐뿐 아니라 이직의 원인, 담당 직무의 유형, 이직 과정에서 축적한 역량과 지식을 확인하는 것이 중요하다.

영입 인재는 결코 혼자 일하지 않는다. 기존 직원들의 도움 없이는 영입 인재가 성과를 내기 어렵다. 따라서 영입 인재가 팀에 배치됐을 때 기존 직원들이 어떤 반응을 보일지 고려해야 한다. 영입 인재에 대해 기존 직원들은 상반된 태도를 가질 수 있다.[44] 한편으로는 뛰어난 영입 인재들과 함께 일함으로써 자신의 이미지가 향상될 수 있고 자신이나 자신이 속한 집단이 다양한 형태의 도움을 받을 수 있다고 생각할 수 있다. 반면 기존 직원들은 뛰어난 영입 인재로 인해 자신의 지위가 격하되고 그들에게 조직의 자원이 집중될 수 있다는 위협을 느낄 수도 있다. 기존 직원들이 영입 인재를 위협으로 느낀다면 당연히 시기, 질투, 좌절, 밀어내기 같은 부정적 태도와 행동을 보이게 되고, 이로 인해 영입 인재 자신뿐 아니라 해당 팀은 성과를 내지 못할 수 있다.

기존 직원들과 영입 인재 간에 성과와 역량 차이가 큰 경우, 기존 직원들이 영입 인재에 대해 반감을 가질 가능성이 더 높다. 하지만 기업이 직원들 간 집단 정체성을 강화하고 협력적 풍토를 조성하고자 노력한다면 기존 직원들의 영입 인재에 대해 보다 긍정적인 태도를 가질 수 있다.[45] 집단 정체성이 높다면 기존 직원들은 영입 인재와 자신을 동일시하고 영입 인재가 조직 성과에 기여하는 부분을 인정하게 된다. 마찬가지로 협력적 풍토가 조성된 집단에서는 구성원 간 의존성이 높고 경쟁보다 집단 목표를 강조하는 까닭에 영입 인재의 긍정적 역할에 주목하게 된다. 영입 인재가 어떤 면에서 뛰어나고 해당 집단에 어떻게 도움이 될 수 있는지 기존 직원들과 공유하는 것도 중요하다. 최근 글로벌 기업들이 직원 추천을 확대하고 면접에 기존 직원들이 참여하는 정책을 사용하는 것도 바로 이런 이유다.

한편 영입 인력의 조직 적응력을 파악하기 위해 성격의 장단점, 리더십, 조직 관리 스타일, 소통 능력 등을 채용 과정에서 면밀하게 검토해야 한다. 동시에 영입 인재들에게 같이 일할 동료들의 특성과 조직 상황을 가감 없이 공유해 기존 직원들과의 협업을 강화해야 한다. 영입 후 팀 빌딩 미팅과 워크숍을 조직하는 등 팀 정체성을 구축할 수 있도록 지원도 해야 한다.

뛰어난 인재들도 영입 후에 새 조직에서 동료 관계를 형성하고 해당 조직의 문화와 시스템을 이해하는 데 시간이 필요하다. 따라서 기업은 영입 인재가 성과를 낼 수 있도록 인내심을 가지고 기다려야 한다. 동시에 인재를 영입하고 기대하는 성과를 얻으려면 영입 인재의 역할과 책임Role and responsibility을 명확히 정의해야 한다. 직무에 대한 고려 없이 일단 우수한 인재를 영입하려는 생각도 문제이지만, 영입 후에 직무의 차이를 고려하지 않고 모든 직무에 동일한 성과 기준을 적용하는 것도 문제다. 기존 인력을 대체하거나 익숙한 분야에서 인재를 영입한다면 업무 수행 과정과 목표를 사전에 명확히 정의해야 한다.

하지만 새로운 분야에서 인재를 영입하는 경우 역할과 책임을 사전에 명확히 정의하는 것이 어렵다. 따라서 새로운 분야에 영입된 인재는 단기 목표를 설정하기보다 기대하는 최종 성과를 정의하되, 상호 간에 지속적으로 목표를 조정해나가는 협상 과정이 허용돼야 한다. 이 과정에서 영입 인재의 동기부여 강화를 위해 회사의 비전과 전략이 영입 인재의 개인적 경력 목표와 일치하는지 계속 확인해야 한다. 영입 인재의 풍부한 경험을 활용할 수 있도록 자율적 업무 환경과 재량권 또한 부여해야 한다. 가능하다면 영입 인재가 팀원이나 팀을 선택할 수 있는 재량권을 부여하는 것이 효과적이다.

뛰어난 인재일수록 시장에서 경쟁력도 높고 자신의 경력과 시장 가치를 높이는 데 관심이 많아서 한 조직에 머물기보다 빈번하게 이직을 한다. 인재 영입이 활발한 실리콘밸리에서 직원들의 평균 근속 연수가 3년 미만인 이유가 여기에 있다. 조직에 대한 충성심을 강조하던 우리 기업문화에서는 떠나는 사람에 대해 부정적 시각을 갖는 것이 일반적이었다. 뛰어난 영입 인재들의 이직은 자연스러운 현상이다. 이들을 리텐션Retention하기 위해 노력은 하되 인재가 떠나는 것을 막을 수 없다면 떠나는 것을 축하해줘야 한다.

최근 글로벌 기업들을 보면 회사를 떠났다가 재입사하는 부메랑 직원들을 채용하는 사례가 늘고 있다. 부메랑 직원들은 해당 업무에 대한 지식을 보유하고 있을 뿐 아니라 회사의 문화에 익숙하기에 당장 업무에 활용하기도 좋고 재입사 후 만족도도 높다. 재입사를 염두에 두지 않더라도 떠나는 사람들을 축하해줘야 할 이유가 여럿 있다. 뛰어난 인재들은 인적 네트워크를 통해 이직을 한다. 회사를 떠난 사람들은 우리가 뛰어난 사람을 뽑는 채널이 될 수도 있고, 채용 시장에서 우리 회사의 명성을 결정하기도 한다. 기업 간 협력이 확대되면서 어제의 적이 오늘의 파트너가 될 수 있다. 이직자들과 긴밀한 관계를 유지한다면 협업 네트워크의 범위를 확대하는 데 도움이 될 수 있다.

　떠나는 직원을 어떻게 대우하느냐는 회사가 직원에 대해 갖는 믿음과 철학을 표현하기에 남아 있는 직원들의 몰입과 애사심에 영향을 끼칠 수 있다. 피터 카펠리가 말한 것처럼 그간 기업이 댐을 관리하듯 인재를 관리했다면 이제는 흐르는 물처럼 영입 인재를 관리해야 할 때다.[46]

04

직원의 눈으로
제도를 바라보라

몇 년 전 국내의 대표적 기업은 서류전형 부활과 대학 총장 추천제를 골자로 한 채용 제도 개편을 추진했다. 이 개편안에서 가장 눈에 띄는 것은 서류전형 부활에 따른 특정 대학 및 지역 우대 시비를 미연에 방지하고자 대학별로 추천권을 할당하고 추천을 받은 지원자에게만 직무적성검사 응시 자격을 부여한다는 계획이었다. 해당 기업은 오래전부터 열린 채용을 목표로 자사의 직무적성검사 응시 제한을 두지 않았다. 이로 인해 응시자가 기하급수적으로 늘면서 취업 준비생들이 시험을 준비하고 응시하는 데 수백억 원 규모의 사회적 비용이 발생한다는 비판에 직면했다. 이에 해당 기업은 직무적성검사 의존도를 낮추고 '공정한' 채용을 위해 개편안을 만들었다. 그런데 대학 총장 추천제는 '대학 줄 세우기'라는 사회적 비판에 시작도 하지 못했고 2주 만에 전면 폐기됐다.

이 사례에서 해당 기업은 개편안이 사회적 비용을 줄이고 기업이 필요한 인재도 효과적으로 확보할 수 있는 좋은 제도라고 판단했다. 그런데 기업의 생각과는 달리 대학과 잠재적 지원자들은 개편안을 좋은 제도라고 인식하지 않았다.

아무리 좋은 제품을 만들더라도 소비자의 눈과 마음을 사로잡지 못하면 그 제품은 시장에서 판매할 수 없다. 사람관리 제도도 마찬가지다. 기업이 아무리 좋은 제도를 만들더라도 그 제도의 영향을 받는 소비자, 즉 직원이나 지원자의 마음을 사로잡지 못하면 그 제도는 실패할 수밖에 없다. 제도가 요구하는 방향으로 직원들이 사고, 행동, 태도를 바꾸려 하지 않을 것이니까 말이다. 하지만 이 사례처럼 기업들은 종종 이 단순한 사실을 간과한다.

제도에 대한 이해와 인식 공유가 관건

지금까지 기업은 사람에 대한 확고한 철학을 바탕으로 제도를 설계해야 한다는 점을 강조해왔다. 하지만 제도가 조직의 성과로 연결되려면 원래 의도한 대로 실행되어야 한다. 사람관리 제도를 만드는 주체는 인사 담당자 혹은 경영자들이지만 제도를 실행하는 책임은 보통 관리자에게 있고, 제도의 영향을 받는 대상은 직원이다. 따라서 좋은 제도가 의도한 효과를 내려면 최고경영자, 인사 담당자, 관리자, 직원들이 해당 제도에 대해 공유된 이해와 인식Shared

[그림 3-8] 사람관리 제도의 실행 과정

perception이 있어야 한다.

하지만 한 기업 내에 존재하는 사람관리 제도에 대해 제도의 설계자인 최고경영자와 인사 담당자가 바라보는 제도(의도된 HRIntended HR), 제도를 실행하는 책임을 지는 일선 관리자들이 운영하는 제도(실행된 HRImplemented HR), 제도가 적용되는 대상인 직원들이 바라보는 제도(인지된 HRPerceived HR) 사이에 갭이 존재할 수 있다.[47]

예를 들어 기업이 성과의 엄격한 차별화를 통해 직원들의 사기 진작을 도모하려고 상대 평가를 도입했다고 가정해보자. 그런데 상대 평가 제도를 실행하는 일선 관리자들은 승진을 앞둔 직원에게 높은 등급을 몰아주는 방식이 직원들의 사기 진작에 더 낫다고 판단한다면 실행 과정에서 그들은 상대 평가 제도를 왜곡하게 된다. 마찬가지로 성과가 높은 개인에게 더 많은 보상을 해주려는 목적으로 도입한 성과급제를 직원들이 임금을 삭감하려고 도입한 제도라고 인식한다면 성과급제는 직원들의 동기부여 향상으로 연결되지 못한다.

제도를 의도한 대로 실행하려면 관리자들의 역량과 의지가 중요하다. 아무리 좋은 평가 제도도 평가를 정확히 할 수 있는 관리자들의 능력이 부족하다면 그 제도는 실패하게 마련이다. 관리자들이 단기 성과의 압박을 받거나 업무 부담으로 인해 제도를 운영하는 데 충분한 시간을 확보하기 어려운 경우 혹은 사람관리 제도를 효과적으로 실행할 적절한 인센티브가 부족한 경우 아무리 좋은 제도를 만들더라도 그 제도는 의도한 대로 실행되지 못한다. 관리자들은 자신의 목표 혹은 가치에 제도가 부합되지 않는다고 생각하면 실행 과정에서 제도를 왜곡하거나 무시하게 된다.

제도를 효과적으로 실행하려면 관리자와 직원들이 제도를 정확히 이해할 수 있도록 커뮤니케이션을 해야 한다.[48] 직원들이 이해하기 쉽게 제도를 설계하고 제도의 취지와 내용을 충분히 설명하고 홍보도 해야 한다.

제도를 설계하고 실행하는 과정에서 각각의 제도들이 전달하는 메시지가 서로 상충되지 않는지도 점검해야 한다. 최고경영자가 사람에 관심을 갖고 인사 제도를 설계하는 담당자들에게 지위와 권한을 부여한다면 직원들은 인사 제도가 전달하는 메시지에 주의를 기울일 것이다. 제도를 만드는 과정에서 직원들의 욕구를 반영하고 직원들의 참여와 협의를 통해 제도를 만든다면 직원들은 그 제도의 취지와 내용을 잘 이해하게 된다.

제도 수용과 조직 공정성

관리자들이 제도를 효과적으로 실행할 역량과 의지가 충분하고 제도에 대한 효과적인 커뮤니케이션을 했다면 직원들은 이제 제도가 전달하고자 하는 메시지를 정확히 이해할 것이다. 하지만 제도를 이해하는 것과 제도를 받아들이는 것은 다른 문제다. 직원들이 제도를 수용하고 제도가 요구하는 역량, 태도, 행동을 내재화할 것인지를 결정할 때 공정성Fairness을 가장 중요하게 생각한다.

존 롤스John Rawls는 『정의론A Theory of Justice』에서 사회적 계약 관계에서 공정성은 개인에게 부여되는 의무와 권리의 균등한 배분을 의미하며, 공정성이 전제될 때 개인은 사회적 협력에 참여하게 된다고 주장했다.[49] 고용 관계는 기업과 직원 간 사회적 계약의 한 형태다. 따라서 직원들은 사람관리 제도로부터 요구되는 의무 혹은 기대되는 보상이 공정하다고 생각하는 경우에만 그 제도를 수용하고 내재화한다. 고용 관계에서 이처럼 직원들이 회사로부터 받는 대우, 즉 보상과 기대가 공정하다고 느끼는 정도를 조직 공정성Organizational justice이라 한다.

조직 공정성은 객관적인 사실에 대한 주관적 인식이다. 기업이 만든 제도는 객관적 사실인 반면 조직 공정성은 그 제도에 대한 직원들의 주관적 인식에 기반한다. 따라서 기업이 좋다고 판단한 제도가 반드시 직원들에게 공정하다고 인식되는 것은 아니다. 앞의 사례에서 해당 기업은 채용 개편안이 공정하다고 주장했지만, 제도의 공정성을 판단하는 주체는 기업이 아니라 잠재적 지원자와 대학이다. 다시 말하면 조직 공정성은 직원 입장에서 제도를 평가하고 수용할지를 결정하는 일차적 기준이다.

사람관리 제도를 포함한 기업 내 의사 결정의 공정성을 판단할 때 개인들은 일차적으로 의사 결정의 결과, 즉 제도로부터 기대되는 보상이나 요구되는 의무의 수준에 대한 공정성을 판단한다. 그러나 개인들은 의사 결정의 결과뿐 아니라 의사 결정을 하는 과정과 절차가 공정했는지에 주목한다. 학자들은 전자를 분배 공정성Distributive justice, 후자를 절차 공정성Procedural justice이라 부른다.

분배 공정성

분배 공정성과 관련해 한 집단에서 떡을 어떻게 나눠 먹는 것이 공정하다고 생각하는지 생각해보자. 배고픈 사람에게 떡을 더 많이 분배하는 것이 공정하다고 생각하는 사람들도 있을 것이고, 모두가 똑같이 떡을 분배하는 것이 공정하다고 생각하는 사람도 있을 것이다. 이처럼 사람들은 욕구Needs나 균등Equality을 기준으로 보상의 분배 공정성을 판단할 수 있다.

하지만 고용 관계에서 개인들이 분배 공정성을 어떻게 인식하는지를 설명하는 가장 대표적인 이론은 아담스Adams의 형평성이론Equity theory이다.[50] 형평성이론은 개인이 보상의 분배 공정성을 판

[그림 3-9] 형평성이론

$$\frac{\text{자신이 받는 보상}}{\text{자신의 노력}} = \frac{\text{타인이 받는 보상}}{\text{타인의 노력}}$$

단하는 기준으로 욕구나 균등이 아니라 형평성Equity을 사용한다고 가정한다. [그림 3-9]와 같이 형평성이론은 사람들은 자신의 투입과 산출 비율과 타인의 투입과 산출 비율을 비교해 분배 공정성을 판단하며 그 둘의 비율이 일치할 때 높은 분배 공정성을 인식한다고 주장한다. 즉 개인이 타인과 비교해 자신의 노력에 비해 더 적은 보상을 받는 경우 불공정성을 지각하게 된다. 반대로 타인과 비교해 자신의 노력에 비해 과도한 보상을 받는 경우에도 개인은 불안감이나 죄책감을 느끼게 된다.

형평성이론에서 주목할 점은 사람들은 자신이 받는 보상의 절대적 수준이 아니라 상대적 수준을 평가해 분배 공정성을 인식한다. 예를 들어 여러분이 내년에 1억 원의 상여금을 받는다고 가정해보자. 처음에는 기분이 좋을 수 있다. 하지만 동료들이 2억 원의 상여금을 받는다는 사실을 알았다면 1억 원의 상여금은 불공정하다고 생각할 수 있다. 반대로 내년에 임금이 동결된다고 가정해보자. 화를 낼 수 있다. 하지만 동료들은 10%씩 임금이 삭감된다는 사실을 알았다면 여러분은 회사의 결정이 공정하다고 생각할 수 있다.

마찬가지로 수업을 듣는 모든 학생에게 A학점을 준다고 모두가 만족하는 것은 아니다. 어떤 학생은 다른 학생보다 더 열심히 공부했는데 같은 학점을 받았다고 불만일 수 있다. 반대로 모든 학생에게 B학점을 줬다고 모두가 불만족하는 것은 아니다. 자신보다 더 노력했다고 생각하는 학생도 같은 학점을 받았다는 사실에 위로할 것이다.

모든 거래는 거래 당사자의 권리와 의무가 균형을 이뤄야 한다. 고용 관계도 기업이 직원에게 요구하는 의무와 직원이 회사로부터 기대하는 보상이 균형을 이뤄야 한다.

형평성이론은 직원들이 회사가 자신들에게 요구하는 기대(노력·역량·행위·성과)와 자신들이 회사로부터 받을 것으로 기대하는 보상(채용 결정·임금·승진·교육 기회·칭찬)의 절대적 수준이 아니라 타인에게 요구되는 기대와 보상에 비례할 때 고용 관계에서 분배 공정성을 인식한다고 주장한다. 만약 사람관리 제도가 동일한 수준의 역량과 노력을 투입한 개인들에게 차별적인 보상을 제공하는 경우 개인들은 분배 공정성이 낮다고 생각한다. 마찬가지로 제도가 차별적인 역량과 노력을 투입한 개인들에게 동일한 보상을 해도 개인들은 분배 공정성을 낮게 인식한다.

분배 공정성은 사람관리 제도에 대한 직원들의 반응을 결정하는 중요한 요소다. 하지만 모든 구성원이 만족하는 것은 현실적으로 어렵다. 사람들은 자신의 노력과 성과를 과대평가하는 경향이 있다. 한 연구에 의하면 90%가 자신은 조직에서 평균 이상의 성과를 내고 있다고 생각하며, 80% 이상은 상위 25%의 성과를 내고 있다고 생각한다. 다면 평가 결과를 보면 대부분 자기 평가가 상사나 동료 혹은 부하 직원 같은 타인 평가보다 관대하다. 이처럼 사람들이 직장 내에서 자신의 능력과 성과를 과대평가하는 이유는 상향 비교를 통해 자존감을 높일 수 있기 때문이다.[51]

직원들이 비교 대상으로 삼는 준거 집단이 생각보다 다양하다는 점도 제도의 분배 공정성을 확보하기 어려운 이유 중 하나다. 기업은 흔히 직원들이 직장 내 동료나 상사 혹은 경쟁사 직원을 비교 대상으로 삼을 것으로 가정한다. 하지만 직원들은 자신이 받은 보상을 대학 동기, 친구, 협력업체 직원 혹은 지역 내 다른 회사의 직원과도 비교할 수 있다. 동창회에 다녀온 후 직원들의 이직이 16% 증가한다는 연구 결과도 있지 않은가. 지원자들 역시 동종업계에 있는 기업에만 지원하는 것이 아니다. 따라서 기업의 채용 결정이 공정한지를 판단할 때 산업의 경계를 넘어서는 경우가 많다.

사람들은 때로 부모나 형제를 비교 대상으로 삼기도 한다. 부모나 형제가 자기보다 더 좋은 직업을 갖고 있고 임금이 더 높다면 자신의 사회적 신분이 하락했다고 느낄 수 있다. 반대로 다른 가족 구성원에 비해 사회적 지위가 향상됐다고 생각하는 사람들은 회사로부터 주어진 보상 수준에 더 만족할 수 있다.

절차 공정성

이처럼 모든 직원이 만족할 수 있는 분배 공정성을 확보하는 게 현실적으로 어렵다면 기업은 조직 공정성을 결정하는 다른 요소, 즉 절차 공정성에 관심을 기울일 필요가 있다. 연구자들은 분배 공정성은 조직 공정성을 판단하는 가장 중요한 요인이지만 절차 공정성 또한 직원들의 조직 공정성 인식에 중요한 영향을 끼친다는 사실을 밝혀왔다. 공정성이 낮더라도 개인들이 보상이 결정되는 절차와 과정이 공정하다고 인식한다면 개인의 전반적인 공정성 인식은 높아진다는 사실도 입증해왔다. 즉 자신이 기대했던 것보다 적은 보상을 받더라도 그 보상을 결정하는 과정과 절차가 공정하다면 개인의 보상에 대한 전반적인 공정성 인식은 높아지게 된다.

절차 공정성은 개인에게 주어지는 보상 혹은 기대되는 의무의 배분이 결정되는 절차에 대한 공정성 인식을 의미한다. 구체적으로 의사 결정 과정에서 쓰인 기준과 절차가 모든 사람이나 상황에 일관되게 적용되는지Consistency, 의사 결정자의 개인적 이익을 반영하지 않았는지Free from bias, 의사 결정의 영향을 받는 모든 사람의 의견과 욕구를 충분히 고려했는지Representation, 의사 결정 과정에서 정확한 정보를 사용했는지Accuracy, 잘못된 결정에 이의를 제기하고 수정할 기회가 있는지Correctability, 사용한 기준과 절차가 윤리와 도덕적 기준에 부합하는지Ethicality에 따라 개인은 해당 의사 결정의 절차 공정성을 인식하게 된다.

[그림 3-10] 절차 공정성

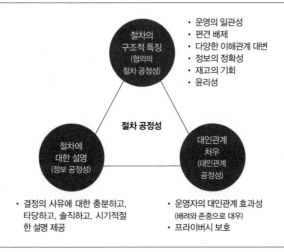

절차 공정성

- 절차의 구조적 특징 (협의의 절차 공정성)
  - 운영의 일관성
  - 편견 배제
  - 다양한 이해관계 대변
  - 정보의 정확성
  - 재고의 기회
  - 윤리성
- 절차에 대한 설명 (정보 공정성)
  - 결정의 사유에 대한 충분하고, 타당하고, 솔직하고, 시기적절한 설명 제공
- 대인관계 처우 (대인관계 공정성)
  - 운영자의 대인관계 효과성 (배려와 존중으로 대우)
  - 프라이버시 보호

절차 공정성은 이 같은 절차의 구조적 특징뿐 아니라 의사 결정 과정에서 직원들이 어떻게 인간적으로 대우를 받았는지에 의해서도 영향을 받는다.[52] 회사가 결정의 근거에 대해 솔직하고 충분한 정보를 직원들에게 제공하고, 의사 결정 과정에서 직원들을 배려하고 존중했다면 직원들은 결과와 관계없이 절차 공정성을 인식하게 된다. 학자들은 전자를 정보 공정성Informational justice, 후자를 대인 관계 공정성Interpersonal justice이라 부른다.

절차 공정성의 요소들을 들여다보면 참여, 소통, 투명성, 신뢰, 인간적 존중 등을 포함한다. 결국 직원들은 사람관리 제도의 공정성을 판단할 때 그 제도로부터 요구되는 의무나 기대되는 보상의 수준과는 별개로 제도의 설계와 실행 과정에서 회사가 자신들의 목소리를 얼마나 귀담아듣고 자신들의 참여를 허용하며, 의사 결정의 투명성을 확보하고 소통을 확대하며, 자신들을 인격적으로 존중했는지를 기준으로 제도의 공정성을 판단하게 된다. 앞의 채용 개편안 사례의 아쉬움은 분배 공정성의 문제를 넘어 이런 절차 공정성의 중요성을 간과했다는 점이다.

지금까지 많은 기업은 위계적 조직문화를 유지하면서 기업 관점에서만 좋은 제도를 판단했다. 직원들이 제도를 바라보는 기준인 조직 공정성, 특히 절차 공정성의 중요성을 간과해왔다는 얘기다. 위계적 조직에서는 절차 공정성이 불필요하거나 번거로운 일로 여겨질 수 있다. 하지만 사람관리 제도의 성공은 직원들이 그 제도를 얼마나 수용하고 내재화할 것이냐에 달려 있다.

모두 만족할 수 있는 분배 공정성을 확보하는 것이 현실적으로 어렵다면 기업들은 사람관리 제도의 설계와 실행 과정에서 절차 공정성에 더욱 관심을 기울여야 한다. 특히 새로운 세대의 직원들과 뛰어난 인재들은 전통적인 수직적 고용 관계에서 벗어나 참여와 투명성을 선호한다는 사실을 고려한다면 절차 공정성의 확보는 효과적인 사람관리의 필수 요건이다.

공정성의 이슈는 비단 사람관리 제도의 실행 과정에서만 중요한 것은 아니다. 공정성은 또한 기업이 추구하는 변화의 성패를 결정하는 데도 중요하다. 여러분 중 직장 생활을 하면서 매일 변하고자 하는 사람들이 있는가? 조직이 변화를 도모할 때 가장 흔히 부딪히는 문제는 대부분이 '우리는 변해야 하지만 나는 변하고 싶지 않다'라는 생각을 한다는 것이다. 경제학에서 가정하는 것처럼 사람들은 기본적으로 위험 회피적Risk aversive 성향이 있다. 변화는 불확실성을 내포하고 있고 그만큼 개인들에게 위험을 전가한다. 따라서 변화는 대부분의 사람에게 불편한 것이다.

위험 회피적 성향을 가진 개인들이 위험을 감수하도록 하는 한 방법은 위험에 대한 프리미엄을 제공하는 것이다. 즉 변화에 따른 기대되는 이익이 존재한다면 개인들은 변화에 동참한다. 하지만 조직 자원은 제한돼 있으며 모든 사람에게 이득이 되는 변화는 현실적으로 드물다. 따라서 변화를 추구하는 기업은 절차 공정성에 관심을 둬야 한다. 변화가 왜 필요한지, 변화는 어떻게 진행될 것인지 직원들에게 설명하고, 변화의 과정에서 직원들의 목소리를 경청하면서 참여를 허용하고, 직원은 변화의 대상이 아니라 변화를 이끌어가는 주체라는 긍정적 인식을 심어준다면 직원들은 변화의 과정에서 절차 공정성을 인식하게 될 것이다.

설사 변화로부터 기대되는 이익이 적더라도 직원들은 변화를 수용하고 공감하며 변화를 추진하는 능동적 주체가 될 수 있을 것이다. 아무리 좋은 제도를 만들더라도 아무리 좋은 변화를 추구한다 하더라도 해당 제도와 변화가 직원의 마음을 사로잡지 못하다면 실패할 수밖에 없다는 사실을 기억하기 바란다.

우리는 '일에서의 자유'가 필요하다

"기업은 인류가 만든 가장 비민주적인 조직이다" "민주주의는 기업의 문턱을 넘지 못한다"라는 말이 있다.[1] 기업 내 권한과 자원은 소수의 상위 계층에 집중돼 있고, 계층 간 위계질서를 강조하며, 개인은 상사의 명령과 공식적 규범과 절차에 순응하는 존재로 인식해왔다. 하지만 최근 이런 전통적 사고에 변화가 나타나고 있다.

'보스 없는 조직'을 표방하는 홀라크라시Holacracy, 평가 제도 폐지, 관료주의 파괴, 자기 주도 직무 설계Job crafting, 애자일 조직 등 기존의 사람관리 철학과 원칙들을 흔들어놓는 다양한 실험이 진행되고 있다. 구글은 직원들에게 "창업자가 되라"고 외치며, 넷플릭스는 그들의 사람관리 철학으로 "자유와 책임Freedom & accountability"을 전면에 내세우고 있다.[2] 국내 기업들 사이에서도 호칭과 직급 파괴, 워라밸, 일하는 문화 개선, 스마트워킹, 선택적 근무 시간제 등 일면 파격적으로 보이는 사람관리 제도와 정책들이 확산되고 있다.

이런 변화의 이면에는 오픈 이노베이션Open innovation, 초경쟁 사회 Hypercompetition, 파괴적 혁신Disruptive innovation이 지배하는 새로운 경쟁 환경에서 효율성과 안정성을 중시하는 기존의 기업 운영 방식은 한계가 있다는 인식이 자리 잡고 있다. 밀레니얼 세대들이 밀려오면서 충성심과 수직적 상하 관계를 강조하는 전통적 고용 관계는 낡은 유물로 인식되고 있다. 하지만 이런 실험들이 한낱 유행Fad에 지나지 않는다는 회의론과 이런 변화가 진정 옳은 것인지에 대한 의구심, 이런 변화의 궁극적인 지향점이 무엇인지에 대한 의문이 존재하는 것도 사실이다.

20세기 기업을 운영하는 지배적 모델은 관료주의Bureaucracy였다. 관료주의는 종종 형식주의나 권위주의와 혼용돼 부정적으로 인식되기도 하지만, 기본적으로는 전문화와 기술적 전문성에 비례한 권한의 배분을 강조하는 조직 모델이다.[3] 관료주의는 구체적으로 노동의 분화와 기능 전문화Functionalization, 권한의 위계Hierarchy of authority에 의한 구조적 통제, 상사와 부하 간의 비인격적 관계Impersonality, 규칙과 룰, 공식적 절차에 의존한 규범성Normativity의 요소를 포함한다.

관료주의에서 사람관리는 개인이 할 역할과 업무를 명확히 정의하고 개인이 보유한 기술적 역량과 전문성을 기준으로 직원을 선발하고 업무를 할당한다. 자유 계약의 원리에 기반해 채용과 승진을 하며 개인의 전문성과 성과에 따라 직책과 보상을 결정한다. 모든 관리적 행동과 결정은 명문화 혹은 문서화되며 합리적으로 규정된 상하 관계와 비인격적 룰에 의해 개인의 행위를 통제한다. 그리고 개인은 고용 관계에서 인간적으로 예속되지 않으며 공식적으로 규정된 의무의 범위에서만 권위에 예속 된다. 지금까지 기업들은 직무성과주의나 내부노동시장 모형을 통해 이런 관료주의 요소들을 정교화하는 방향으로 제도적 발전을 해왔다.

관료주의는 과거의 성공 법칙을 내재화하고 이를 통해 효율성을 극 대화하면서 점진적 혁신을 이끌어내는 데 효과적이다. 막스 베버Max Webber가 예측한 것처럼 관료주의는 효율성, 안정성, 신뢰성을 높이는 최 상의 조직 모델로서 20세기 자본주의 발전을 견인해왔다. 하지만 관료 주의는 사람들의 사고와 행동을 기능 영역, 위계, 공식적 룰에 얽매이도 록 함으로써 자유롭고 창의적인 사고를 방해한다.

유명한 조직 이론가인 빅터 톰슨에 따르면, 관료주의는 다음과 같은 이유로 기업 혁신을 저해한다.[4] 먼저 관료주의는 조직 구성원 사이의 사 회적 위치와 능력 차이, 그에 따른 보상의 불평등 배분, 개인의 통제 범 위에 있는 단순 기술의 집합체로서 조직을 가정한다. 이러한 조직 관점 에서 권한과 명령은 위로부터 아래로 순차적으로 전달되는 위계를 형성 한다. 아래에서는 책임성과 예측 가능성을 확보하기 위해서 협소하게 정 의된 권한과 의무에 따라 지위를 정의하고, 하위 직무의 책임 범위에 속 하지 않는 문제들을 다시 상위 직무에 맡긴다. 따라서 톰슨은 관료주의 는 필연적으로 자원과 권한이 상층에 집중되는 특권Monocratic 시스템을 양산한다고 주장한다. 특권 시스템은 기본적으로 아래로부터의 갈등과 반대를 허용하지 않기 때문에 창의성을 저해한다. 특권 시스템은 또한 상사들의 거부권Veto을 보장하므로 아래로부터의 새로운 아이디어가

위에서 거부되는 경향이 높다.

관료주의에서 자원 통제 권한은 상층부에 집중돼 있다. 조직의 목표 달성에 기여한 부분에 대해 구성원들에게 돈, 권력, 지위 같은 외재적 보상을 제공함으로써 노동력을 통제한다. 관료적 조직에서는 또한 직원들이 대부분 단순한 절차에 따라 일을 수행하는 미숙련Unskilled 혹은 반숙련Semi-skilled 직원들로 채워지는데, 이들은 전문가들과 달리 일에 대한 내재적 보상이나 성장 욕구가 적어 외재적 보상에 의존한다. 권한의 위계에 의해 관리되는 외재적 보상은 필연적으로 혁신보다는 순응Conformity을 강화한다. 상위 직무로의 승진은 자격 요건의 점진적 향상을 요구하기 때문에 새로운 문제의 발견이나 새로운 아이디어의 제안은 도움이 되기보다는 위협적으로 인식될 수 있다. 이는 곧 직원들이 보수적 태도Bureaucratic orientation를 갖게 한다. 승진을 위한 개인 간 경쟁도 협력과 집단 문제 해결을 방해함으로써 혁신을 저해한다.

톰슨은 또한 기능의 분화와 자원의 최적 배분으로 인해 관료주의 아래에서는 어떤 부문에도 새로운 아이디어를 받아들일 만한 여유 자원을 가진 부문이 없어 혁신적 아이디어가 조직 전체로 파급되는 것이 어렵다고 주장한다. 각 부문과 개인은 주어진 역할의 범위 내에서 평가되고 보상되는 구조하에서 혁신적 아이디어는 불확실성을 포함할 뿐 아니라 실패의 책임을 개인에게 전가한다. 따라서 관료주의에서 조직에 도움이 되더라도 실패에 대한 책임을 회피하고자 하는 개인들에게 자신의 역할을 넘어선 혁신적 아이디어의 수용은 타당한 선택이 아니다.

4차 산업혁명의 핵심 키워드는 바로 파괴적 혁신이다. 과거의 경험에 기반한 선형적 발전이 아니라 과거의 경쟁 법칙을 한순간에 무너뜨리는 파괴적 혁신이 시장을 지배한다. 따라서 4차 산업혁명 시대의 도래와 함께 혁신을 저해하는 관료주의는 한계에 봉착했다. 규정과 절차, 매뉴얼, 직무 시스템, 상사의 지시 등에 의해 직원들을 감시하고 통제하며, 위계적 구조와 절차에 따라 개인 간, 부문 간 조정과 통합을 추구하는 관리 방식은 더는 효과적이지 않다. 구글, 넷플릭스, 중국의 하이얼과 같이 파괴적 혁신을 주도하는 기업들이 최근 관료주의의 파괴를 선언한 이유가 여기에 있다.[5]

4차 산업혁명의 주창자인 클라우스 슈밥Klaus Schwab은 "4차 산업혁명이 기존의 정치적, 경제적, 사회적 모델에 가져올 파괴적 혁신은 결국 권한을 가진 모든 이가 스스로가 분배된 권력 시스템의 일부라는 것을 인식하고, 성공을 위해서는 협동적인 상호 작용이 필요하다는 사실을 깨닫는 데서 시작된다"고 말했다.[6] 앞에서 보았듯 혁신을 지향하는 스타형이나 몰입형은 공통으로 자율적이고 능동적인 사람에 대한 믿음에 기반하며 직원들이 일에 대해 전권을 갖고 주도적으로 일을 처리하도록 재량권을 부여한다. 이는 혁신을 주도하는 기업은 직원들의 자발적인 헌신과 몰입을 통해 창의성과 협력을 극대화할 수 있는 사람관리의 새로운 패러다임을 필요로 한다는 것을 의미한다. 나는 21세기 기업이 추구해야 할 이러한 사람관리의 새로운 패러다임으로 '일에서의 자유 freedom@work'를 제안하고자 한다.

일에서의 자유를 옹호하는 주장은 결코 새롭지 않다. 1960년 이후 모티베이션이론들은 지속적으로 개인에게 자율성을 부여하는 것이 개인의 모티베이션 향상에 긍정적 효과를 가질 수 있다는 사실을 입증해왔다. 대표적으로 허즈버그Herzberg의 이요인이론Two-factor theory을 들 수 있다.[7]

허즈버그는 다양한 회사에 근무하는 개인들(회계사, 기사)에게 자유롭게 자기 직무에서 특별히 좋았거나 나빴다고 느꼈던 때에 대해 이야기하도록 했다. 개인들의 응답을 분석한 결과, 그는 자기 직무에서 만족을 느끼게 하는 요인과 불만족을 느끼게 하는 요인은 서로 다르다는 사실을 발견했다.

직장 생활에서 불만족을 결정하는 요인(위생 요인Hygiene factor)은 보상, 상급자, 동료, 부하 직원들과의 인간관계, 감독자의 행위, 회사 방침과 관리, 작업 환경, 신분, 고용 안정 같은 직무 외적인 요인들이 주를 이뤘다. 반면 직장 생활의 만족을 결정하는 요인(동기 요인Motivator)은 성취감, 인정, 성장 가능성, 책임감, 일의 흥미도 같은 일 자체의 특성과 관련된 요인들이었다.

허즈버그의 연구는 급여와 직업 안정성 같은 일의 외적 요인들을 개선하는 것만으로는 개인의 불만족을 줄여줄 뿐, 개인의 만족과 모티베이션 향상은 전적으로 책임감, 성취감, 인정을 강화할 수 있도록 일의 구조를 바꿔줄 때 가능하다는 사실을 보여준다. 그는 개인이 담당하는 일의 범위를 확대하는 직무 확대Job enlargement와 개인이 자신이 맡은 일에서 더 많은 재량권을 갖도록 업무를 재설계하는 직무 충실화Job enrichment를 제안했다.

허즈버그 이론의 연장선에서 해크만Hackman과 올드햄Oldham은 1970년대 중반 직무특성이론Job characteristic model을 제시했다.[8] 직무특성이론에 따르면, 직무의 모티베이션 잠재력은 스킬 다양성Skill variety, 과업 정체성Task identity, 과업 유의성Task significance, 자율성Autonomy, 피드백의 다섯 가지 요소의 함수다.

하나의 과업을 수행하기 위해 필요한 지식과 경험이 다양할수록, 개인이 담당한 과업이 전체 업무의 일부가 아니라 완결성이 높을수록, 과업 수행의 결과가 내외부 고객에게 의미 있는 영향을 끼칠수록, 개인이 업무 수행에 더 많은 자율성을 갖고 자신의 업무 수행 결과에 대해 끊임없이 피드백을 받을 때 자신의 과업에 더 많은 의미와 책임감을 느낀다. 개인의 이런 긍정적 심리적 상태는 직원들의 모티베이션과 생산성 향상으로 이어진다.

1980년대 등장한 임파워먼트Empowerment이론 역시 위로부터 아래로의 권한 위임과 직원들의 자율과 참여를 옹호한다. 임파워먼트는 직원들이 의사 결정과 자원 배분에 대한 권한과 책임을 갖고 주도적으로 업무를 처리하도록 하는 상태를 의미한다.

임파워먼트는 단순히 의사 결정 권한을 아래로 내려보내는 것을 넘어 정보, 지식, 자원, 보상을 직원들과 공유하는 것을 포함한다.[9] 즉 임파워먼트는 세세한 사항까지 직원들을 지시하고 통제하기보다는 현장에서 하루하루 무슨 일이 일어나는지 가장 잘 알고 있는 직원들에게 문제를 정의하고 해결할 수 있는 자율성을 부여한다. 권한을 위임받은 직원들이 각자의 의사 결정과 행동이 다른 구성원이나 조직 전체에 어떤 영향을 끼칠 수 있는지를 이해할 수 있도록 조직 전체의 성과와 일의 진행 과정에 대한 정보를 공유한다.

위계와 통제에 익숙한 직원들에게 하루아침에 권한과 정보를 공유하는 것은 혼란을 초래할 수 있기 때문에 교육 훈련이나 뛰어난 인재를 채용함으로써 그들이 권한을 올바르게 사용할 수 있는 지식과 역량을 보유할 수 있게 해야 한다. 개인에게 부여되는 권한과 책임, 정보, 지식에 상응하는 보상이 뒤따라야 한다.

임파워먼트에 관한 연구들은 30년 동안 임파워먼트가 직원들의 만족, 생산성, 이직뿐 아니라 제품과 서비스의 질, 고객 만족, 수익 등 기업 성과에도 긍정적인 효과가 있다는 수많은 증거를 제시해왔다.[10] 또한 임파워먼트는 직원들이 주인 의식을 가지고 주어진 직무 영역뿐 아니라 직무 외적 영역에서도 능동적으로 학습하고 창의적으로 문제를 해결하려는 혁신 행동을 촉진한다는 사실도 입증해왔다. 많은 기업은 이런 임파워먼트의 긍정적 효과를 인식하고 다양한 형태의 임파워먼트 관행들을 시행하고 있다.[11] 하지만 여전히 임파워먼트 관행이 일종의 유행에 지나지 않는다는 회의론도 만만치 않다.[12] 이런 회의론의 이면에는 임파워먼트가 고비용을 초래한다는 우려와 함께 관료주의가 가져다주는 효율성과 안정성에 대한 경영자들의 믿음이 자리 잡고 있다.[13]

'일에서의 자유'는 직원들의 만족, 모티베이션, 생산성을 넘어 조직 혁신과 변화의 전제 조건이 되고 있다. 조직 학습의 관점에서 한 기업의 혁신 능력은 그 기업이 보유한 지식의 크기Stocks에 비례하며, 지속적인 혁신과 변화를 위해서는 새로운 지식의 지속적 유입Flows이 필요하다. 기업이 보유한 지식의 일차적인 원천이 사람이라고 가정할 때, 기업은 기존 직원들의 학습을 촉진하거나 뛰어난 인재를 영입함으로써 새로운 지식을 확보할 수 있다. 그리고 직원들의 학습을 촉진하고 뛰어난 인재를 영입하려면 '일에서의 자유'가 실현돼야 한다.

직원들의 학습 동기를 높이는 가장 효과적인 방법은 무엇일까? 단순한 질문 하나를 던져보자. 가게의 '점장'과 '점주' 중 누가 더 학습 의욕이 높을까? 당연히 가게의 주인인 점주라고 생각할 것이다. 점주는 자신의 일에 대해 주인 의식을 가지고 있어 스스로 문제를 찾고 해결하려는 의지가 더 강할 수밖에 없다. 모티베이션이론, 직무특성이론, 임파워먼트 이론은 이를 지지하는 수많은 증거를 제시하고 있다.

기업이 뛰어난 인재를 확보하려면 그들이 해당 회사를 선택할 유인을 제공해야 한다. 여러분 중에는 아이폰을 쓰는 사람들도 있을 것이고 갤럭시를 쓰는 사람들도 있을 것이다. 왜 아이폰이나 갤럭시를 선택했는지 생각해보라. 아마 가격, 디자인, 성능 등 저마다 그 제품이 갖는 독특한 강점 혹은 혜택이 있어 그 제품을 구매했을 것이다. 마케팅에서는 이처럼 고객의 구매 동기를 자극하는 해당 제품과 서비스가 제공하는 모든 독특한 가치를 가치 제안Value proposition이라고 한다. 인력 채용도 마케팅 관점에서 바라볼 수 있다. 지원자들이 해당 회사를 선택하려면 그 회사가 직원들에게 독특한 가치 혹은 혜택을 제공해야 한다. 즉 직원 가치 제안Employee value proposition이 필요하다.

전통적으로 개인들은 고용 관계에서 임금, 고용 안정, 승진을 중요시 해왔다. 하지만 직원들은 점차 교육 훈련 기회, 참여, 투명성, 경력 성장에 더 많은 가치를 부여하고 있다.[14] 회사를 다니면서도 직원이 아니라 주인 혹은 창업자가 되기를 원한다. 뛰어난 인재일수록 회사의 명성이나 보수보다는 자신의 일과 경력에 더 많은 관심을 가지고 있으며, 흥미로운 일과 성장할 수 있는 기회를 제공하는 회사를 더 선호한다. 따라서 '일에서의 자유'는 뛰어난 인재를 확보하고 리텐션하기 위한 필요 조건이 되고 있다.

파괴적 혁신이 지배하는 세상에서 과거의 경험은 결코 미래를 예측하는 데 도움이 되지 않는다. 오히려 과거의 성공 법칙에 함몰된 경영자들에게 미래를 예측하고 전략을 결정하는 권한이 집중될수록 기업은 더 큰 위험에 빠질 수 있다. 대신 비연속적인 변화에 대응하려면 소수의 경영자가 아니라 모든 직원이 미래를 예측하고 실험을 하는 주체가 돼야 한다.

구글처럼 '실행하고 성공하면 전략이 된다'는 새로운 전략 개념이 필요하다. 직원들과 더 많은 권한을 공유할 때 경영자들도 혁신적인 아이디어와 새로운 전략을 구상할 수 있는 더 많은 시간적·정신적 여유를 가질 수 있다. 따라서 직원들에게 자유가 주어질 때 창의적 아이디어와 새로운 실험이 넘쳐나고 기업은 불확실한 미래에 효과적으로 대비할 수 있다.

여러분이 타이거 우즈나 나파엘 나달의 경기를 수백 번 반복해서 시청한다면 그들처럼 골프나 테니스를 잘 칠 수 있을까? 아마도 어려울 것이다. 그들과 선천적으로 타고난 재능이 다르기도 하지만, 그들이 지닌 장점을 그대로 모방하기 어렵기 때문이다. 한 사람이 지닌 지식과 역량은 표현할 수 있는 형식지Explicit knowledge와 표현하기 어려운 암묵지 Implicit knowledge를 포함한다. 전문가일수록 그들이 보유한 지식과 역량에서 암묵지가 차지하는 비중이 높다. 뛰어난 인재가 보유한 지식과 역량은 그만큼 관찰하고 측정하기 어렵다. 사람들 사이의 사회적 관계로부터 파생되는 사회적 자본에 내재된 지식도 상당 부분 관찰하고 측정하기 어려운 암묵지다. 혁신과 변화를 위해 기업은 뛰어난 인재를 확보하고 가치 있는 사회적 자본을 구축해야 한다. 그리고 뛰어난 인재가 보유한 지식과 사회적 자본에 내재된 지식은 관찰하고 측정하기 어렵다. 따라서 더는 개인들의 행동과 업무 수행 과정을 통제하는 것은 비효율적이다. 대신 그들에게 자유를 부여해야 한다.

정치학, 철학, 경제학, 심리학 등 다양한 학문 분야에서 자유가 무엇인지에 대한 합의된 정의는 아직 존재하지 않는다. 현시점에서 '일에서의 자유'도 명확히 정의하기 어렵다. 그러나 기존의 임파워먼트이론, 직무특성이론, 모티베이션이론과 자유에 대한 철학적 논의 과정을 고찰해봄으로써 우리는 일에서 자유를 향유한다는 것이 어떤 상태일까에 대한 해답을 찾아갈 수 있을 것이다.

자유에 대한 고전적 정의는 소극적 자유, 즉 '외적 장애 혹은 외부 간

섭의 부재'를 의미한다. 소극적 자유는 역사적으로 절대적 권한을 가진 왕권, 국가, 종교, 귀족으로부터 시민이 간섭을 받지 않는 상태를 의미한다. 더 나아가 존 스튜어트 밀John Stuart Mill은 『자유론On Liberty』에서 관습이나 여론, 다수결의 원칙도 개인의 자유를 억압하는 외적 장애에 해당된다고 강조한다.[15] 기업에서도 개인의 자유를 억압하는 다양한 외적 장애가 존재한다. 상사, 위계 구조, 공식적 규정과 절차, 관행, 경직된 회의 문화 등이 대표적이다. 온라인 신발 판매업체인 자포스Zappos에서 시작된 보스 없는 조직과 의사 결정 과정에서 자유로운 토론과 개인의 자율적 선택을 강조하는 홀라크라시, 국내외 기업들에서 진행되고 있는 직급과 호칭 파괴, 넷플릭스의 휴가나 출장에 대한 규정 폐지들은 모두 일에서 개인의 소극적 자유를 보장하기 위한 실험이라 할 수 있다.

외적 장애를 제거한다고 해서 개인의 자유가 보장되는 것은 아니다. 개인이 실질적으로 자유를 향유할 수 있어야 한다. 개인이 실질적으로 자유를 향유하려면 충분한 경제적·정치적·심리적 자원을 필요로 한다. 임파워먼트이론이 제시한 것처럼 일에서의 실질적 자유를 향유하려면 업무 수행의 권한뿐 아니라 정보, 지식, 보상을 직원들과 공유해야 한다.

철학자 존 롤스는 『정의론』에서 개인의 실질적 자유를 보장하려면 복수의 선택지를 실현하기 위한 자원에의 정당한 접근과 함께 실질적 기회 균등이 필요하다고 주장했다.[16] 즉 조직 공정성과 투명성은 직원들이 일에서 실질적 자유를 향유하기 위한 또 하나의 필요 조건이다. 구글은 정보 공개로 모든 사람이 누리는 편익이 정보 유출에 따른 비용보다 더 크다고 보고 법적으로 문제가 될 수 있는 정보를 제외한 모든 회사 정보를 직원들과 공유하도록 하고 있다. 신용카드 결제 시스템 기업인 그래비티페이먼츠Gravity Payments가 모든 직원의 최소 연봉을 7만 달러로 높이겠다고 선언했다. 이런 실험들은 모두 일에서의 실질적 자유를 확대할 기회를 제공한다.

요즘 우리 사회에 혼밥과 혼라이프가 유행하고 있다. 하지만 어떤 개인도 혼자서는 자유로울 수 없다. 에리히 프롬Erich From이 『자유로부터의 도피Escape from Freedom』에서 강조한 것처럼 모든 인간은 외부 세계와 관계를 맺고자 하는 욕구와 고독을 피하고자 하는 욕구가 있으며, 외적 지배의 폐지는 개인의 고독과 불안 같은 심리적 긴장을 유발할 수 있다.[17] 또한 개인이 자유를 향유하려면 자신의 생각과 행동에 대한 반성적 자기 고찰이 필요하다. 이를 위해 다양한 타인과의 교류를 통해 자신의 사고와 행동에 대해 지속적인 피드백을 받아야 한다.[18] 따라서 자유와 협력은 결코 상호 배타적이 아니며, 상호 보완적 관계라 할 수 있다.

선발과 승진 과정에서 팀 간, 부서 간, 기업 간, 국가 간의 경계를 넘어서 배경이 다양한 사람과 유연하게 협업할 수 있는 직원들의 역량(예를들면 문화적 지능, 감성 지능, 사회적 지능)을 중요하게 평가하고 직무 순환Job rotation과 직무 체험Job shadowing 등을 통해 직원들이 유연한 협업 역량을 갖추도록 하는 관행들은 개인들이 다양한 사람과의 교류를 통해 자신의 역량과 정체성을 지속적으로 확대할 수 있는 기회를 부여한다. 직원 간 만남과 소통을 활성화할 수 있는 공간 설계, 공개적으로 프로젝트 제안

후 채택되면 스스로 팀을 꾸리고 프로젝트를 수행할 수 있도록 하는 해커톤Hackathon, 동료들의 상시 피드백, 도움을 준 동료들에게 개인들이 보너스를 줄 수 있는 제도들도 직원들이 협업을 통해 자신의 역량과 정체성을 확대함으로써 더 많은 자유를 누릴 수 있는 기회를 제공한다.

개인들이 적극적 자유를 향유하기 위해서는 '무엇으로부터의 자유'가 아닌 '무엇을 위한 자유'를 추구할 수 있어야 한다. 에리히 프롬은 적극적 자유를 향유하려면 개인이 삶과 일에서 지적 잠재력과 감정적 잠재력을 표현하며 일에서 삶의 의미를 찾을 수 있어야 한다고 주장한다.[19] 심리적 임파워먼트이론들도 개인이 맡은 일의 주인이 되려면 개인들이 그 일에서 의미를 찾을 수 있어야 한다는 점을 강조한다.[20]

『기브앤테이크Give and Take』의 저자인 애덤 그랜트Adam Grant는 대학의 기금을 모집하는 콜센터에서 근무하는 직원들에게 장학금 수혜자 중 크게 성공한 사람에 대한 이야기를 읽도록 하거나 직접 만나서 이야기를 나누도록 했을 때 기금 모집 성과가 155%에서 4배까지 개선된다는 사실을 발견했다. 이는 사람은 누구나 자신이 하는 일에서 의미를 찾고자 하며, 의미가 있다고 생각하는 일에서는 성과를 개선하고자 하는 강한 의지를 갖게 된다는 사실을 보여준다.

직무특성이론이 제시하는 것처럼 업무에서 개인이 자율권을 가지고 다양한 지식과 경험을 활용할 수 있고 조직에 의미 있는 기여를 할 수 있도록 직무를 설계한다면 개인은 자신의 맡은 일에서 더 많은 의미를 찾을 수 있다. 나아가 개인이 자신의 경력 개발과 성장을 주도할 수 있다면 자신이 맡고 있는 일에서 의미와 정체성을 찾을 가능성이 더 높다.

최근 주목을 받기 시작한 자기 주도 직무 설계Job crafting는 개인들이 자발적으로 직무 활동을 개선하고 직무 수행에 방해가 되는 직무 요건을 제거하거나 좀 더 도전적 과업을 수행할 수 있도록 허용한다.[21] 자기 주도 직무 설계는 직원들이 일의 특성과 일의 사회적 환경을 바꾸어 감으로써 자신이 맡고 있는 일의 의미와 정체성을 변화시킬 수 있도록 하며, 이를 통해 개인은 일에서 적극적인 자유를 향유할 수 있는 기회를 갖게 될 것이다.

최근 많은 기업이 가치, 비전, 사명, 목적을 기업 경영의 중심에 두기 시작했다. 기업이 추구하는 가치, 사명, 비전이 사회와 직원들로부터 공감을 얻을 때 직원들은 자신들이 하는 일에서 의미와 정체성을 찾을 수 있다. 기업의 가치와 사명은 또한 개인들의 의무감과 책임 의식을 강화함으로써 개인들이 자유를 향유하면서도 일탈하지 않고 하나의 공동체로서 움직이게 하는 자율적 통제 메커니즘을 제공한다.[22]

모든 기업은 지금 선택의 기로에 서 있다. 관료주의를 강화하면서 효율성과 안정성을 확보할 것인지 아니면 혁신을 꿈꾸기 위해 과감하게 관료주의를 파기할 것인지? '일에서의 자유'는 혁신이 지배하는 새로운 경영 환경에서 기업의 생존과 성장을 위해 지향해야 할 새로운 사람관리 패러다임이다. 에리히 프롬은 『자유로부터의 도피』에서 "민주주의가 이만큼 실현되었다는 사실에도 불구하고 이 정도로는 충분치 않다. 민주주의를 향한 전진은 개인적이고 정신적인 문제에서만이 아니라 무엇보다도 모든 인간의 생존에 기본이 되는 활동인 일에서도 개인의 실제적인 자유와 창의성과 자발성을 높이는 데 있다"고 말한다.[23] '일에서의 자유'는 기업의 경제적 가치뿐 아니라 인간적 가치와 사회적 가치가 실현될 수 있는 사람관리의 새로운 패러다임을 제시한다.

'일에서의 자유'는 이제 막 현실에서 희망의 싹을 피워내기 시작했다. 미국의 전임 대통령인 버락 오바마가 말한 것처럼 "민주주의는 지금까지 인류에게 알려진 가장 위대한 형태의 정치 모델이지만, 민주주의는 혼란스러울 수도, 거칠 수도 있다." 일에서 개인의 자유를 실현하는 과정은 분명 일시적인 혼란과 비용을 초래할 수 있다. 그만큼 경영자들의 인내심과 장기적인 관점에서의 투자를 필요로 한다. 또한 모든 제도는 명확한 철학과 원칙을 중심으로 내적 적합성을 갖도록 설계해야 한다. 그렇지 않다면 기업들은 다시 제도적 유행만 좇다 길을 잃을 것이다. '일에서의 자유'는 지금부터 내가, 그리고 경영자들이 같이 만들어가야 할 기업의 미래다.

주석

1부

1　Roulin, N., Bangerter, A., & Levashina, J. (2015). "Honest and deceptive impression management in the employment interview: Can it be detected and how does it impact evaluations?". Personnel Psychology, 68 (2), pp. 395–444.

2　Fernández–Aráoz, C. (2008). Great People Decisions, why They Matter So Much, why They are So Hard, and how You Can Master Them. John Wiley & Sons. (『어떻게 최고의 인재를 얻는가』, 이재경 옮김, 21세기북스, 2015)

3　Pfeffer, J. (1998). The Human Equation: Building Profits by Putting People First. Harvard Business Press. (휴먼 위퀘이션, 윤세준·박상언 옮김, 지샘, 2001)

4　Rynes, S. L., Colbert, A. E., & Brown, K. G. (2002). "HR professionals' beliefs about effective human resource practices: Correspondence between research and practice". Human Resource Management, 41 (2), pp. 149–174.

5　Bock, L. (2015). Work Rules!: Insights from Inside Google that Will Transform how You Live and Lead. Hachette UK. (『구글의 아침은 자유가 시작된다』, 이경식 옮김, 알에치이코리아, 2015)

6　Nishii, L. H., Lepak, D. P., & Schneider, B. (2008). "Employee attributions of the "why" of HR practices: Their effects on employee attitudes and behaviors, and customer satisfaction". Personnel Psychology, 61 (3), pp. 503–545.

7　Sandal, M. (2013). What Money Can't Buy: The Moral Limits of Markets. (『돈으로 살 수 없는 것들』, 안기순 옮김, 와이즈베리, 2012)

8　Hammonds, K. H. (2005). "Why we hate HR". Fast Company, 97 (8), pp. 40–47.

9　Bartlett, C. A., & Ghoshal, S. (2002). "Building competitive advantage through people". MIT Sloan Management Review, 43 (2), pp. 34–41.

10　Huselid, Mark A. (1995). "The Impact of Human Resource Management Practices on Turnover, Productivity, and Corporate Financial Performance". Academy of Management Journal, 38, pp. 635–672.

11　Fulmer, I. S., Gerhart, B., & Scott, K. S. (2003). "Are the 100 best better? An empirical investigation of the relationship between being a "great place to work" and firm performance". Personnel Psychology, 56 (4), pp. 965–993.

12　Batt, R. (2002). "Managing customer services: Human resource practices, quit rates, and sales growth". Academy of Management Journal, 45 (3), pp. 587–597.

13 「창업 어려운가? 인재 끌어들일 수 있는 사람 먼저 영입하라」, 《조선일보》, 2016년 11월 19일.

14 Welbourne, T. M., & Andrews, A. O. (1996). "Predicting the performance of initial public offerings: Should human resource management be in the equation?". Academy of Management Journal, 39 (4), pp. 891–919.

15 Kang, S.-C., Snell, S. A., & Swart, J. (2012). "Options-based HRM, intellectual capital, and exploratory and exploitative learning in law firms' practice groups". Human Resource Management, 51 (4), pp. 461–485.

16 Pfeffer, J. (1998). The Human Equation: Building Profits by Putting People First. Harvard Business Press.

17 Pfeffer, J. (1998). Ibid.

18 Delery, J. E., & Doty, D. H. (1996). "Modes of theorizing in strategic human resource management: Tests of universalistic, contingency, and configurational performance predictions". Academy of Management Journal, 39 (4), pp. 802–835.

19 Gong, Y., Law, K. S., Chang, S., & Xin, K. R. (2009). "Human resources management and firm performance: The differential role of managerial affective and continuance commitment". Journal of Applied Psychology, 94 (1), p. 263.

20 Denrell, J. (2005). "Selection bias and the perils of benchmarking". Harvard Business Review, 83 (4), pp. 114–119.

21 Welch, J., & Welch, S. (2006). Winning-:-The Answers: Confirming 75 of the Toughest Questions. HarperCollins.

22 Wright, P. M., Gardner, T. M., Moynihan, L. M., & Allen, M. R. (2005). "The relationship between HR practices and firm performance: Examining causal order". Personnel Psychology, 58, pp. 409–446.

23 Kang, S.-C., & Yanadori, Y. (2011). "Adoption and coverage of performance-related pay during institutional change: An integration of institutional and agency theories". Journal of Management Studies, 48 (8), pp. 1837–1865.

24 Johns, G. (1993). "Constraints on the adoption of psychology-based personnel practices: lessons from organizational innovation". Personnel Psychology, 46 (3), pp. 569–592."

25 Cappelli P., & Crocker-Hefter, A. (1996). "Distinctive human resources are firms' core competencies". Organizational Dynamics, 24 (3), pp. 7–22.

26 Nohria N., Dyer D., Dalzell Jr F. (2002). Changing Fortunes: Remaking the Industrial Corporation. Jone Wiley & Sons.

27 Cappelli, P., & Neumark, D. (2001). "Do "high-performance" work practices improve establishment-level outcomes?". Industrial & Labor Relations Review, 54 (4), pp. 737–775.

28 Godard, J. (2004). "A critical assessment of the high performance paradigm". British Journal of Industrial Relations, 42, pp. 349–378.

29 Dobin, F., & Sutton, J. R. (1998). "The strength of a weak state: The rights revolution and the rise of human resource management divisions". American Journal of Sociology, 104 (3), pp. 441–476.

30 Wright, P. M., Smart, D. L., & McMahan, G. C. (1995). "Matches between human

resources and strategy among NCAA basketball teams". Academy of Management Journal, 38 (4), pp. 1052–1074.

31 Schuler, R. S. (1989). "Strategic human resource management and industrial relations". Human Relations, 42 (2), pp. 157–184.

32 Charan, R., & Colvin, G. (1999). "Why CEOs fail". Fortune, 139 (12), pp. 68–75.

33 Snell, S. A., Shadur, M. A., & Wright, P. M. (2001). "Human resources strategy: The era of our ways". The Blackwell Handbook of Strategic Management, pp. 627–649.

34 Barney, J. (1991). "Firm resources and sustained competitive advantage". Journal of Management, 17 (1), pp. 99–120.

35 Hofstede, G. (1980). Culture's Consequences: International Differences in Work–Related Values. Sage.

36 Nisbett, R. (2010). The Geography of Thought: How Asians and Westerners Think Differently··· and Why. Simon and Schuster. (『생각의 지도』, 최인철 옮김, 김영사, 2004)

37 Adler, N. J. (2002). International Dimensions of Organizational Behavior, 4th ed. South–Western.

38 Gerhart, B., & Fang, M. (2005). "National culture and human resource management: Assumptions and evidence". The International Journal of Human Resource Management, 16 (6), pp. 971–986.

39 Baron, J. N., & Kreps, D. M. (1999). Strategic Human Resource: Frameworks for General Managers. Wiley.

40 Lewis, M. (2004). Moneyball: The art of winning an unfair game. WW Norton & Company. (『머니볼』, 김찬별·노은아 옮김, 비즈니스맵, 2019)

41 Cappelli P., & Crocker–Hefter, A. (1996). "Distinctive human resources are firms' core competencies". Organizational Dynamics, 24 (3), pp. 7–22.

42 Hansen, G. S., & Wernerfelt, B. (1989). "Determinants of firm performance: The relative importance of economic and organizational factors". Strategic Management Journal, 10 (5), pp. 399–411.

43 Fernández–Aráoz, C. (2008). Ibid.

2부

1 Simon, H. A. (1991). "Bounded rationality and organizational learning". Organization Science, 2 (1), pp. 125–134.

2 Davenport, T. H., & Prusak, L. (1998). Working Knowledge: How Organizations Manage What They Know. Harvard Business School Press; Kang, S.–C., & Snell, S. A. (2009). "Intellectual capital architectures and ambidextrous learning: a framework for human resource management". Journal of Management Studies, 46 (1), pp. 65–92.

3 Groysberg, B., & Lee, L. E. (2009). "Hiring stars and their colleagues: Exploration and exploitation in professional service firms". Organization Science, 20 (4), pp. 740–758.

4 The Hartford Court. (2000. 9. 26). "Too smart to be a policemen?"

5 Schmidt, F. L., & Hunter, J. E. (1998). "The validity and utility of selection methods in

personnel psychology: Practical and theoretical implications of 85 years of research findings". Psychological Bulletin, 124 (2), pp. 262–274.

6 테일러리즘을 '미국식 인사관리'라고 부르는 경우도 있는데, 추후 논의에서 볼 수 있듯 미국 기업들이 사용하는 사람관리 모델은 워낙 다양해 테일러리즘을 '미국식 인사관리'라 칭하는 것은 적절하지 않다. 다만 테일러리즘은 1980년대 이전 미국 기업에서 지배적으로 사용됐다는 점에서 미국의 '전통적' 사람관리 패러다임으로 보는 것이 적절하다.

7 Taylor, F. W. (1911). The Principles of Scientific Management. (『과학적 관리의 원칙』, 박진우 옮김, 박영사, 2010)

8 Kaufman, B. E. (1993). The Origins & Evolution of the Field of Industrial Relations in the United States. (『학문으로서의 노사관계학의 기원과 발달』, 박호환 옮김, 형제문화, 1999)

9 Mahoney, T. A., & Deckop, J. R. (1986). "Evolution of concept and practice in personnel administration/human resource management (PA/HRM)". Journal of Management, 12 (2), pp. 223–241.

10 대표적인 연구는 다음과 같다. Ichniowski, C., & Shaw, K. (1999). "The effects of human resource management systems on economic performance: An international comparison of US and Japanese plants". Management Science, 45 (5), pp. 704–721.

11 Stewart, G. L. & Brown, K. G. (2011). Human Resource Management: Linking Strategy to Practice. Jone Wiley & Sons.

12 강성춘, 「인적자원관리의 뉴패러다임: 혁신과 변화 마주하기」, 『지속가능한 혁신공동체를 향한 실천전략』, 클라우드나인, 2016, pp. 44–75.

13 Doeringer, P. B., & Piore , M. (1971). Internal Labor Market and Manpower Analysis. Heath.

14 Connellan, T. K. (2008). Inside the Magic Kingdom: Seven Keys to Disney's Success. Bard Press.

15 Baron, J. N., & Kreps, D. (1999). Strategic Human Resources: Frameworks for General Managers. John Wiley and Sons.

16 Kang, S.-C., & Lee, J. Y. (2017) "Internal Labor Markets and Firm Innovation". Seoul Journal of Business, 23 (2), pp. 67–91.

17 강성춘, 「인적자원관리의 뉴패러다임: 혁신과 변화 마주하기」, 앞의 책.

18 Campbell, E. M., Liao, H., Chuang, A., Zhou, J., & Dong, Y. (2017). "Hot shots and cool reception? An expanded view of social consequences for high performers". Journal of Applied Psychology, 102 (5), pp. 845–866.

19 Maister, D. H. (1997). Managing the Professional Service Firm. Simon and Schuster.

20 옵션형 사람관리는 말로스와 캠피언이 다음의 논문에서 처음 제시했다. Malos, S. B., & Campion, M. A. (1995). "An options-based model of career mobility in professional service firms". Academy of Management Review, 20 (3), pp. 611–644. 이후 내 논문은 옵션형 사람관리와 혁신 사이의 관계를 입증했다. Kang, S- C., Snell, S. A., & Swart, J. (2012). "Option-based HRM, intellectual capital, and exploratory and exploitative learning in law firms' practice groups". Human Resource Management, 51 (4), pp. 461–485.

21 이 파트에 소개한 구글의 사례는 다음의 자료를 참고했다. Bock, L. (2015). Work Rules!: Insights from Inside Google That Will Transform How You Live and Lead. (『구글의 아침은

자유가 시작된다』, 이경식 옮김, 알에치코리아, 2015)

22 O'Boyle Jr, E., & Aguinis, H. (2012). "The best and the rest: Revisiting the norm of normality of individual performance". Personnel Psychology, 65 (1), pp. 79–119.

23 이 파트에 소개한 마이크로소프트 사례는 다음의 자료를 참고했다. Barlett, C. A. (2001). *HR system Design: Microsoft, Competing on Talent*. Harvard Business Case# 9–300–001.

24 Fernández–Ar,áoz, C. (2014). "21st–Century talent spotting". Harvard Business Review, 92 (6), pp. 46–54.

25 Kaufman, J. C., & Sternberg, R. J. (Eds.). (2019). *The Cambridge Handbook of Creativity*. Cambridge University Press.

26 Ordóñez, L. D., Schweitzer, M. E., Galinsky, A. D., & Bazerman, M. H. (2009). "Goals gone wild: The systematic side effects of overprescribing goal setting". Academy of Management Perspectives, 23 (1), pp. 6–16.

27 서울대학교 공과대학, 『축적의 시간』, 지식노마드, 2015.

28 Ordóñez, L. D., Schweitzer, M. E., Galinsky, A. D., & Bazerman, M. H. (2009), Ibid.

29 Friedman R. (2015). *The Best Place to Work*. (『공간의 재발견』, 정지현 옮김, 토네이도, 2015)

30 Andersson, F., Freedman, M., Haltiwanger, J., Lane, J., & Shaw, K. (2009). "Reaching for the stars: who pays for talent in innovative industries?". The Economic Journal, 119 (538), pp. 308–332.

31 Welch, J., & Welch, S. (2005). *Winning*. HarperCollins.

32 Cappelli, P. (1998). *New Deal at Work*. Boston: Harvard Business School Press.

33 O'Reilly, C,s A., & Pfeffer, J. (2000). *Hidden Value: How Great Companies Achieve Extraordinary Results with Ordinary People*. Harvard Business Press. (『숨겨진 힘』, 김영두 옮김, 김영사, 2002)

34 O'Reilly, C. A., & Pfeffer, J. (1995). "Southwest Airline (A)", Harvard Business School Case #HR–1A.

35 Pfeffer, J. (1998). "SAS Institute: A Different Approach to Incentives and People Management Practices in the Software Industry", Harvard Business School Case #HR6A.

36 Pierce, J. L., Kostova, T., & Dirks, K. T. (2001). "Toward a theory of psychological ownership in organizations". Academy of Management Review, 26 (2), pp. 298–310.

37 말콤 글랜드웰, 『다윗과 골리앗』, 선대인 옮김, 21세기북스, 2014.

38 Edmondson, A.. (1999). "Psychological safety and learning behavior in work teams". Administrative Science Quarterly, 44 (2), pp. 350–383.

39 Baron, J. N., & Kreps, D. M. (1999). *Strategic Human Resources: Frameworks for General Managers*. John Wiley & Sons.

3부

1 각각의 사람관리 패러다임에서 사람의 특정 요소에 초점을 둔다는 것이 다른 요소를 간과한다는 것을 의미하지는 않는다. 스타형을 추구하는 기업들도 직원 간 협력을 강조한다. 다만 스타형에서 요구되는 사회적 자본은 자신의 업무를 수행하기 위해 다양한 사람과 유연하고 느슨한 관

계를 유지하면서 필요에 따라 협력을 하는 형태라면, 몰입형은 집단 내의 안정성과 지속적 협력을 보장하는 강한 유대감에 기반한 사회적 자본을 요구한다. 직무성과주의와 내부노동시장형은 위계적이며 기계적인 조직 자본을 유지하는 데 반해 스타형과 몰입형은 상대적으로 약한 형태의 조직 자본, 즉 수평적이고 유기적인Organic 조직 자본을 유지한다. 이에 대해 좀 더 깊이 있는 이해를 원하는 독자들은 다음 논문을 참고하기 바란다. Kang, S.-C., Morris, S. S., & Snell, S. A. (2007). "Relational archetypes, organizational learning, and value creation: Extending the human resource architecture". Academy of Management Review, 32 (1), pp. 236–256; Kang, S.-C., & Snell, S. A. (2009). "Intellectual capital architectures and ambidextrous learning: a framework for human resource management". Journal of Management Studies, 46 (1), pp. 65–92.

2   Blau, P. M. (1964). *Exchange and Power in Social Life*. John Wiley & Sons.
Rousseau, D. M. (1995). *Psychological Contracts in Organizations: Understanding Written and Unwritten Agreements*. Sage.

3   스탠퍼드대학 연구팀의 연구 결과는 다수의 논문을 통해 발표됐다. 전체 연구 결과는 다음의 논문에 종합적으로 요약돼 있다. Baron, J. N., & Hannan, M. T. (2002). "Organizational blueprints for success in high-tech start-ups: Lessons from the Stanford project on emerging companies". California Management Review, 44 (3), pp. 8–36. 자세한 연구 결과에 관심이 있는 독자들은 다음 논문들을 참고하기 바란다. Baron, J. N., Burton, M. D., & Hannan, M. T. (1996). "The road taken: Origins and evolution of employment systems in emerging companies". Industrial and Corporate Change, 5 (2), pp. 239–275; Hannan, M. T., Burton, M. D., & Baron, J. N. (1996). "Inertia and change in the early years: Employment relations in young, high technology firms". Industrial and Corporate Change, 5 (2), pp. 503–536; Baron, J. N., Hannan, M. T., & Burton, M. D. (1999). "Building the iron cage: Determinants of managerial intensity in the early years of organizations". American Sociological Review, pp. 527–547; Baron, J. N., M. Burton, M. D., & Hannan, M. T. (1999). "Engineering Bureaucracy: The Genesis of Formal Policies, Positions, and Structures in High Technology Firms". Journal of Law, Economics, and Organization, 15, pp. 1–41; Hannan, M., & Burton, M. D. (2001). "Labor pains: Organizational change and employee turnover in young, high-tech firms". American Journal of Sociology, 106 (4): pp. 960–1012.

4   저자들의 초기 연구에서는 전제형 대신 공장형Factory이라는 명칭을 사용했다.

5   Lepak, D. P., & Snell, S.t A. (1999). "The human resource architecture: Toward a theory of human capital allocation and development". Academy of Management Review, 24 (1), pp. 31–48.

6   인적자원 아키텍처 모델에서 저자들은 스타형, 내부노동시장형, 직무성과주의라는 용어를 쓰지 않았으며 대신 시장 기반Market-based, 협력적Collaborative, 순응적Compliance 인적자원관리 시스템이라는 용어를 썼다.

7   Lepak, D. P., & Snell, S. A. (2002). "Examining the human resource architecture: The relationships among human capital, employment, and human resource configurations". Journal of Management, 28 (4), pp. 517–543.

8   Rousseau, D. M. (2015). *I-deals: Idiosyncratic Deals Employees Bargain for Themselves:*

Idiosyncratic Deals Employees Bargain for Themselves. Routledge.

9   Baron, J. N., & Kreps, D. M. (1999). "Consistent human resource practices". California Management Review, 41 (3).

10 Schein, E. H. (2004). *Organizational Culture and Leadership*, John Wiley & Sons.

11 *Ibid.*

12 조직문화의 결정 요인에 관한 연구들에 따르면 산업, 사회 문화적 특성, 현 CEO의 특성 등도 조직문화 형성에 영향을 끼치는 중요한 요인이다.

13 Baron, J. N., & Kreps, D. M. (1999). *Strategic Human Resources: Framework for General Managers*, John Wiley & Sons.

14 Ostroff, C., Kinicki, A. J., & Muhammad, R. S. (2012). "Organizational culture and climate". Comprehensive *Handbook of Psychology*, 12, pp. 565–594. 이 논문에서도 볼 수 있듯 연구자들은 사람관리 제도는 조직 풍토Organizational climate에 영향을 끼침으로써 장기적으로 조직문화의 변화를 유도할 수 있다고 가정한다.

15 Baron, J. N., & Kreps, D. M. (1999). *Ibid.*

16 직원들의 사고와 행위는 사람관리 제도와 조직문화 외에 외부 환경, 리더십, 기술적 특성, 인력 구성, 전략 등에 의해서도 영향을 받는다. 이를테면 52시간 근무제와 직장 내 괴롭힘 금지법, 인력 구성의 다양성, 참여 혹은 위계를 강조하는 리더십, 안정성을 강조하는 생산 기술 등은 모두 직원들의 사고와 행위에 영향을 끼칠 수 있다. 따라서 사람관리의 효과성은 외부 요인과의 적합성 External fit이 확보될 때 극대화될 수 있다.

17 로버트 퀸Robert Quinn과 동료들은 경쟁가치모형을 기반으로 수많은 연구를 진행했다. 이후의 논의는 그들의 연구 결과가 집약된 다음의 자료를 참조했다. Cameron, K. S., & Quinn, R. E. (2006). *Diagnosing and Changing Organizational Culture*, Jossey-Bass.

18 Murphy, K. J., & Zabojnik, J. (2004). "CEO pay and appointments: A market-based explanation for recent trends". American economic review, 94 (2), pp. 192–196.

19 Rynes, S. L., Orlitzky, M. O., & Bretz Jr, R. D. (1997). "Experienced hiring versus college recruiting: Practices and emerging trends". Personnel Psychology, 50 (2), pp. 309–339.

20 Iansiti, M., & West, J. (1997). "Technology integration: Turning great research into great products". Harvard Business Review, 75 (3), pp. 69–79.

21 「"기존의 사람은 기존의 것밖에 몰라", 인적 쇄신에 나선 日파나소닉」, 《이투데이》, 2019년 10월 17일.

22 Bower, J. L. (2007). *The CEO Within: Why Inside Outsiders are the Key to Succession Planning*. Harvard Business School Press.

23 Collins, J. (2009). *"Good to Great: Why Some Companies Make the Leap and Others Don't*. Harper Business.

24 Bidwell, M. (2011). "Paying more to get less: The effects of external hiring versus internal mobility". Administrative Science Quarterly, 56 (3), pp. 369–407.

25 Groysberg, B., Lee, L. E., & Nanda, A. (2008). "Can they take it with them? The portability of star knowledge workers' performance". Management Science, 54 (7), pp. 1213–1230.

26 Groysberg, B., Nanda, A., & Nohria, N. (2004). "The risky business of hiring stars". Harvard Business Review, 82 (5), pp. 92–101.

27 Arthur, M. B. (1994). "The boundaryless career: A new perspective for organizational

inquiry". Journal of Organizational Behavior, 15 (4), pp. 295–306.

28 Ryan, H. E., & Wang, L. (2012). "CEO mobility and the CEO–firm match: Evidence from CEO employment history". Available at SSRN 1772873.

29 Palomeras, N., & Melero, E. (2010). "Markets for inventors: learning–by–hiring as a driver of mobility". Management Science, 56 (5), pp. 881–895.

30 Groysberg, B., McLean, A. N., & Nohria, N. (2006). "Are leaders portable?". Harvard Business Review, 84 (5), pp. 92–100.

31 Kang, S.–C., Oldroyd, J. B., Morris, S. S., & Kim, J. (2018). "Reading the stars: Determining human capital's value in the hiring process". Human Resource Management, 57 (1), pp. 55–64.

32 Kehoe, R. R., & Tzabbar, D. (2014). "Lighting the way or stealing the shine? An examination of the duality in star scientists' effects on firm innovative performance". Strategic Management Journal, 36, pp. 709–727; Tzabbar, D. (2009). "When does scientist recruitment affect technological repositioning?". Academy of Management Journal, 52 (5), pp. 873–896.

33 Kor, Y. Y., & Leblebici, H. (2005). "How do interdependencies among human–capital deployment, development, and diversification strategies affect firms' financial performance?". Strategic Management Journal, 26 (10), pp. 967–985.

34 Hill, A. (2010). "Hiring for strength, hiring for weakness: Evidence of internal strategic fit from the NFL". Academy of Management Proceedings.

35 Groysberg, B., & Lee, L. E. (2009). "Hiring stars and their colleagues: Exploration and exploitation in professional service firms". Organization Science, 20 (4), pp. 740–758.

36 Karaevli, A., & Zajac, E. J. (2013). "When do outsider CEOs generate strategic change? The enabling role of corporate stability". Journal of Management Studies, 50 (7), pp. 1267–1294.

37 Simon, H. A. (1991). "Bounded rationality and organizational learning". Organization Science, 2 (1), pp. 125–134.

38 Jane, A. (2014). "Experience and knowledge as complements to effect change to the organization code". Academy of Management Proceedings.

39 Rao, H., & Drazin, R. (2002). "Overcoming resource constraints on product innovation by recruiting talent from rivals: A study of the mutual fund industry, 1986–1994". Academy of Management Journal, 45 (3), pp. 491–507.

40 Barron, J. M., Chulkov, D. V., & Waddell, G. R. (2011). "Top management team turnover, CEO succession type, and strategic change". Journal of Business Research, 64 (8), pp. 904–910.

41 「새로운 리더에게 '물갈이'는 필수일까?」, 《서울경제신문》, 2016년 5월 25일.

42 Zhang, Y., & Rajagopalan, N. (2010). "Once an outsider, always an outsider? CEO origin, strategic change, and firm performance". Strategic Management Journal, 31 (3), pp. 334–346.

43 Karaevli, A. (2007). "Performance consequences of new CEO 'Outsiderness': Moderating effects of pre–and post–succession contexts". Strategic Management

Journal, 28 (7), pp. 681–706.

44 Campbell, E. M., Liao, H., Chuang, A., Zhou, J., & Dong, Y. (2017). "Hot shots and cool reception? An expanded view of social consequences for high performers". Journal of Applied Psychology, 102 (5), pp. 845–866.

45 *Ibid.*

46 Cappelli, P. (2000). "A market-driven approach to retaining talent". Harvard Business Review, 78 (1), pp. 103–111.

47 Wright, P., &Nishii, L. (2013). "Strategic HRM and organizational behavior: integrating multiple levels of analysis". in J. Paauwe, D. Guest and P. Wright (eds). *HRM and Performance: Achievements and Challenges*, Jone Wiley & Sons.

48 Bowen, D. E. and C. Ostroff. (2004). "Understanding HRM-Firm Performance Linkages: The Role of the "Strength" of the HRM System". Academy of Management Review, 29, pp. 203–221.

49 Rawls, J. (1971). *A Theory of Justice.* Harvard University Press.

50 Adams, J. S. (1965). "Inequity in social exchange". In L. Berkowitz (Ed.), *Advances in Experimental Social Psychology, Vol. 2.*, pp. 267–299.

51 Campbell, E. M., Liao, H., Chuang, A., Zhou, J., & Dong, Y. (2017). "Hot shots and cool reception? An expanded view of social consequences for high performers". Journal of Applied Psychology, 102 (5), p. 845.

52 절차 공정성을 협의로 정의하는 경우 의사 결정 기준의 구조적 특성에 초점을 두며, 정보 공정성과 대인 관계 공정성은 독립된 조직 공정성 요인으로 간주한다. 관심 있는 독자들은 다음 논문을 참고하기 바란다. Cohen-Charash, Y., & Spector, P. E. (2001). "The role of justice in organizations: A meta-analysis". Organizational Behavior and Human Decision Processes, 86 (2), pp. 278–321; Colquitt, J. A. (2001). "On the dimensionality of organizational justice: A construct validation of a measure". Journal of Applied Psychology, 86 (3), p. 386; Colquitt, J. A., Conlon, D. E., Wesson, M. J., Porter, C. O., & Ng, K. Y. (2001). "Justice at the millennium: a meta-analytic review of 25 years of organizational justice research". Journal of Applied Psychology, 86 (3), p. 425.

에필로그

1 기업과 민주주의에 관심 있는 독자들은 2016년에 방영한 EBS 〈다큐프라임〉 '민주주의'를 참고하기 바란다.

2 넷플릭스는 2009년 자유와 책임을 강조하는 인사 철학을 담은 〈넷플릭스 컬처 덱Netflix Culture Deck〉을 온라인에 공개했고, 조회 수 1,800만 건을 달성하며 오늘날 실리콘밸리의 필독 문서가 되었다.

3 Weber, M. (1947). *The Theory of Social and Economic Organization.* New York, NY: The Free Press.

4 Thompson, Victor A. (1965). "Bureaucracy and innovation". *Administrative science quarterly*, pp. 1–20.

5 Hamel, G., & Zanini, M. (2018). "The end of bureaucracy: How a Chinese appliance maker

is reinventing management for the digital age". Harvard Business Review, 96 (6), pp. 50–59.

6 클라우스 슈밥, 『클라우스 슈밥의 제4차 산업혁명』, 송경진 옮김, 새로운현재, 2016.

7 Herzberg, F., Mausner, B., & Snyderman, B. B. (1959). *The Motivation to Work* (2nd ed.). New York: John Wiley & Sons.

8 Hackman JR, Oldham GR. (1976). "Motivation through the design of work: Test of a theory". Organizational Behavior and Human Performance, 16, pp. 250–279.

9 Lawler III, E. E. (1992). *The Ultimate Advantage: Creating the High-involvement Organization*, San Francisco: Jossey–Bass.

10 Spreitzer, G. M. (2008). "Taking stock: A review of more than twenty years of research on empowerment at work". Handbook of Organizational Behavior, 1, pp. 54–72.

11 Lawler, E. E., Mohrman, S. A., & Benson, G. (2001). *Organizing for high performance: Employee involvement, TQM, reengineering, and knowledge management in the Fortune 1000*. San Francisco: Jossey–Bass.

12 Staw, B. M., & Epstein, L. D. (2000). "What bandwagons bring: Effects of popular management techniques on corporate performance, reputation, and CEO pay". Administrative Science Quarterly, 45, pp. 523–556.

13 Baron, J. N. and Kreps, D. M. (1999). *Strategic Human Resource: Frameworks for General Managers*. New York: Wiley.

14 Roehling, M. V., Cavanaugh, M. A., Moynihan, L. M., & Boswell, W. R. (2000). "The nature of the new employment relationship: A content analysis of the practitioner and academic literatures". Human Resource Management, 39 (4), pp. 305–320.

15 존 스튜어트 밀, 『자유론』, 서병훈 옮김, 책세상, 2010.

16 원저 A *Theory of Justice*(하버드대학교출판부, 1971)와 『존 롤스의 정의론』(쌤앤파커스, 2018) 참조.

17 에리히 프롬, 『자유로부터의 도피』, 김석희 옮김, 휴머니스트, 2017.

18 사이토 준이치, 『자유란 무엇인가』, 이혜진·김수영·송미정 옮김, 한울아카데미, 2011.

19 에리히 프롬, 앞의 책.

20 Thomas, K. W., & Velthouse, B. A. (1990). "Cognitive elements of empowerment: An "interpretive" model of intrinsic task motivation". Academy of Management Review, 15, pp. 666–681.

21 Wrzesniewski, A., & Dutton, J. E. (2001). "Crafting a job: Revisioning employees as active crafters of their work". Academy of Management Review, 26 (2), pp. 179–201.

22 Simon, R. (1995). "Control in an age of empowerment". Harvard Business Review, 73 (2), pp. 80–88.

23 에리히 프롬, 앞의 책.

참고 문헌

강성춘, 「인적자원관리의 뉴패러다임: 혁신과 변화 마주하기」, 「지속가능한 혁신공동체를 향한 실천전략」, 클라우드나인, 2016.

말콤 글래드웰, 「다윗과 골리앗」, 선대인 옮김, 21세기북스, 2014.

사이토 준이치, 「자유란 무엇인가: 벌린, 아렌트, 푸코의 자유 개념을 넘어」, 이혜진·김수영·송미정 옮김, 한울아카데미, 2011.

서울대학교 공과대학, 「축적의 시간」, 지식노마드, 2015.

에리히 프롬, 「자유로부터의 도피」, 김석희 옮김, 휴머니스트, 2017.

존 스튜어트 밀, 「자유론」, 서병훈 옮김, 책세상, 2010.

클라우스 슈밥, 「클라우스 슈밥의 제4차 산업혁명」, 송경진 옮김, 새로운현재, 2006.

황경식, 「존 롤스 정의론」, 쌤앤파커스, 2018.

Adams, J. S. (1965). "Inequity in social exchange". In L. Berkowitz (Ed.), *Advances in Experimental Social Psychology, Vol. 2.*

Adler, N. J. (2002). *International Dimensions of Organizational Behavior, 4th ed.* South-Western.

Andersson, F., Freedman, M., Haltiwanger, J., Lane, J., & Shaw, K. (2009). "Reaching for the stars: who pays for talent in innovative industries?". The Economic Journal, 119 (538).

Arthur, M. B. (1994). "The boundaryless career: A new perspective for organizational inquiry". Journal of Organizational Behavior, 15 (4).

Barlett, C. A. (2001). HR *System Design: Microsoft, Competing on Talent.* Harvard Business Case# 9-300-001.

Barney, J. (1991). "Firm resources and sustained competitive advantage". Journal of Management, 17 (1).

Baron, J. N., & Hannan, M. T. (2002). "Organizational blueprints for success in high-tech start-ups: Lessons from the Stanford project on emerging companies". California Management Review, 44 (3).

Baron, J. N., & Kreps, D. M. (1999). "Consistent human resource practices". California Management Review, 41 (3).

Baron, J. N., & Kreps, D. M. (1999). *Strategic Human Resource: Frameworks for General Managers.* John Wiley and Sons.

Baron, J. N., Burton, M. D., & Hannan, M. T. (1996). "The road taken: Origins and evolution of employment systems in emerging companies". Industrial and Corporate Change, 5 (2).

Baron, J. N., Burton, M. D., & Hannan, M. T. (1999). "Engineering Bureaucracy: The Genesis of Formal Policies, Positions, and Structures in High Technology Firms". Journal of Law, Economics, and Organization, 15.

Baron, J. N., Hannan, M. T., & Burton, M. D. (1999). "Building the iron cage: Determinants of managerial intensity in the early years of organizations". American Sociological Review.

Barron, J. M., Chulkov, D. V., & Waddell, G. R. (2011). "Top management team turnover, CEO succession type, and strategic change". Journal of Business Research, 64 (8).

Bartlett, C. A., & Ghoshal, S. (2002). "Building competitive advantage through people". MIT Sloan management review, 43 (2).

Batt, R. (2002). "Managing customer services: Human resource practices, quit rates, and sales growth". Academy of Management Journal, 45 (3).

Bidwell, M. (2011). "Paying more to get less: The effects of external hiring versus internal mobility". Administrative Science Quarterly, 56 (3).

Blau, P. M. (1964). *Exchange and Power in Social Life*. Jone Wiley & Sons.

Bock, L. (2015). *Work Rules!: Insights from Inside Google that Will Transform how You Live and Lead*. Hachette UK. (『구글의 아침은 자유가 시작된다』, 이경식 옮김, 알에치이코리아, 2015).

Bowen, D. E. & Ostroff, C. (2004). "Understanding HRM–Firm Performance Linkages: The Role of the "Strength" of the HRM System". Academy of Management Review, 29.

Bower, J. L. (2007). *The CEO Within: Why Inside Outsiders are the Key to Succession Planning*. Harvard Business School Press.

Cameron, K. S., & Quinn, R. E. (2006). *Diagnosing and Changing Organizational Culture*. Jossey–Bass.

Campbell, E. M., Liao, H., Chuang, A., Zhou, J., & Dong, Y. (2017). "Hot shots and cool reception? An expanded view of social consequences for high performers". Journal of Applied Psychology, 102 (5).

Cappelli P., & Crocker–Hefter, A. (1996). "Distinctive human resources are firms' core competencies". Organizational Dynamics, 24 (3).

Cappelli, P. (1998). *New Deal at Work*. Harvard Business School Press.

Cappelli, P. (2000). "A market–driven approach to retaining talent". Harvard Business Review, 78 (1).

Cappelli, P., & Neumark, D. (2001). "Do "high–performance" work practices improve establishment–level outcomes?". Industrial & Labor Relations Review, 54 (4).

Charan, R., & Colvin, G. (1999). "Why CEOs fail". Fortune, 139 (12).

Cohen–Charash, Y., & Spector, P. E. (2001). "The role of justice in organizations: A meta–analysis". Organizational Behavior and Human Decision Processes, 86 (2).

Collins, J. (2009). *Good to Great: Why Some Companies Make the Leap and Others Don't*. Harper Business.

Colquitt, J. A. (2001). "On the dimensionality of organizational justice: A construct validation of a measure". Journal of Applied Psychology, 86 (3).

Colquitt, J. A., Conlon, D. E., Wesson, M. J., Porter, C. O., & Ng, K. Y. (2001). "Justice at the

millennium: a meta-analytic review of 25 years of organizational justice research".
Journal of Applied Psychology, 86 (3).

Connellan, T. K. (2008). Inside the Magic Kingdom: Seven Keys to Disney's Success. Bard Press.

Davenport, T. H., & Prusak, L. (1998). Working Knowledge: How Organizations Manage What They Know. Harvard Business School Press.

Delery, J. E., & Doty, D. H. (1996). "Modes of theorizing in strategic human resource management: Tests of universalistic, contingency, and configurational performance predictions". Academy of Management Journal, 39 (4).

Denrell, J. (2005). "Selection bias and the perils of benchmarking". Harvard Business Review, 83 (4).

Dobin, F., & Sutton, J. R. (1998). "The strength of a weak state: The rights revolution and the rise of human resource management divisions". American Journal of Sociology, 104 (3).

Doeringer, P. B., & Piore, M. (1971). Internal Labor Market and Manpower Analysis. Heath.

Edmondson, A. (1999). "Psychological safety and learning behavior in work teams". Administrative Science Quarterly, 44 (2).

Fernández-Aráoz, C. (2008). Great People Decisions, why They Matter So Much, why They are So Hard, and how You Can Master Them. John Wiley & Sons. (『어떻게 최고의 인재를 얻는가』, 이재경 옮김, 21세기북스, 2015).

Fernández-Aráoz, C. (2014). "21st-Century talent spotting". Harvard Business Review, 92 (6).

Friedman R. (2015). The Best Place to Work. (『공간의 재발견』, 정지현 옮김, 토네이도, 2015)

Fulmer, I. S., Gerhart, B., & Scott, K. S. (2003). "Are the 100 best better? An empirical investigation of the relationship between being a "great place to work" and firm performance". Personnel Psychology, 56 (4).

Gerhart, B., & Fang, M. (2005). "National culture and human resource management: Assumptions and evidence". The International Journal of Human Resource Management, 16 (6).

Godard, J. (2004). "A critical assessment of the high performance paradigm". British Journal of Industrial Relations, 42.

Gong, Y., Law, K. S., Chang, S., & Xin, K. R. (2009). "Human resources management and firm performance: The differential role of managerial affective and continuance commitment". Journal of Applied Psychology, 94 (1).

Groysberg, B., & Lee, L. E. (2009). "Hiring stars and their colleagues: Exploration and exploitation in professional service firms". Organization Science, 20 (4).

Groysberg, B., Lee, L. E., & Nanda, A. (2008). "Can they take it with them? The portability of star knowledge workers' performance". Management Science, 54 (7).

Groysberg, B., McLean, A. N., & Nohria, N. (2006). "Are leaders portable?". Harvard Business Review, 84 (5).

Groysberg, B., Nanda, A., & Nohria, N. (2004). "The risky business of hiring stars". Harvard Business Review, 82 (5).

Hackman J. R., & Oldham G. R. (1976). "Motivation through the design of work: Test of a theory". Organizational Behavior and Human Performance, 16 (2).

Hamel, G., & Zanini, M. (2018). "The end of bureaucracy: How a Chinese appliance maker is reinventing management for the digital age". Harvard Business Review, 96 (6).

Hammonds, K. H. (2005). "Why we hate HR". Fast Company, 97 (8).

Hannan, M. T., Burton, M. D., & Baron, J. N. (1996). "Inertia and change in the early years: Employment relations in young, high technology firms". Industrial and Corporate Change, 5 (2).

Hannan, M., & Burton, M. D. (2001). "Labor pains: Organizational change and employee turnover in young, high-tech firms". American Journal of Sociology, 106 (4).

Hansen, G. S., & Wernerfelt, B. (1989). "Determinants of firm performance: The relative importance of economic and organizational factors". Strategic Management Journal, 10 (5).

Herzberg, F., Mausner, B., & Snyderman, B. B. (1959). The Motivation to Work (2nd ed.). John Wiley & Sons.

Hill, Andrew. (2010). "Hiring for strength, hiring for weakness: Evidence of internal strategic fit from the NFL". Academy of Management Proceedings.

Hofstede, G. (1980). Culture's Consequences: International Differences in Work-Related Values. Sage.

Huselid, M. A. (1995). "The Impact of Human Resource Management Practices on Turnover, Productivity, and Corporate Financial Performance". Academy of Management Journal, 38.

Iansiti, M., & West, J. (1997). "Technology integration: Turning great research into great products". Harvard Business Review, 75 (3).

Ichniowski, C., & Shaw, K. (1999). "The effects of human resource management systems on economic performance: An international comparison of US and Japanese plants". Management Science, 45 (5).

Jane, A. (2014). "Experience and knowledge as complements to effect change to the organization code". Academy of Management Proceedings.

Johns, G. (1993). "Constraints on the adoption of psychology-based personnel practices: lessons from organizational innovation". Personnel Psychology, 46 (3).

Kang, S.-C., & Lee, J. Y. (2017) "Internal Labor Markets and Firm Innovation". Seoul Journal of Business, 23 (2).

Kang, S.-C., Morris, S. S., & Snell, S. A. (2007). "Relational archetypes, organizational learning, and value creation: Extending the human resource architecture". Academy of Management Review, 32 (1).

Kang, S.-C., & Snell, S. A. (2009). "Intellectual capital architectures and ambidextrous learning: a framework for human resource management". Journal of Management Studies, 46 (1).

Kang, S.-C., Snell, S. A., & Swart, J. (2012). "Options-based HRM, intellectual capital, and exploratory and exploitative learning in law firms' practice groups". Human Resource Management, 51 (4).

Kang, S.-C., Oldroyd, J. B., Morris, S. S., & Kim, J. (2018). "Reading the stars: Determining human capital's value in the hiring process". Human Resource Management, 57 (1).

Kang, S.-C., & Yanadori, Y. (2011). "Adoption and coverage of performance-related pay during institutional change: An integration of institutional and agency theories". Journal of Management Studies, 48 (8).

Karaevli, A. (2007). "Performance consequences of new CEO 'Outsiderness': Moderating effects of pre-and post-succession contexts". Strategic Management Journal, 28 (7).

Karaevli, A., & Zajac, E. J. (2013). "When do outsider CEOs generate strategic change? The enabling role of corporate stability". Journal of Management Studies, 50 (7).

Kaufman, B. E. (1993). *The Origins & Evolution of the Field of Industrial Relations in the United States*. (『학문으로서의 노사관계학의 기원과 발달』, 박호환 옮김, 형제문화, 1999)

Kaufman, J. C., & Sternberg, R. J. (Eds.). (2019). *The Cambridge Handbook of Creativity*. Cambridge University Press.

Kehoe, R. R., & Tzabbar, D. (2014). "Lighting the way or stealing the shine? An examination of the duality in star scientists' effects on firm innovative performance". Strategic Management Journal, 36.

Kor, Y. Y., & Leblebici, H. (2005). "How do interdependencies among human-capital deployment, development, and diversification strategies affect firms' financial performance?". Strategic Management Journal, 26 (10).

Lawler, E. E. (1992). *The Ultimate Advantage: Creating the High-involvement Organization*. Jossey-Bass.

Lawler, E. E., Mohrman, S. A., & Benson, G. (2001). *Organizing for Hhigh Performance: Employee Involvement, TQM, Reengineering, and Knowledge Management in the Fortune 1000*. Jossey-Bass.

Lepak, D. P., & Snell, S. A. (1999). "The human resource architecture: Toward a theory of human capital allocation and development". Academy of Management Review, 24 (1).

Lepak, D. P., & Snell, S. A. (2002). "Examining the human resource architecture: The relationships among human capital, employment, and human resource configurations". Journal of Management, 28 (4).

Lewis, M. (2004). *Moneyball: The art of winning an unfair game*. WW Norton & Company. (『머니볼』, 김찬별·노은아 옮김, 비즈니스맵, 2019)

Mahoney, T. A., & Deckop, J. R. (1986). "Evolution of concept and practice in personnel administration/human resource management (PA/HRM)". Journal of Management, 12 (2).

Maister, D. H. (1997). *Managing the Professional Service Firm*. Simon and Schuster.

Malos, S. B., & Campion, M. A. (1995). "An options-based model of career mobility in professional service firms". Academy of Management Review, 20 (3).

Murphy, K. J., & Zabojnik, J. (2004). "CEO pay and appointments: A market-based explanation for recent trends". American Economic Review, 94 (2).

Nisbett, Richard (2010). *The Geography of Thought: How Asians and Westerners Think Differently... and Why*. Simon and Schuster. (『생각의 지도』, 최인철 옮김, 김영사, 2004)

Nishii, L. H., Lepak, D. P., & Schneider, B. (2008). "Employee attributions of the "why" of HR practices: Their effects on employee attitudes and behaviors, and customer satisfaction". Personnel Psychology, 61 (3).

Nohria N., Dyer D., Dalzell Jr F. (2002). *Changing Fortunes: Remaking the Industrial Corporation*. Jone Wiley & Sons.

O'Boyle Jr, E., & Aguinis, H. (2012). "The best and the rest: Revisiting the norm of normality of individual performance". Personnel Psychology, 65 (1).

O'Reilly, C. A., & Pfeffer, J. (1995). "Southwest Airline (A)", Harvard Business School Case #HR–1A.

O'Reilly, C. A., & Pfeffer, J. (2000). *Hidden Value: How Great Companies Achieve Extraordinary Results with Ordinary People*. Harvard Business Press. (『숨겨진 힘』, 김영두 옮김, 김영사, 2002)

Ordóñez, L. D., Schweitzer, M. E., Galinsky, A. D., & Bazerman, M. H. (2009). "Goals gone wild: The systematic side effects of overprescribing goal setting". Academy of Management Perspectives, 23 (1).

Ostroff, C., Kinicki, A. J., & Muhammad, R. S. (2012). "Organizational culture and climate". Comprehensive Handbook of Psychology, 12.

Palomeras, N., & Melero, E. (2010). "Markets for inventors: learning–by–hiring as a driver of mobility". Management Science, 56 (5).

Pfeffer, J. (1998). "SAS Institute: A Different Approach to Incentives and People Management Practices in the Software Industry", Harvard Business School Case #HR6A.

Pfeffer, J. (1998). *The Human Equation: Building Profits by Putting People First*. Harvard Business Press. (『휴먼 위퀘이션』, 윤세준·박상언 옮김, 지샘, 2001)

Pierce, J. L., Kostova, T., & Dirks, K. T. (2001). "Toward a theory of psychological ownership in organizations". Academy of Management Review, 26 (2).

Rao, H., & Drazin, R. (2002). "Overcoming resource constraints on product innovation by recruiting talent from rivals: A study of the mutual fund industry, 1986–1994". Academy of Management Journal, 45 (3).

Rawls, J. (1971). *A Theory of Justice*. Harvard University Press.

Roehling, M. V., Cavanaugh, M. A., Moynihan, L. M., & Boswell, W. R. (2000). "The nature of the new employment relationship: A content analysis of the practitioner and academic literatures". Human Resource Management, 39 (4).

Roulin, N., Bangerter, A., & Levashina, J. (2015). "Honest and deceptive impression management in the employment interview: Can it be detected and how does it impact evaluations?". Personnel Psychology, 68 (2).

Rousseau, D. M. (1995). *Psychological Contracts in Organizations: Understanding Written and Unwritten Agreements*. Sage.

Rousseau, D. M. (2015). *I–deals: Idiosyncratic Deals Employees Bargain for Themselves: Idiosyncratic Deals Employees Bargain for Themselves*. Routledge.

Ryan, H. E., & Wang, L. (2012). "CEO mobility and the CEO–firm match: Evidence from CEO employment history". Available at SSRN 1772873.

Rynes, S. L., Colbert, A. E., & Brown, K. G. (2002). "HR professionals' beliefs about effective human resource practices: Correspondence between research and practice". Human Resource Management, 41 (2).

Rynes, S. L., Orlitzky, M. O., & Bretz Jr, R. D. (1997). "Experienced hiring versus college recruiting: Practices and emerging trends". Personnel Psychology, 50 (2).

Sandal, M. (2013). *What Money Can't Buy: The Moral Limits of Markets*. (『돈으로 살 수 없는 것들』, 안기순 옮김, 와이즈베리, 2012).

Schein, E. H. (2004). *Organizational Culture and Leadership*. John Wiley & Sons.

Schmidt, F. L., & Hunter, J. E. (1998). "The validity and utility of selection methods in personnel psychology: Practical and theoretical implications of 85 years of research findings". Psychological Bulletin, 124 (2).

Schuler, R. S. (1989). "Strategic human resource management and industrial relations". Human Relations, 42 (2).

Simon, H. A. (1991). "Bounded rationality and organizational learning". Organization Science, 2 (1).

Simon, R. (1995). "Control in an age of empowerment". Harvard Business Review, 73 (2).

Snell, S. A., Shadur, M. A., & Wright, P. M. (2001). "Human resources strategy: The era of our ways". The Blackwell Handbook of Strategic Management.

Spreitzer, G. M. (2008). "Taking stock: A review of more than twenty years of research on empowerment at work". Handbook of Organizational Behavior, 1.

Staw, B. M., & Epstein, L. D. (2000). "What bandwagons bring: Effects of popular management techniques on corporate performance, reputation, and CEO pay". Administrative Science Quarterly, 45.

Stewart, G. L. & Brown, K. G. (2011). *Human Resource Management: Linking Strategy to Practice*. Jone Wiley & Sons.

Taylor, F. W. (1911). *The Principles of Scientific Management*. (『과학적 관리의 원칙』, 박진우 옮김, 박영사, 2010).

The Hartford Court. (2000. 9. 26). "Too smart to be a policemen?".

Thomas, K. W., & Velthouse, B. A. (1990). "Cognitive elements of empowerment: An 'interpretive' model of intrinsic task motivation". Academy of Management Review, 15.

Thompson, V. A. (1965). "Bureaucracy and innovation". Administrative Science Quarterly, 10.

Tzabbar, D. (2009). "When does scientist recruitment affect technological repositioning?". Academy of Management Journal, 52 (5).

Weber, M. (1947). *The Theory of Social and Economic Organization*. The Free Press.

Welbourne, T. M., & Andrews, A. O. (1996). "Predicting the performance of initial public offerings: Should human resource management be in the equation?". Academy of Management Journal, 39 (4).

Welch, J., & Welch, S. (2005). *Winning*. HarperCollins.

Welch, J., & Welch, S. (2006). *Winning—The Answers: Confirming 75 of the Toughest Questions*. HarperCollins.

Wright, P. M., Gardner, T. M., Moynihan, L. M., & Allen, M. R. (2005). "The relationship between HR practices and firm performance: Examining causal order". Personnel Psychology, 58.

Wright, P. M., Smart, D. L., & McMahan, G. C. (1995). "Matches between human resources and strategy among NCAA basketball teams". Academy of Management Journal, 38 (4).

Wright, P., & Nishii, L. (2013). "Strategic HRM and organizational behavior: integrating multiple levels of analysis". in J. Paauwe, D. Guest and P. Wright (eds). *HRM and Performance: Achievements and Challenges*, Jone Wiley & Sons.

Wrzesniewski, A., & Dutton, J. E. (2001). "Crafting a job: Revisioning employees as active crafters of their work". Academy of Management Review, 26.

Zhang, Y., & Rajagopalan, N. (2010). "Once an outsider, always an outsider? CEO origin, strategic change, and firm performance". Strategic Management Journal, 31 (3).

KI신서 8963

인사이드 아웃

1판 1쇄 발행 2020년 2월 18일
2판 3쇄 발행 2023년 9월 18일

지은이 강성춘
펴낸이 김영곤
펴낸곳 (주)북이십일 21세기북스

콘텐츠개발본부이사 정지은
서가명강팀장 강지은
디자인 표지 생강 본문 제이알컴 **교정** 제이알컴
출판마케팅영업본부장 한충희
마케팅2팀 나은경 정유진 박보미 백다희 이민재
출판영업팀 최명열 김다운 김도연
e-커머스팀 장철용 권채영
제작팀 이영민 권경민

출판등록 2000년 5월 6일 제406-2003-061호
주소 (10881) 경기도 파주시 회동길 201(문발동)
대표전화 031-955-2100 **팩스** 031-955-2151 **이메일** book21@book21.co.kr

(주)북이십일 경계를 허무는 콘텐츠 리더

21세기북스 채널에서 도서 정보와 다양한 영상자료, 이벤트를 만나세요!
페이스북 facebook.com/jiinpill21 　　　**포스트** post.naver.com/21c_editors
인스타그램 instagram.com/jiinpill21 　　**홈페이지** www.book21.com
유튜브 youtube.com/book21pub

서울대 가지 않아도 들을 수 있는 명강의! 〈서가명강〉
유튜브, 네이버, 팟캐스트에서 '서가명강'을 검색해보세요!

ⓒ 강성춘, 2020

ISBN 978-89-509-8645-2 03320